世界の選挙制度

編著
大林啓吾
白水 隆

執筆者
吉川智志
岩切大地
山本真敬
岩垣真人
芦田 淳
山本健人
石塚 迅
水島玲央
岡田順太

三省堂

はしがき

　今、選挙が注目されている。というのも、21世紀に入り、世界ではインパクトの強い選挙結果が散見されるからである。特に2016年は大荒れ模様だった。2016年5月のフィリピン大統領選挙では、強硬な麻薬撲滅運動を推進するドゥテルテ氏が前大統領の指名候補者を破って当選した。翌月にはイギリスでEU離脱の是非を問う国民投票が行われた。ある程度予想はされていたものの、イギリス国民は離脱の選択をした。欧州の大国がEU離脱の道を選んだことは世界に大きな衝撃を与えた。そして、極めつけは2016年11月のアメリカ大統領選挙である。大方の予想を覆す形でトランプ氏が大統領に当選し、世界的なビッグニュースとなった。

　日本でも選挙が政治に大きなうねりをもたらしている。2009年に政権交代が実現したものの、その後1年ごとに首相が交代し、さらにねじれ国会によって政局が安定しない時代が続いた。こうした状況は自民党政治に戻ってからも続いたが、2012年以降は安倍政権による一強政治が登場するなど、政治のゆくえは予断を許さない状況が続いている。また、2017年10月に行われた衆議院議員選挙後の政治情勢を見ると、与党が憲法改正に必要な議席数（3分の2）を維持しており、憲法改正の問題からも目が離せない。

　このように、選挙が政治に安定と変化をもたらしているわけであるが、その結果は選挙制度によって大きく左右されることを見逃してはならない。たとえば、2016年のアメリカ大統領選挙ではトランプ氏は得票数ではヒラリー氏に負けていたが、選挙人獲得数で勝利したために当選した。また、日本でも一票の較差の問題（選挙区によって一票の価値が異なること）が継続する中で選挙が行われ、そこで当選した者が国民に選ばれた代表者として政治を行っている。これらはその国の選挙制度によってもたらされることであり、選挙制度がわからなければこうした状況や結果を十分理解できない。

　選挙では、自分たちの代表を選ぶ以上、選挙制度を知る必要があることは言うまでもないが、その制度が最善とは限らないため、外国の選挙制度についても理解し、良い点や悪い点を知っておくことは重要である。実際、日本では、シルバーデモクラシー（高齢者の意見が反映されやすい政治）や一票の較差など様々な問題が山積しており、選挙制度改革の必要性が叫ばれている。2015

年の公職選挙法改正により選挙権年齢が 18 歳に引き下げられ、定数不均衡の是正案も出されているが、これがどのように影響していくのかを考える際にも、世界の選挙制度が参考になるだろう。

　そこで、本書では日本を含む主要国の選挙制度を解説することにした。世界の選挙制度は思った以上に複雑であり、ある程度専門的知識がないと正確な解説ができない。そのため、本書では、各国の法制度に詳しい先生方に執筆をお願いし、正確な説明を心がけながらも、できるだけわかりやすく解説してもらうことにした。多くの人が本書を手に取って、選挙制度の知識を身につけて頂ければ幸いである。

　最後に、執筆を快諾して下さった先生方、そして、図表の取り纏めなどにご尽力下さった三省堂六法・法律書編集室の黒田也靖氏に感謝申し上げる。なお、編集に際して、本書の執筆者でもある、山本健人氏及び吉川智志氏にご協力頂いた。重ねて、お礼申し上げる。

2017 年 11 月　編者

目 次

はしがき

アメリカ

はじめに ………………………………………………………… 2

I 概要 ……………………………………………………… 2
1. 統治システム ……………………………………………… 2
2. 選挙制度の概要 …………………………………………… 3
3. アメリカの選挙制度の特徴 ……………………………… 5
4. 選挙権（投票権）の歴史 ………………………………… 7

II 大統領選挙の特徴と具体的制度 …………………… 10
1. 政　党 ……………………………………………………… 11
2. 予備選挙 …………………………………………………… 12
3. 本選挙 ……………………………………………………… 16
   - コラム　ブッシュ対ゴア　20

III 連邦議会選挙の特徴と具体的制度 ………………… 21
1. 連邦下院 …………………………………………………… 21
2. 連邦上院 …………………………………………………… 23

IV 最近の動向 …………………………………………… 24

1 2002年投票支援法の制定 ……………………………………… 24
2 投票権法4条(b)に対する違憲判決 ………………………… 25

イギリス

はじめに ………………………………………………………………… 28

I 概要 …………………………………………………………………… 28
1 統治システム ……………………………………………………… 28
2 統治システムと選挙 …………………………………………… 29
3 選挙制度の特徴 ………………………………………………… 33
4 選挙制度の歴史 ………………………………………………… 35
5 選挙規制 …………………………………………………………… 36

II 選挙制度の特徴 ………………………………………………… 36
1 国会(庶民院)の選挙制度 …………………………………… 37
2 各地域議会の選挙制度 ………………………………………… 40
3 イングランド・ウェイルズ地方議会選挙 ………………… 44

III レファレンダム(住民投票、国民投票)の特徴 ………… 47

IV 最近の動向 ………………………………………………………… 49

コラム イギリスにおける欧州議会の選挙制度　50

ドイツ

はじめに ………………………………………………………………… 56

I　概要 56
1. 統治システム 56
2. 選挙制度の概要 57
3. （被）選挙権・選挙制度の歴史 58
   - **コラム**　ドイツ民主共和国（東ドイツ）の選挙制度　63
4. 選挙規制 63

II　「併用制」の特徴とその他の機関の選出 65
1. 併用制の選挙制度・選挙方法の特徴 65
2. 連邦大統領・連邦参議院・連邦首相について 67

III　連邦議会の選挙制度
　　── 小選挙区比例代表併用制の具体的仕組み 68
1. 第2票による各政党への議席配分 68
2. 第2票と第1票の関係 69
3. 併用制を図で考えてみよう 71

IV　併用制の最近の動向、「一票の較差」、ラント議会の選挙制度、そして欧州議会の選挙制度について 73
1. 「併用制」に対する近年の制度改正 73
2. 連邦議会議員選挙における「一票の較差」 74
3. ラントの選挙制度について 74
4. 欧州議会議員選挙について 75

フランス

はじめに 78

I　概要 ……… 78
1. 統治システム ……… 78
2. 選挙制度の概要 ……… 79
3. 被選挙権・選挙制度の歴史 ……… 80
4. 選挙規制 ……… 81

II　特徴 ……… 82
1. 選挙制度の特徴 ……… 82
2. 選挙方法の特徴 ……… 83
3. 対象分野の設定 ……… 84

III　具体的制度 ……… 85
1. 大統領選挙 ……… 85
2. 元老院（上院）選挙 ……… 87
   - **コラム①**　フランスの市町村について　89
3. 国民議会（下院）選挙 ……… 89
   - **コラム②**　市町村議会議員選挙　92

IV　最近の動向 ……… 93
1. 選挙制度改革 ……… 93
2. パリテの推進 ……… 93
3. 一票の格差 ……… 95

イタリア

はじめに ……… 98

I 概要 ………………………………………………………………… 98
1 統治システム …………………………………………………… 98
2 選挙制度の概要 ………………………………………………… 99
  コラム① 大統領任命議員とは？ 100
3 選挙権及び選挙制度の歴史 …………………………………… 100
  コラム② 2種類の国民投票 102
4 選挙規制 ………………………………………………………… 104
  コラム③ 国会議員の懐具合 106

II 特徴 ………………………………………………………………… 107
1 選挙制度の特徴 ………………………………………………… 107
2 一票の較差 ……………………………………………………… 110

III 具体的制度 ……………………………………………………… 110
1 下院選挙制度 …………………………………………………… 110
  コラム④ 投票率と義務投票 116
2 上院選挙 ………………………………………………………… 117
3 州議会選挙 ……………………………………………………… 119
  コラム⑤ 地方団体議会選挙等における潮流 121

IV 最近の動向 ……………………………………………………… 121

カナダ

はじめに ……………………………………………………………… 124

I 概要 ………………………………………………………………… 125

	1 統治システム	125
	コラム① カナダの憲法　125	
	2 選挙制度の概要	126
	3 選挙制度の歴史／選挙権及び被選挙権	128
	4 選挙規制	129

II 特徴 ……………………………………………………………………… 130

1 選挙制度の特徴 …………………………………………………………… 130
　　コラム② 州議会　131
2 先住民の選挙 ……………………………………………………………… 131

III 具体的制度 ……………………………………………………………… 133

1 選挙方法 …………………………………………………………………… 133
2 供託金 ……………………………………………………………………… 134
3 選挙区割り ………………………………………………………………… 135
4 投票率 ……………………………………………………………………… 135

IV 最近の動向 ……………………………………………………………… 136

1 上院の位置づけ …………………………………………………………… 136
2 トルドー政権 ……………………………………………………………… 137
　　コラム③ ケベック州におけるレファレンダム　138

オーストラリア

はじめに ………………………………………………………………………… 140

I 概要 ……………………………………………………………………… 140

1 統治システムの概要 ……………………………………………………… 140

- **2** 選挙制度の概要 ……………………………………………………… 143
- **3** オーストラリアの選挙の歴史 ………………………………………… 144

II 特徴 …………………………………………………………………………… 146

- **1** 選挙権と被選挙権 ……………………………………………………… 146
  - **コラム** 黙示の権利としての政治的表現の自由　147
- **2** 顕著な特徴 ……………………………………………………………… 147
- **3** 郵便投票等の充実 ……………………………………………………… 148

III 具体的制度 ……………………………………………………………………… 149

- **1** 「義務投票」制度 ……………………………………………………… 149
- **2** 連邦議会選挙 …………………………………………………………… 151
- **3** オーストラリア選挙委員会による選挙区割り ……………………… 157
- **4** 選挙運動規制と政治的表現の自由 …………………………………… 158
- **5** 政治資金の規正 ………………………………………………………… 161
- **6** 政党の役割 ……………………………………………………………… 162

IV 最近の動向 ……………………………………………………………………… 163

中国

はじめに――中国に選挙なんてあるの？ ……………………………………… 166

I 概要――人民代表大会制度と中国共産党の指導 ………………………… 167

- **1** 人民主権と「民主集中制の原則」 …………………………………… 167
- **2** 人民代表大会制度 ……………………………………………………… 169
- **3** 中国共産党の指導 ……………………………………………………… 173

II 選挙権、選挙制度、選挙方法の特徴 174
1. 選挙の原則と実際 174
2. 公民が直接に選挙できる範囲 177

III 人民代表大会代表の選挙——特徴と具体的制度 178
1. 直接選挙と間接選挙の併用 178
2. 代表定数の配分 179
3. 代表候補者の選抜と代表の選出 181

IV 共産党による選挙のコントロール
——最近の動向にかえて 185
コラム 台湾（中華民国）の選挙制度　186

韓国

はじめに 190

I 概要 190
1. 統治システム 190
2. 選挙権と被選挙権 193
3. 選挙運動期間について 196

II 特徴 197
1. 民主化以前の選挙制度の変遷 197
2. 地域対立 199
3. 大統領選挙の得票率の低さ 199

III 具体的制度 …… 200
1 国政選挙 …… 200
2 地方選挙 …… 204
　コラム　地方自治と「以北五道」　205

IV 最近の動向 …… 209
1 議員定数不均衡の問題について …… 209
2 朴槿恵前大統領の弾劾罷免について …… 209

日本

はじめに …… 212

I 概要 …… 212
1 統治システム …… 212
2 選挙制度の概要 …… 214
3 （被）選挙権／選挙制度の歴史 …… 215
4 選挙運動規制 …… 216

II 特徴 …… 219
1 選挙制度の特徴 …… 219
　コラム①　在外選挙制度　223
2 選挙方法の特徴 …… 224
　コラム②　同一氏名候補者の扱い　225
　コラム③　シルバー民主主義と若年層の無関心　226

III 具体的制度 …… 227

- **1** 衆議院議員総選挙 …………………………………………………… 227
- **2** 参議院議員通常選挙 …………………………………………………… 229
- **3** 地方選挙 ……………………………………………………………… 230

Ⅳ 最近の動向 ……………………………………………………… 231

- **1** 政党本位の選挙制度改革 …………………………………………… 231
- **2** 政権選択と一票の較差 ……………………………………………… 232

資料 ……………………………………………………………………… 233

事項索引 ………………………………………………………………… 238

装丁＝岡本健＋

アメリカ

はじめに

　アメリカは、近代国家として世界で初めて本格的な民主主義を実現した国である。そのため、アメリカが民主主義を実践するにあたり、どのような選挙制度を構築したのかを知ることは重要である。ただし、高度な自治権をもっていた個々の州が集まって成立したという経緯があり、具体的選挙方法は州によって大きく異なる。また、それぞれの州が対等な力を維持できるように、上院に送り込む代議員の人数は各州等しく2人となっている。また、憲法制定時に、民衆に議会の代表者を選ばせて政治をすべて任せてしまうと、衆愚政治に陥るのではないかと懸念され、議会を上院と下院の2つに分け、さらに別途間接選挙で選ばれる大統領を置くことで、直接民主主義の弊害を補おうとした。このように、アメリカの統治システムはかなり複雑であり、当然ながらそれに付随する選挙制度も複雑である。以下では、統治システムを概観しながらそれぞれの選挙制度をみていくことにする。

I 概要

1 統治システム

　アメリカ合衆国は、50の州（state）からなる連邦国家である。各州は独自の憲法を持つとともに、一般的な統治権を有する。他方で、連邦の統治機構は、合衆国憲法を通じて授権された限定的な統治権しか持たない。これは、アメリカ合衆国が、主権を有する各邦（合衆国憲法成立以前の state は邦と呼称される）の連合体として誕生したことを反映するものである。連邦権限は歴史を通じて拡大の一途を辿っているものの、この建前は現在でも維持されており、連邦権限の適切な範囲をめぐって連邦と州の間で紛争が生じることが少なくない。

　連邦の統治システムは、三権分立を採用している。執行権（行政権）は大統

領に、立法権は連邦議会に、司法権は連邦最高裁判所（および連邦議会が随時制定し設置する下級裁判所）に、それぞれ帰属する。これは、権力を分割し、抑制と均衡のメカニズムを働かせることにより、人民の自由を確保することを企図したものとされる。

各州の統治システムの細目は必ずしも一様ではないが、連邦の統治機構と同様、三権分立制が採用されている。州知事を頂点とする執行部、上・下二院制の立法部、独立した司法部により構成される点で、概ね一致しているといってよい（但し例外もある）。

2 選挙制度の概要

合衆国では、連邦、州、政治的下部組織（political subdivision、郡・市・町などの総称）において選挙が行われる。

まず、連邦レベルでは、正・副大統領および連邦議会議員が選挙を通じて選出される。次に州や政治的下部組織レベルでは、諸外国と比べて広範囲の公職が選挙を通じて選ばれる傾向にある。州政府レベルでは、州知事や州議会議員はもちろん、州副知事、州務長官、会計検査長官まで選挙によって選ばれることが多い。また、多くの郡では、検事、保安官、書記も、選挙により選ばれる。

本章では、主として、連邦選挙（大統領選挙、連邦議会選挙）に関する諸制度を扱い、州や政治的下部組織の選挙に関する制度については補足的に言及するに留める。

(1) **大統領選挙**

アメリカの選挙で最も注目を集めるのは、やはり大統領選挙である。アメリカの大統領はアメリカ国内のみならず、世界に大きな影響を与えるのは周知の通りであり、その選挙のゆくえは各国が注視するところである。

大統領の任期は 4 年であり、副大統領とともに選ばれることになっている（合衆国憲法 2 条 1 節 1 項）。大統領は 2 期まで務めることができる。かつては、大統領の任期制限はなかったが、憲法修正により 3 選が禁止された（同修正 22 条）。大統領の任期は、その任期が終了する年の 1 月 20 日正午に終了するが（同修正 20 条）、次の大統領を決める選挙（選挙プロセス全体のこと）は任期終了の約 1 年前から始まる。

二大政党制が定着しているアメリカでは、共和党と民主党がそれぞれ候補者

を選ぶ予備選挙から始まる。候補者が決まると、今度は大統領を選ぶための本選挙が始まるが、形式的には国民が直接大統領を選ぶことにはなっておらず、選挙人を通じた間接選挙が採用されている。というのも、民衆が直接大統領を選ぶとその場の勢いで選んでしまうことがあり、適切でない人物を選んでしまうおそれがある。そこで、憲法は、選挙人を通じた選挙にすることにより、いったん冷静になって大統領を選ぶことができるようにしたのである。各州は、上院および下院の議員の総数と同じ数の選挙人を選ぶことができ、選挙人は集会を経て無記名投票で2人に投票することになっている（合衆国憲法2条1節2項および3項）。なお、大統領に立候補するためには、アメリカ生まれの市民でなければならず、35歳以上で、アメリカに14年以上居住していなければならない（同2条1節5項）。選挙権は、18歳以上の者で有権者登録を行った者が行使できることになっている。

(2) 連邦議会選挙

連邦議会は、**連邦下院**と**連邦上院**からなる、二院制の議会である。

連邦下院議員選挙は、2年に一度行われる（合衆国憲法1条2節1項）。任期は2年であり、一度の選挙で全員が改選される。定数は憲法に規定されていないが、現在は435議席である。議席は、総人口に応じて各州に配分されるが、各州は最低1議席を持つ（同1条2節3項）。選挙は**小選挙区制**で行われる。下院議員の資格としては、「年齢25歳に達しない者、7年以上アメリカ合衆国市民でない者、また選挙されるとき、その選出される州の住民でない者は下院議員となることができない」と消極的要件を設定する形で定められており（同1条2節2項）、この要件に反しない限り、下院議員となる資格を有することになる。

連邦上院議員選挙も、2年に一度行われる（合衆国憲法1条3節1項）。任期は6年であり、2年ごとに行われる選挙で、3分の1ずつ改選される（同1条3節2項）。連邦制を反映して、上院議員は、各州から、その人口に関わらず2名が選出される（同1条3節1項）。その際には、同じ州から選出される2名の上院議員が同時に改選されることがないよう配慮されている。従って、一回の選挙で選出される上院議員は各州で1人であり、州を一つの選挙区とする**小選挙区制**の選挙が行われることになる。上院議員の資格は、下院議員の場合と同様に消極的要件が設定されており、「年齢が30歳に達しない者、9年以上合衆国市民でない者、または選挙されるときに、選出される州の住民でない者

は、上院議員となることができない」とされる（同1条3節3項）。

(3) 州の選挙

州議会は、一院制を採用するネブラスカ州を除いて二院制であり、上院および下院から構成される。多くの州議会では、下院議員の任期が2年、上院議員の任期が4年である。ただし、下院議員の任期が4年の州もある（アラバマ州、ルイジアナ州、メリーランド州、ミシシッピ州、ノースダコタ州）。また、アリゾナ州、コネチカット州、ジョージア州、アイダホ州、メイン州、マサチューセッツ州、ニューハンプシャー州、ニューヨーク州、ノースカロライナ州、ロードアイランド州、サウスダコタ州、バーモント州では、上院議員の任期が2年となっている。基本的に**小選挙区制**が用いられるが、各議院の定数や議員となるための資格要件は州によって様々である。

州知事の任期は、多くの州で4年である。ただし、バーモント州とニューハンプシャー州では、2年となっている。これらの州では、2年ごとに、州知事および州議会上・下院の選挙が同時に実施される。

また、いくつかの州では、州裁判官が選挙を通じて選出される（**裁判官公選制**）。その際の具体的な選挙のあり方は様々であり、また公選制が採用される範囲も一様ではない。

3 アメリカの選挙制度の特徴

(1) 州による選挙制度の形成

アメリカでは、連邦選挙を含む選挙制度のあり方の決定に、州が大きな役割を果たしている。まず、大統領選挙については、各州の大統領選挙人の選定方法の決定が、各州の議会に委ねられている（合衆国憲法2条1節2項）。連邦議会選挙についても、連邦議会に選挙制度の変更等を行う権限を留保しながらも（ただし上院議員の選挙を行う所に関する定めを除く）、「選挙を行う時、所および方法」の決定につき、各州の議会が定めるものとされている（同1条4節1項）。

(2) 有権者登録制

ノースダコタ州を除く49州では、**有権者登録制**が採用されている。投票権を行使するためには、あらかじめ有権者登録を行わなければならない。有権者登録は、市や村の公共施設にある選挙登録事務所で行われる。登録期日に関しては、選挙の数ヵ月前に設定されている州から、選挙当日の登録が許されてい

る州まで幅広い。

　有権者登録制度は、革新主義時代に、投票の自発性を確保し政治腐敗を防止するために導入されたが、後に述べるように、人種的少数派の投票権を剥奪するために悪用されたこともあった。現在でも、低い投票率の要因になっていると指摘されることがある。しかし、この制度自体を廃止しようとする動きはなく、登録をより容易にする方向での改革が模索されるに留まる。なお、1993年には、運転免許の更新時や公的扶助申請時に有権者登録を行うことを可能とする全米有権者登録法が制定されたが、投票率の大幅な改善には寄与しなかった。

(3)　バロット・アクセス規制

　アメリカでは、選挙に立候補しても、州が発行する投票用紙（ballot）に無条件で名前が印刷されるわけではない。投票用紙への名前の印刷には、一定の規制がなされているのが通常である。これを、**バロット・アクセス**（投票用紙に名前を載せること）規制という。多くの州では、各州で定める要件（過去の選挙での得票率などに基づく場合が多い）を充足する政党の候補者には、バロット・アクセスを認めている。それ以外の政党の候補者や独立候補者には、一定数の署名等の提出等を求めることが多い。

　なお、バロット・アクセスを得ることができなかった立候補者も、当選する可能性が皆無ではない。多くの州では、有権者が投票用紙の余白に名前を書くことで、投票用紙に名前が印刷されていない候補者についても投票することが可能である。これを、書き込み投票という。実際、バロット・アクセスを得ることができなかったにもかかわらず、書き込み投票を通じ多くの票を獲得して当選した例も少数ながら存在する。

(4)　予備選挙

　小選挙区制のもとでは、政党は、各選挙区における自党の候補者を1人に限定しなければならない。かつては、一部の政党幹部で構成される幹部会や、間接選挙形式である代議員大会によって、各政党の候補者が指名されていた。しかし、次第にこれらが腐敗の温床と見なされるようになり、革新主義時代、各州で**直接予備選挙**の導入が進んだ。現在各州で採用されている予備選挙は極め

て多種多様であるが、代表的な類型としては以下のものがある。

　第一は、**閉鎖型予備選挙**である。この制度のもとでは、政党登録等を行ってあらかじめ政党員となった者のみが、各政党の予備選挙に参加できる。第二は、**開放型予備選挙**である。ここでは、有権者はあらかじめ政党登録を行う必要がない。予備選挙の当日、投票所に赴き、政党に加入することなく、希望する政党の予備選挙に参加することが可能である（なお、これらの中間的な形態として、政党員と、政党非加入者に参加資格を与える半開放型（semi-open）もある）。もっとも、閉鎖型予備選挙を採用する州の中にも、選挙日当日の有権者登録を認めている州があり、そうした州では、この二つの制度の違いは少なくなる。

　閉鎖型であれ開放型であれ、有権者は、一つの政党の予備選挙にしか参加することができない。例えば、連邦下院議員、州議会下院、州知事など、複数の公職の予備選挙が同時に行われる場合に、連邦下院議員と州知事については共和党の予備選挙に参加する一方で、州議会下院については民主党の予備選挙に参加する、といったことは不可能である。他方で、これを可能とするのが、**包括的予備選挙**である。ここでは、有権者が、公職ごとに政党を選択して、予備選挙で投票することが可能となる。包括的予備選挙は、他の政党予備選挙と比べて非党員の参加に開かれている度合いが大きいことから、穏健な候補者が当選者となる傾向を持つ。しかしこの包括型を州法で定めることは、合衆国憲法修正 1 条で保障された政党の結社の自由を侵害するとして、連邦最高裁により違憲とされた（2001 年の連邦最高裁判決）。

4　選挙権（投票権）の歴史

(1) 総　説

　合衆国憲法には、合衆国市民に投票権を付与する明文の規定が存在しない。市民に投票権を与えているのは、各州の憲法である。「18 歳に達し、かつこの州に居住する合衆国市民は、投票することができる」と定めるカリフォルニア州憲法 2 条 2 節は、そうした規定の例である。州選挙における投票権だけでなく、連邦選挙における投票権についても、各州の憲法を通じて付与されていることに注意しておきたい。

　合衆国憲法は当初、投票権を付与する（投票権の内容・条件を決定する）州の権限にほとんど限定を付していなかった。州選挙等における投票資格の決定

は各州に委ねられていたし、連邦選挙についても、合衆国憲法1条2節1項が、連邦下院選挙について「各州の投票資格者は、州議会の議員のうち議員数の多い方の議院〔州下院のこと：引用者〕についての投票権者に要求されている資格を有することを要する」と定めるに留まっていた。その背景には、1787年の憲法制定会議の際に、各州の代表者の間で、連邦選挙の投票資格に関する合意が得られなかったことがあった、といわれる。

(2) 投票権保障の拡大

　しかし今日では、州（および連邦）の投票資格決定権は、憲法修正、連邦法、および憲法判例によって、かなりの程度、限定されるようになっている。アメリカにおける投票権の保障は、投票資格を定める州権限の限定を通じて拡大してきた。そして、その歴史は、人種差別の問題と密接に関連する。上記憲法修正等の多くは、南北戦争後に奴隷の身分を脱したアフリカ系市民の投票権保障を実質化するためのものであったといってよい。

　その実質的な一歩となったのは、1870年に成立した合衆国憲法修正15条である。同条は、「人種、肌の色、または以前に奴隷であったこと」を理由として投票権を剝奪することが禁止するとともに（1項）、投票における人種差別を防止するための諸立法を行う権限を連邦議会に付与する（2節）。この修正条項により、人種等を理由として州憲法や州法の条文で投票権が剝奪されることはなくなった。また、2項に基づいて制定された連邦法を通じて、アフリカ系市民の投票権を実効的に保障するための諸施策が実施された。その結果、この時期、人種差別が苛烈であった南部でも、アフリカ系の連邦議会議員、州議会議員、知事等が選出されるようになった。

　しかしその後、より巧妙な形でアフリカ系市民の投票権を実質的に剝奪する動きが出てきた。その手法は多岐に渡るが、特に深刻だったのは、有権者登録の際の**読み書きテスト**の実施である。当時、アフリカ系市民の教育水準は低く、また登録官により恣意的な運用がなされたため、多くのアフリカ系市民が有権者登録を阻まれた。**人頭税**の賦課も、アフリカ系市民たちに不利に働いた。人頭税の納入証明書の提出が投票資格獲得要件の一つとされたところ、アフリカ系市民たちによる税の納入が、様々な手法によって妨害されたのであった。アフリカ系市民たちの投票権を実質的に剝奪するこれらの施策は、形式的には人種中立的であったため、連邦最高裁は、上記の修正条項・連邦法によって介入することをためらった。さらに、この時期の最高裁は、1876年に下さ

図1　投票権保障の拡大

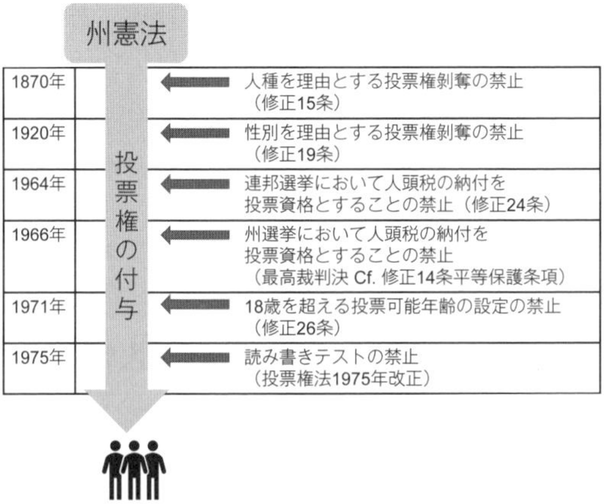

1870年	←	人種を理由とする投票権剥奪の禁止（修正15条）
1920年	←	性別を理由とする投票権剥奪の禁止（修正19条）
1964年	←	連邦選挙において人頭税の納付を投票資格とすることの禁止（修正24条）
1966年	←	州選挙において人頭税の納付を投票資格とすることの禁止（最高裁判決 Cf. 修正14条平等保護条項）
1971年	←	18歳を超える投票可能年齢の設定の禁止（修正26条）
1975年	←	読み書きテストの禁止（投票権法1975年改正）

（上部：州憲法／左側：投票権の付与）

れた判決で、合衆国憲法修正15条2項を制限的に解釈し、アフリカ系市民たちの投票権行使を実効化するための連邦法を違憲無効とした（連邦議会にそのような法律を制定する権限はないという理由づけ）。こうしてアフリカ系市民たちの投票権保障は、再び後退していくこととなる。

　状況に変化が訪れたのは、公民権運動が進展し、連邦最高裁の態度が変化していく1950年代以降である。まず、1950年代の後半から、数度に渡って公民権法が制定・改正され、アフリカ系市民の投票権保障を実効的にするための諸施策が実施された。これは1876年に違憲無効とされた連邦法と同趣旨のものであったが、最高裁はその合憲性を認めるに至った。また、1965年に制定された投票権法は、人種に基づく投票資格の剥奪を改めて禁じ（2条）、その実効的救済策を定めるともに（3条）、州・連邦の選挙において、正規の小学校教育を受けた者に対する読み書きテストの実施を禁止した（4条）。さらに、時期をほぼ同じくして、連邦の選挙において人頭税の納付を投票資格の要件とすることを禁じる合衆国憲法修正24条が成立した（1964年）。加えて1966年の最高裁判決では、州内の選挙で人頭税の納付を投票の要件とすることが、修正14条平等保護条項違反だと判断された。読み書きテストの実施に関しても、1975年の投票権法改正によって、完全に禁止されることとなった。こうした一連の動向を通じて、アフリカ系市民の投票権保障は漸進的に進展していった。現在では、人種的少数派の有権者登録や投票それ自体が妨害されること

は、かなり少なくなっている。

なお、投票資格に関する州の権限を統制する憲法修正として、上記のもの以外に、「性別」を理由とした投票権の剝奪を州および連邦に禁じる修正19条（1920年）、州および連邦に、年齢18歳以上の合衆国市民の投票権をその年齢を理由として剝奪することを禁じる修正26条（1971年）がある。

II 大統領選挙の特徴と具体的制度

アメリカの大統領選挙は、政党ごとの候補者を選出する予備選挙から、大統領を決める本選挙に至るまで、およそ1年間かけて行われる。しかも、選挙人を通じて大統領を選出することになっているため、その仕組みはかなり複雑である。そのため、一口に大統領選挙といっても、選挙が始まってから大統領が選ばれるまでの全プロセスを理解しなければ、大統領選挙の中身はよくわからない。まずは、そのプロセスの全体像をつかむことが重要である。その概略を簡単に示せば、各党の立候補者を選ぶ予備選挙（党員集会や投票）、各党大会における立候補者の選出、一般投票による本選挙（選挙人を選出）、選挙人に

大統領選挙の流れ

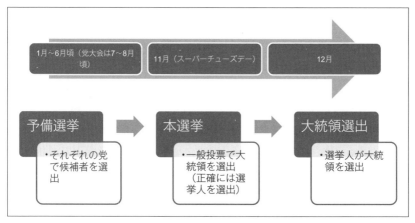

よる大統領の選出、という流れになる。以下では、予備選挙から順番に大統領選挙のプロセスをみていくことにする。

1 政 党

(1) 二大政党制

　大統領選挙は予備選挙から始まる。予備選挙では、各政党でそれぞれの大統領候補者を選ぶ。アメリカでは、二大政党制が根付いているため、事実上、共和党と民主党の立候補者がメインの候補者となる。アメリカ市民がワシントンの政治（中央の政治）に失望していたり飽きたりしていると、リバタリアン党など第三の政党の候補者が注目されることもあり、時にはその票の流れが共和党と民主党の候補者にメリット・デメリットを与えることもある。しかし、第三の政党の影響力はそこまでであり、基本的には共和党か民主党から大統領が選ばれてきた。

　ただし、共和党と民主党の二大政党制が定着し始めたのは19世紀になってからのことである。それまでには、連邦党、民主共和党、ホウィッグ党など、いくつかの政党が存在し、それが分裂したり他党に変わったりしながら、共和党と民主党に流れ着いたという歴史がある。現在、共和党が保守派（伝統や秩序を重んじる傾向があり、小さな政府を標榜し、一部の富裕層や郊外の中流階級の白人の支持が多い）、民主党がリベラル派（格差是正や平等を重視し、政府の積極的な役割を求め、都市の知識層や貧困層の非白人の支持が多い）となっているが、従来からそうだったわけではない。

(2) 共和党と民主党の支持基盤

　共和党は連邦党やホウィッグ党の流れをくむ形で登場した政党で、リンカーン大統領の時代にプレゼンスを確立した。当初、北東部や中西部に支持基盤を持ち、工業化を推進し、知識層の支持を得ながら反奴隷主義を掲げていた。しかし、1960年代に支持基盤を中心に大きく転換することになる。民主党が推進する公民権運動の高まりとともに、共和党はそれに反対する南部に支持基盤を移すようになった。その際、中絶反対を掲げることで伝統的にキリスト教を信仰してきた者を取り込んだと同時に、都市の知識層の支持を失うようになった。一方、民主党は、民主共和党の流れを汲んでいることもあり、もともと南

部に支持基盤があり、農業主の支持を得ていた。そのため、工業化を推進し反奴隷を唱える共和党に対し、民主党は農業主の利益を確保し奴隷制の維持を唱えていた。ところが、**ニューディール**で進歩派の知識層や労働者層の支持を得ることに成功し、公民権運動を進めたり中絶賛成の態度を示したりしたことから、支持基盤が転換することになった。北東部の都市の知識層や労働者の支持を得るようになった反面、南部の白人、キリスト教信者らの支持を失うことになった。このような転換を経て、現在の共和党＝保守派、民主党＝リベラル派の図式が形成されていることを踏まえておく必要がある。このことは支持地域に関係するため、後述する選挙人の数の確保にも密接に関わることになる。

2 予備選挙

(1) 予備選挙の位置づけ

　大統領を目指す者にとって最初の関門となるのが、**予備選挙**である。予備選挙は、それぞれの政党で行うものであるが、全米規模で行われるものであり、州によっては他党支持者も参加できる方法をとっているところもある。そのため、予備選挙は本選挙と双璧をなす存在であるともいえる。もっとも、予備選挙はあくまで政党単位のものであることから、そこで支持を得やすい候補者が本選挙でも強い候補者になるとは限らない。予備選挙では、その政党の政策に共鳴し、それを強く推進できる人物が支持を得やすいが、そのような人物は過激な主張を行うことが少なくない。ところが、本選挙では自党以外の人たちから支持を集めなければならないため、党内イデオロギーに固執してしまうと多くの支持を得られない可能性が出てくる。ただし、いずれにせよ、これを突破しなければ本選挙に立候補できないので、候補者にとっても党にとっても重要なプロセスとなる。

　そのため、予備選挙の時点で、各候補者は熱心な選挙運動を行う。アメリカの大統領選挙は莫大な選挙資金がかかることで有名であり、ある程度の資金力がないと長期にわたる選挙を戦い抜けない。各地の演説やテレビ討論などでアピールすることも重要であるが、それ以外に広告費などに多額の資金を投入する必要がある。そこで、各候補者は政治献金によって選挙資金を集めるのだが、政治献金については一定の規制がある。そこで、近年ではスーパーPACという団体を設立すれば、政治献金の上限なく、ある種の迂回献金ができるようになった。この団体は、建前上は候補者と無関係であり、ライバル候補のネ

予備選挙の流れ

ガティブキャンペーンなどを行うことができる。

　また、日本と異なり、アメリカでは戸別訪問が可能である。しかも、州によっては投票者データ（投票者の氏名、住所、生年月日、過去の予備選の投票履歴など）がインターネット上で公開されている。そこで、選挙陣営のスタッフは個別訪問のためのマップを作り、ボランティアに訪問させて支持候補者への投票を呼び掛けるという草の根運動を行う。また、電話をかけて支持を訴えることも許されているので、ここでもスタッフやボランティアが総がかりで電話をかける。

　このように、アメリカの大統領選挙は予備選挙の時点から本格的な選挙運動が始まり、しかも集金から草の根運動まで、様々な方法を駆使して支持を得るための努力をすることになる。

(2)　党員集会と代議員予備選挙

　予備選挙は、1月から6月にかけて約5か月にわたって各州で行われる。1月に行われるのが、アイオワ州とニューハンプシャー州であり、ここでの勝利がその後の選挙にも影響することから、候補者はまずここで勝利することが重要になる。

　予備選挙で選ばれた候補者がその政党の大統領候補者として名乗りを上げるわけであるが、正確にいえば、予備選挙で選ばれるのは**代議員**（delegate）である。この代議員が最終的にそれぞれの政党の党大会で候補者を選出する。

　予備選挙では、話し合いや挙手によって①代議員を選ぶ**党員集会**（caucus）

と②投票によって代議員を選ぶ**予備選挙**（primary）とに分かれる。ここでも「予備選挙」という言葉が出てくるが、一般には、政党ごとで候補者を決める選挙のことを予備選挙と呼ぶので、本章では代議員を選ぶ予備選挙のことを「代議員予備選挙」と呼ぶことにする。

　党員集会では、地域ごとにそれぞれの政党関係者（政党の指導者や有力者、政治活動家など）が集まって学校、集会施設、個人の家などで話し合いや挙手などを行い、投票区（地区）の代議員を選び、その代議員が郡、連邦議会の下院選挙区、州の党員集会に参加する代議員を選んでいき、最後に党大会に出席する代議員を選出する。一方、代議員予備選挙では、投票によって代議員を選ぶ。政党の幹部や有力者が主導する党員集会よりも民主的であるともいえる。ただし、代議員予備選挙では代議員に直接投票することもあれば大統領候補者に投票する場合もある。さらに、その投票結果が代議員を拘束する場合としない場合とがあり、その仕組みは州によって異なっている。なお、2016年の大統領選挙では、共和党は党員集会が12州で代議員予備選挙が38州、民主党は党員集会が14州で代議員予備選挙が36州で行われた＊。

党員集会の様子

http://berniementum.blogspot.jp/2016_01_01_archive.html
http://www.sahmreviews.com/2016/02/how-a-caucus-works.html

＊2016 Presidential Primaries, Caucuses, and Conventions Major Events Chronologically, ＜http://www.thegreenpapers.com/P16/events.phtml?s=c&f=m＞.

党員集会や代議員予備選挙は政党ごとに行われるものの、州によって参加資格にばらつきがみられる。先に述べたように、閉鎖型、開放型、半開放型の3種類がある。

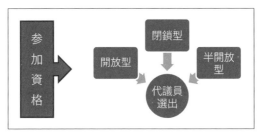

(3) 代議員

　代議員にはいくつかの種類があり、まず、選挙区で選ばれた代議員と、州レベルで選ばれた全域代議員がいる。それ以外に、政党の役員、連邦議会の議員、知事、大統領経験者、党大会によって任命される代議員がおり、かれらは**特別代議員**（superdelegates）と呼ばれる。共和党と民主党では代議員の総数が異なり、2016年時点で、共和党は2472名、民主党は4765名となっている（発表媒体により多少のズレがある）。代議員にはどの候補者を支持するのかを事前に明らかにする**誓約代議員**（pledged delegate）と明らかにする必要のない**非誓約代議員**（unpledged delegate）とがいる。割合としては誓約代議員の数の方が多い（非誓約代議員は全代議員の約15％とされる）。なお、党員集会の支持者の数や代議員予備選挙の得票数の代議員数への反映の仕方については、人数に比例して代議員を候補者に配分する比例型と一番多くの得票を得た候補者がすべての代議員を独占する勝者独占型がある。

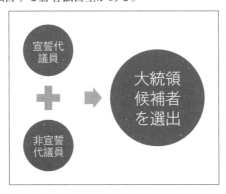

(4) 党大会

　各州の党員集会や代議員予備選挙の結果がほぼそのまま党大会でも反映されると予想されるため、党大会の役割は候補者を正式に決定するというセレモニー的色合いが強くなっている。ただし、候補者の獲得代議員数が接戦の場合は党大会が実質的に候補者を決めることになる。党大会が開催される日時や場所は決まっていない。2016年の党大会は、共和党が7月18－21日にかけてクリーブランドで開催し、民主党が7月25－28日にフィラデルフィアで開催した。

　党大会で過半数を獲得した者がいなかった場合、再度投票が行われることになるが、2回目の投票以降、代議員は自由に投票することができる。このことを**取引集会**（brokered convention）という。つまり、代議員が支持を表明した候補ではなく、別の候補に投票することもできるのである。そのため、最初の投票で得票数が一番多かった候補者であっても、2回目の投票では得票数が減り落選する可能性もある。実際、2016年の予備選挙では、党執行部と折り合いのよくないトランプ氏が獲得代議員数では1位でも党大会では選ばれないのではないかという疑念が一部から出ていた。さらに、民主党ではH・クリントン氏とサンダース氏のいずれも党員集会や代議員予備選挙で過半数の代議員数を獲得できず、非誓約代議員の投票によって決着した。

　なお、党大会では大統領候補に指名された者が副大統領候補を指名することになっている。副大統領は大統領にない点を補う役割があり、誰を指名するかは本選挙に影響する重要な選択となる。

3 本選挙

　予備選挙が終われば、いよいよ大統領候補者を選ぶ本選挙に突入する。本選挙の日は、合衆国法典第3編1条（連邦法）により、現職大統領が任期4年目の11月の最初の月曜日の次の火曜日が選挙人を決める日となっている。この日、有権者は事実上大統領を選ぶのであるが、形式的には選挙人を選ぶことになる。このとき、後述するように、選挙人は勝者総取方式によって候補者に配分される。その後、そこで選ばれた選挙人が12月に正式に大統領を選出することになる。なお、本選挙の日には、連邦議会の上下両院の選挙も行われる。

```
本選挙（選挙人を  →  勝者総取方式（基本）  →  選挙人が大統領を
選出）              によって選挙人を配分     選出
```

(1) 選挙人候補と選挙人の数

　共和党と民主党はそれぞれ選挙人の候補者を選出するが、その仕組みは州によって異なる。党大会を開いて選挙人候補者を指名する場合もあれば、政党の中央委員会の投票で指名することもある。選挙人候補者は、その政党への貢献者、政治活動家、大統領候補の関係者などがなることが多い。

　州は、連邦議会の上下両院に送り込む人数と同数の選挙人を選ぶことができることになっている（合衆国憲法2条1節2項）。下院の議席数は人口比例なので、ここでの選挙人の数は人口が大きく影響する。選挙人の総数は538人であるが、選挙人の数が多い州からみていくと、カリフォルニア州が55人、テキサス州が38人、ニューヨーク州とフロリダ州が29人、ペンシルバニア州とイリノイ州が20人、オハイオ州が18人、ジョージア州とミシガン州が16人、ノースカロライナ州が15人、ニュージャージー州が14人となっている（2016年時点）。つまり、この11州だけで270人となり、過半数（過半数は269人）を超えられるのである。言い換えれば、人口の多い州が重要な州ということになり、そこでの支持を集められなければ敗北する可能性が高くなる。しかし、そのことは両候補ともに熟知しているわけであり、選挙戦略としては人口の多い州であっても勝てる見込みの薄い場合はそこに選挙運動の時間をかけず、むしろ**接戦州**（swing state）に力を入れることが重要になる。アメリカでは、共和党が強い州と民主党が強い州があり、そうした州では選挙前からある程度予測がついている。逆に、どちらが勝つかわからない接戦州があり、そこでは実際に投票が行われるまで優劣がつかないことも多い。先に挙げた人口の多い州の中にも接戦州があり、フロリダ州、ペンシルバニア州、オハイオ州、ミシガン州などがそれに当たる。そのため、両候補者はこうした州でいかに勝利するかが重要なポイントになる。

(2) 勝者総取方式

　本選挙における投票は、各政党の全選挙人候補者が掲載された名簿を見て、それに一括して投票する形になっている。つまり、誰か特定の選挙人一人を選

各州の選挙人数とそれぞれにおいて優勢と思われる州（2016年選挙前時点）

順位	州	選挙人数	優勢政党
1	カリフォルニア州	55人	民主党
2	テキサス州	38人	共和党
3	フロリダ州	29人	接戦
3	ニューヨーク州	29人	民主党
5	イリノイ州	20人	民主党
5	ペンシルベニア州	20人	民主党
7	オハイオ州	18人	接戦
8	ミシガン州	16人	民主党
8	ジョージア州	16人	共和党
10	ノースカロライナ州	15人	共和党
11	ニュージャージー州	14人	民主党
12	バージニア州	13人	接戦
13	ワシントン州	12人	民主党
14	マサチューセッツ州	11人	民主党
14	インディアナ州	11人	共和党
14	アリゾナ州	11人	共和党
14	テネシー州	11人	接戦
18	ウィスコンシン州	10人	民主党
18	ミズーリ州	10人	接戦
18	メリーランド州	10人	民主党
18	ミネソタ州	10人	民主党
22	サウスカロライナ州	9人	共和党
22	コロラド州	9人	接戦
22	アラバマ州	9人	共和党
25	ルイジアナ州	8人	接戦
25	ケンタッキー州	8人	接戦
27	オクラホマ州	7人	共和党
27	オレゴン州	7人	民主党
27	コネチカット州	7人	民主党
30	ネバダ州	6人	接戦
30	アーカンソー州	6人	接戦
30	アイオワ州	6人	民主党
30	ユタ州	6人	共和党
30	ミシシッピ州	6人	共和党
30	カンザス州	6人	共和党
36	ニューメキシコ州	5人	民主党
36	ウェストバージニア州	5人	接戦
36	ネブラスカ州	5人	共和党
39	ニューハンプシャー州	4人	民主党
39	ハワイ州	4人	民主党
39	アイダホ州	4人	共和党
39	ロードアイランド州	4人	民主党
39	メーン州	4人	民主党
44	サウスダコタ州	3人	共和党
44	アラスカ州	3人	共和党
44	モンタナ州	3人	共和党
44	デラウェア州	3人	民主党
44	バーモント州	3人	民主党
44	ノースダコタ州	3人	共和党
44	ワシントンD.C.	3人	民主党
44	ワイオミング州	3人	共和党

＊黒は民主党が優勢、灰色は共和党が優勢、白は接戦が見込まれる州

ぶのではなく、選挙人団そのものを選ぶ仕組みになっているのである。それは共和党の大統領候補者か民主党の大統領候補者のどちらかを選ぶものともいえるため、事実上、直接選挙に近い間接選挙となっている。

　この本選挙において特徴的なのが、**勝者総取方式**という選挙人の候補者への配分方法である。これは、たとえ得票数にわずかな差しかなくても、勝った側の選挙人団がすべて当選することになる。たとえば、カリフォルニア州において、共和党の選挙人団が100万票、民主党の選挙人団が100万1票獲得したとする。勝者総取方式は勝利した側がすべての選挙人団を確保できるので、この場合は民主党が55人すべての選挙人を確保できることになる（下記の図を参照）。

　そのため、本選挙では、全得票数では上回っていても、選挙人獲得数で負けてしまうこともあり、過去にはそうした例も何件か存在する（コラム参照）。なお、勝者独占方式を採用していない州もあり、メーン州とネブラスカ州は選挙区ごとに選挙人を選ぶ方式をとっている。

例

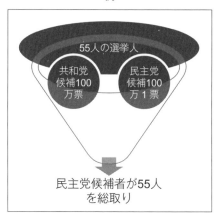

(3) 投票方法

　投票は、各地域に投票区が設定されており、投票区ごとに投票が行われる。投票場所は、学校や集会施設、図書館や消防署などが使われる。投票用紙には、大統領および副大統領候補の名前が記載されていて、その投票が選挙人団への投票とみなされる方法を採用しているところもあれば、大統領候補、副大統領候補、選挙人候補の名前が記載されているものもある。有権者は、該当箇所に

チェックを入れたり塗りつぶしたり、電子画面にタッチしたりして投票を行う。

(4) 選挙人の投票

本選挙で選ばれた選挙人は、12月の第二水曜の後の最初の月曜に会合し（合衆国法典第3編第7条）、大統領を選出する。選挙人はいずれかの大統領候補に投票するかを誓約するようになっているが、過去にはわずかながら誓約に違反した例もある。ただし、数件にすぎないので、投票結果にはほとんど影響を与えていない。なお、州によっては誓約違反に対して罰則を科すところもある。

コラム　ブッシュ対ゴア

大統領選挙では、全体の投票獲得数では上回っていても、選挙人獲得数で負けてしまうことがある。このような場合、1つの州の選挙人の数が逆転されれば、結果も覆ることがありうる。そのため、負けた側としては僅差だった地区の投票の再集計を求め、再集計により最初とは異なる結果が出たら、当選する可能性が出てくる。しかし、そうなると、今度は最初に勝った側が再集計のやり直しを求めることになるなど、選挙戦が泥沼化してしまう可能性がある。

これが実際に問題となったのが、2000年の大統領選挙であった。投票数で勝っていたゴア候補（民主党）は、選挙人獲得数でG・W・ブッシュ候補（共和党）に負けていたため、僅差であった地区の投票の再集計を求めて裁判になった。双方相譲らないまま連邦最高裁までいったため、連邦最高裁は政治問題に口を出すかどうかの問題に直面した。これが有名なブッシュ対ゴア判決である。連邦最高裁は問題を避けることなく判決を下したため、事実上、司法が大統領を決める結果となった。

問題となった投票用紙

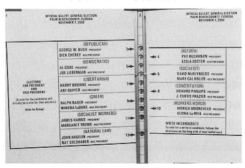

Ⅲ 連邦議会選挙の特徴と具体的制度

　連邦議会の選挙は、上・下両院ともに、偶数年の11月の第一月曜日の翌日の火曜日に実施される（合衆国法典第2編7条）。大統領選挙と重なる年には、大統領選挙も同時に実施される。大統領選挙が行われない年の選挙は、**中間選挙**と呼ばれる。

　中間選挙は、大統領選挙が行われる年の選挙と比べて投票率が低い傾向にある。例えば、中間選挙である2014年の連邦下院選挙の投票率は32.1％、大統領選挙と併せて行われた2012年の選挙のそれは、50.9％であった。

1　連邦下院

(1)　小選挙区制／相対多数制

　先述のように、連邦議会は、連邦選挙に関する「規則を設け、または変更する」ことができる（合衆国憲法1条4節1項）。連邦議会は、この権限に基づき、各州が連邦下院選挙に際して小選挙区制を採用すべきことを連邦法で定めている（合衆国法典第2編2c条）。そのため連邦下院の選挙については、全ての州で、小選挙区制の選挙が実施されている。

　また、ほとんどの州では、相対多数を得た候補者が当選者となる（相対多数制）。例外としてはジョージア州とルイジアナ州があり、この二つの州では、絶対多数を得た候補者がいない場合に、日を改めて上位2名による決選投票が実施される。この決選投票で多数を得た候補者が当選することになる。

(2)　選挙区割りのプロセス

　連邦下院の選挙区割りは、基本的に10年に1回のペースで行われる。まず、各州への定数配分は国勢調査の結果に基づき総人口に比例した形で行われる（ただし人口の少ない州にも最低1議席は配分される）。2017年現在、最も多くの議席を持つのはカリフォルニア州で53議席であるが、1議席のみの州も少なくない（アラスカ州、デラウェア州、モンタナ州、ノースダコタ州、バーモント州、ワイオミング州）。

　こうして配分された議員数を前提に、各州の議会が選挙区割りを行う。このとき、区割りを、狭義の州議会（選挙により選出された議員で構成される立法

機関）ではなく、区割り委員会のような独立機関に担わせている州もある。独立の区割り委員会に区割りを行わせることが、各州の「議会（Legislature）」による区割りを定める合衆国憲法1条4節1項に反するか否か問題となったが、連邦最高裁は、2016年の判決でこれを許容した。

(3) 一票の較差

いわゆる一票の較差の問題については、「下院は、各州の人民によって……選出される議員によって組織される」（合衆国憲法1条2節1項）との規定を根拠として、選挙区間の人口平等が求められている（1964年連邦最高裁判決）。その要請は極めて厳格であり、ごくわずかな人口較差であっても、何らかの正当な州の利益を達成するためにその較差が必要であることが証明されない限り違憲となる。正当な州の利益には、選挙区の緊密性（不自然な突起が無いこと等）や連続性（飛び地が無いこと等）の実現、地理的境界線や政治的下部組織の境界線の尊重、などが含まれる。1983年の最高裁判決では、上記証明がなされていないとして、最大人口較差がわずかに0.6984％の選挙区割り規定が憲法に反すると判断された。

ただし、これは各州内に存在する選挙区間の人口平等であることに注意が必要である。異なる州の選挙区を比べると、一定の人口較差が生じており、しかもその較差は決して小さいものではない。アメリカの全人口の約3億を、連邦下院の定数である435で割ると、1議席あたり約69万人を代表する計算になるが、アメリカには人口が69万人に満たない州が少なからず存在する（ノースダコタ州、バーモント州、ワイオミング州）。こうした州にも、合衆国憲法上、最低1議席が保障されており、他方で、人口が100万人近いにもかかわらず、議席が1つしか与えられていない州もある。こうしたことが、異なる州の選挙区の間での人口格差の要因となっている。

(4) その他の要請

選挙区割りを行う際の人口平等以外の要請としては、合衆国憲法修正14条平等保護条項等に基づく**ゲリマンダー**の禁止がある。ゲリマンダーとは、恣意的な選挙区割りを意味する。1812年にマサチューセッツ州で当時のエルブリッジ・ゲリー知事の下で行われた党派的考慮に基づく選挙区割りが、サラマンダー（トカゲのような空想上の生物）に似た形をしていたことから、そのように呼ばれる。

かつては人種的少数派に不利益を与えるゲリマンダーが人種的ゲリマンダー

として問題とされ、違憲判決も下された（1960年の最高裁判決）。しかし人種的ゲリマンダーの禁止は、現在では異なる機能を果たすようになっている。1980年代以降、アフリカ系市民を初めとする人種的少数派の代表を確保するため、彼らが多数となる選挙区（マイノリティ多数選挙区）を策定することが広く行われるようになった。こうした区割りが人種的ゲリマンダーとして憲法違反だとの訴訟が

提起され、1990年代以降、多くの違憲判決が下されるようになったのである。人種的考慮はそれ自体としては平等保護条項に反するものではないが、その考慮が区割りに際して「支配的」なものであった場合には裁判所による厳格な違憲審査が妥当する、との原則が一連の判決を通じて確立している。

　党派的考慮に基づくゲリマンダー（党派的ゲリマンダー）についても、最高裁は、修正14条平等保護条項の下で憲法違反になりうるとしている。しかし、憲法違反となるためのハードルが極めて高く設定されており、これまで（2016-2017年開延期終了時点で）連邦最高裁が党派的ゲリマンダーを理由として選挙区割りを違憲とした例はない。

2　連邦上院

　1788年に発効された当初の合衆国憲法では、上院議員の選出は各州の州議会が行うものとされていた（合衆国憲法1条3節1項）。しかし、その非民主的性格への悪評が次第に高まり、1913年に成立した憲法修正によって、選挙方法が直接選挙方式へと改められた（修正17条1項）。投票資格については、下院選挙の場合と同様、「州議会の議院のうち議員数の多い方の議院〔州下院のこと：引用者〕について投票権者に要求されている資格を備えなければならない」とした上で、各州の決定に委ねられている（同上）。先述のように、連邦上院議員は、2年ごとに行われる選挙で、3分の1ずつ改選される。

IV　最近の動向

1 2002年投票支援法の制定

　投票権の行使に関わる近時の大きな立法としては、2002年に制定された投票支援法が挙げられる。本法制定の背景には、ブッシュ対ゴア事件（→コラム参照）があった。この事件を通じて、一部の州・政治的下部組織で投票器具が老朽化していたり、杜撰な選挙運営が行われていたりすることが明らかになったからである。

　本法の構成は右の通りであるが、以下では、第一章と第三章についてのみ補足しておく。まず、第一章は、選挙運営の改善及び、（ブッシュ対ゴア事件でも問題となった）パンチ・カード式およびレバー式の投票機を交換するための補助金プログラムを創設するものである。金額としては、3億2千5百万ドルに及ぶ。また第三章では、連邦選挙の運営に関する統一的基準を設定されている。その対象は多岐に渡るが、特に重要なものとして、**暫定投票**の承認と有

第一章：選挙運営の改善並びにパンチ・カード式及びレバー式投票器具の交換を目的とした州への補助
第二章：選挙支援委員会の設置
第三章：統一的かつ公平な選挙技術及び選挙運営のための要件
第四章：施行
第五章：選挙カレッジ・プログラム
第六章：投票支援財団
第七章：軍人及び在外市民の投票権
第八章：経過措置
第九章：雑則

権者登録の際の身分確認がある。暫定投票とは、有権者登録を行ったと主張する個人が、選挙人名簿に記載されていない場合に行う仮の投票のことである。暫定投票後、選挙管理機関によって、当該個人の投票資格を持つことが確認された場合、その投票は、正規の票として集計される。また、有権者登録の際の身分確認については、有権者登録を行おうとする者に、自動車運転免許証、または社会保障番号の下四桁の番号を提示することを定めている。これは、選挙における不正を防ぐことが目的である。なお、こうした基準は、各州等に課される最低限の要請を定めたものであり、本章の基準や他の連邦法と抵触しない範囲で、州がより厳格な基準を設置し、選挙管理に努めることは妨げられない。

2 投票権法4条(b)に対する違憲判決

(1) 指定方式に基づく事前審査制

1965年に制定された投票権法は、人種に基づく投票権の剥奪の禁止や読み書きテストの使用限定に加えて、指定方式に基づく**事前審査制度**を救済策として採用していた。この救済策は、過去において投票差別が深刻であった州や政治的下部組織を「適用法域」として指定し（4条(b)）、適用法域に指定された州等が投票資格・基準・手続きを変更しようとする時には、合衆国当局から、それが人種を理由として投票権を剥奪する意図および効果持たない旨の承認を受けることを義務付けるものである（5条）。承認は、コロンビア特別区連邦地方裁判所の三人合議法廷もしくは合衆国司法長官により行われる。

この措置は、投票者資格の決定権限を州が持つ合衆国憲法の基本構造と緊張関係に立つものであり、当初は批判も少なくなかった。それでも連邦最高裁は、当時の人種差別的慣行の苛烈さに鑑み、1966年の判決で、これを合衆国修正15条2項に基づく適切な立法権の行使だと認め、合憲性を承認した。この指定方式に基づく事前審査制は、アフリカ系市民等の投票権保障に大きく寄与したと評価されてきた。

(2) 2013年の違憲判決

投票権法第4条(b)および第5条は当初5年間の時限立法であったが、連邦議会はこれを数度に亘って延長し、2006年には更に25年間延長した。

しかし連邦最高裁は、2013年の判決で、かつて猛威を振るった投票に関する人種差別的慣行が著しく減少し、公選職につく黒人も著しく増加したことに触れて、事前審査制それ自体（5条）を違憲とすることを避けながらも、指定方式（4条(b)）については、修正15条2条によって連邦議会に付与された立法権の範囲を超え、違憲であると判断した。従って、現在この制度は休眠状態にある。

【参考文献】
① 小林良彰『選挙制度：民主主義再生のために』（丸善ライブラリー、1994年）
② 三輪和宏・佐藤令「アメリカ大統領選挙の手続」調査と情報456号1頁（2004年）

③西山隆行『アメリカ政治　制度・文化・歴史』（三修社、2014 年）
④木下智史「合衆国における人種的少数者の投票権保障㈠」神戸学院法学第 25 巻第 3 号 83 頁（1995 年）
＊本章は、大林が主に大統領選挙の箇所を、吉川がそれ以外の箇所を執筆した。

イギリス

はじめに

イギリスは議会政治の母国といわれる。イギリス憲政史とは国会の歴史そのものである。中世に国王が課税のため諸身分の代表を召集してはじまった国会は、17世紀には王権との対立を克服して政治の主役に躍り出た。18世紀には国会が行政を統制するための議院内閣制も構築されていった。

19世紀以降は国会議員選挙の民主化が進められ、1883年には男子普通選挙制が、1928年には完全な普通選挙制が導入されるに至った。またその過程で政党政治も進展することで、選挙と内閣制度が直結していった。

なお本稿で「イギリス」とは、グレート・ブリテン及び北アイルランド連合王国を指す。

I 概要

1 統治システム

「イギリスには憲法がない」としばしば言われるが、しかし実質的意味の憲法は個々の法律や判例法や政治的実践の中に分散している。19世紀の憲法学者ダイシーによれば、イギリス憲法の基本原則は**国会主権**（Parliamentary Sovereignty）と**法の支配**（Rule of Law）である。このうち国会主権原則とは、国会があらゆる事項について決定権を持ち、国会制定法に行政（国王・政府）も裁判所も服することを意味する。さらに国会議員の中から内閣が構成され、国会が内閣の行政活動を監督する。このような国会の構成員を選ぶための選挙制度はまさにイギリス憲法の一部であると言っても過言ではない。

なお、近年のイギリス統治構造の動向として見逃せないのが**権限移譲**（Devolution）である。日本の地方分権とは異なり、イギリスの権限移譲では、スコットランド・ウェイルズ・北アイルランドといった「地域」（region とか nation

と呼ばれる）に議会が設置され、その議会が国会制定法と同等の法規範を制定することができる。これら地域における民主主義のあり方は、イギリスという国家の形に大きな影響を与えはじめている。

さらに、近年レファレンダムが多用されている。世界を驚かせた EU 離脱という結果は、議会民主制のあり方に大きな課題を突き付けている。

2 統治システムと選挙

イギリスにおいて権限移譲や地方分権の動きが活発化しているが、そこでは統治システムにおける民主制の強化という意図の下、多様な選挙制度が採用されている。したがって、現在のイギリスの選挙制度をみる上では、国会のみならず、地域や自治体の制度も確認することが不可欠である。

(1) 国会と総選挙

イギリスの国会は歴史的に形成された組織である。その歴史の名残を 2 つの議院の名称にみることができよう。上院・第二院は**貴族院**（House of Lords）、下院・第一院は**庶民院**（House of Commons）である。貴族院議員（Peers）は、その名前の通り貴族にしかその資格がないが、しかし世襲貴族の議席は 92 議席に限定され、またイングランド国教会の高位聖職者も 26 議席を有するにとどまり、実質的には政府によって任命された議員（一代貴族）によって構成される（定数なし、2017 年 7 月 25 日時点で 803 議席）。

他方で庶民院議員（Members of Parliament、MPs）の総選挙こそはイギリス政治の要である。20 世紀には貴族院に対する庶民院優位の原則も定着し、さらに総選挙で庶民院議員の過半数を占めた政党の党首が首相に任命されるという憲法習律が確立した。つまり国会総選挙は内閣の構成をも決定するのである。

庶民院の議席数はこれまでのところ 650 である。すべて**単純小選挙区制**によって選出される。議席数は法律によって正確に定められているのではない。1986 年議会選挙区法（Parliamentary Constituencies Act 1986）附則 2 は、選挙区から 1 名を選出するものとし、選挙区の数をブリテンで 613 前後としている。選挙区と議席の数は選挙区の区割りの結果で変動することになるのである。

ただし、この規定は 2011 年議会選挙システム・選挙区法（Parliamentary Voting System and Constituencies Act 2011）11 条によって改正され、その結果、選挙区・議席の数は 600 とされた。もっとも、当初はこの改正を 2015 年の総選挙から実施する予定であったが、政府内での合意が取れず、結局 2020 年以降に

実施される総選挙から適用されることとなった（2013 年選挙登録・運営法（Electoral Registration and Administration Act 2013）6 条）。

国会の任期は 5 年である。近年まで、任期満了前に首相の判断で解散が行われ、実質的にはおよそ 4 年程度の任期だった。しかし 2011 年議会期固定法（Fixed-term Parliaments Act 2011）は解散権を制限し、庶民院による内閣不信任決議案の可決や 2/3 の特別多数決での自主解散の決議により繰上総選挙が行われない限り、基本的には 5 年間の任期で固定した。したがって総選挙も 5 年毎に実施される。なお、2017 年 6 月 8 日に繰上総選挙が行われた。

表 1　過去 20 年の総選挙結果

年/月/日（過半数）	第 1 党（議席数）	第 2 党（議席数）	第 3 党（議席数）
1997/5/1（330）	労働党（418）	保守党（165）	自由民主党（46）
2001/6/7（330）	労働党（413）	保守党（166）	自由民主党（52）
2005/5/5（324）	労働党（355）	保守党（198）	自由民主党（62）
2010/5/6（326）	保守党（306）	労働党（258）	自由民主党（57）
2015/5/7（326）	保守党（330）	労働党（232）	SNP（56）
2017/6/8（326）	保守党（317）	労働党（262）	SNP（35）

※SNP：スコットランド国民党
※2010 年総選挙の後、保守党と自由民主党とで連立政権が発足
※2017 年総選挙の後、保守党と北アイルランドの民主統一党（議席数 10）とで閣外協力協定

(2)　地域議会

権限移譲（devolution）は、直接的には 1997 年のブレア新政権の政策に始まる。同年、各地域で議会設置を問う国民投票が実施されたところ、いずれも賛成の結果となった。これを受けて法律によって権限移譲が開始されたのである。

権限移譲の大きな特徴は、立法権も移譲されるという点にある。地域議会が制定した法律はその地域内において「法律」である。つまり国会の制定した「法律」と抵触する地域議会「法律」があれば、優先される規定は新しい方である。国会の優越性が維持されるのは、地域議会の権限が委譲事項の範囲内に限定されること（このことは司法手続によっても担保される）、そして国会は委譲事項に関する立法を自ら行うことも法的にはできること（ただしその場合、地域議会の事前の同意が必要となる）においてである。なお、イギリスの権限移譲については「非対称性」が指摘されており、権限移譲の程度がそれぞれの

地域でバラバラである。特にイングランドには権限移譲がされていない。

①スコットランド議会

　スコットランドにはイングランドと異なる法制度・文化・宗教が根付いており、20世紀にはいって自治を求める声が高まっていた。スコットランドで実施された1997年の国民投票の結果、1998年にスコットランド議会（Scottish Parliament）が設置された。当初から広範な立法権が付与されていたが、2014年のスコットランド独立を問うた国民投票の後にも権限移譲の流れは加速している。たとえば2016年には、スコットランド議会自身の選挙制度を議員の2/3が賛成すれば変更することができることとなった。

　議会は一院で構成される。構成員はスコットランド議会議員（Members of Scottish Parliament, MSPs）と呼ばれ、129議席からなる。任期は4年、ただし2/3の特別多数による自律解散が可能である。次回総選挙は2021年5月の予定である。総選挙後に議会は首相（First Minister）を指名し、女王がこれを任命する。閣僚は首相が指名し、議会が承認した上で、女王から任命される。内閣は議会に責任を負うという**議院内閣制**が採られている。

②ウェイルズ

　ウェイルズは1282年にイングランドの統治下に置かれて以来、イングランドと一体として扱われることが多いが、言語や文化の面で独自性を維持してきた。1997年の国民投票の結果、1998年の法律により一定程度の自治権がウェイルズに与えられた。ただし新設されたウェイルズ議会（National Assembly for Wales）の当初の性格は行政機関的であり、権限も法律に基づいて委任立法を制定できるにとどまっていた。しかし2006年の改正法に基づいて実施された2011年の住民投票の結果、ウェイルズ議会も20項目について法律制定権を有することとなった。2014年にはさらなる権限移譲が進められた。

　ウェイルズ議会は、ウェイルズ議会議員（Assembly Members, AMs）の60議席によって構成される一院制議会である。任期は5年、ただし2/3の特別多数による自律解散が可能である。**議院内閣制**が採用され、スコットランドと同様、政府は議会が指名した首相（First Minister）によって構成される。

③北アイルランド

　1800年アイルランド合同法以降、アイルランドはイギリスの一部を構成する地域となったが、19世紀後半より自治の要求が強まるなどした結果、1920年に南北に分離されそれぞれに議会が設置され自治権が与えられた。南部はそ

の後アイルランドとして独立したが、北部はイギリスにとどまった。この時の北アイルランド議会（Parliament of Northern Ireland）は二院制で、上院は元老院（Senate）、下院は庶民院（House of Commons）であった。

　当初、庶民院議員の選挙は**単記移譲式投票制**で行われていたが、1929 年には**単純小選挙区制**に変更された。これはイギリスへの残留を主張するユニオニストが、独立を目指すナショナリストの台頭に対抗しての措置である。1960年代には両者の対立が激化し、北アイルランド紛争（The Troubles）にまで発展したため、中央政府は 1972 年に議会を停止、1974 年に議会を廃止した。

　事態が安定へ向かうのは、約 30 年を経て、1998 年 4 月にベルファスト合意（聖金曜日合意）が結ばれてからである。この合意に基づいて制定された 1998年の法律により北アイルランド議会（Northern Ireland Assembly）が新たに設置された。ただしその後も政治は安定せず、たびたび中央政府から機能停止と回復の措置が取られたが、2006 年の聖アンドリュース合意を経て、2007 年に議会の機能が再び回復した。

　現在の北アイルランド議会は一院制を採る。北アイルランド議会議員（Members of Legislative Assembly, MLAs）の総議席数は 108 だったが、2017 年の選挙から総議席数 90 名に縮減された。任期は 4 年であるが、2/3 の特別多数による自律解散や執行部の任命に失敗した場合の解散もありうる（2017 年解散・総選挙は後者の例である）。執行部は議会の委員会という位置付けである。選挙の結果最大の議席数を得た政党から首相が、第 2 位の政党から副首相が、その他の大臣は議席獲得数に比例して各政党から選出されるという、実質的に必ず連立政府にしなければならないしくみになっている。

(3)　地方自治体のしくみ

　もともと地方自治が民主主義の学校であると言われたのはイギリスにおいてであった。近年はさらに自治体における民主制の強化（または選挙の多用）という動きも見られる。したがって自治体の選挙制度も見落とせない。

　地方自治の制度は全国的に画一化されていない。イングランドでは、都市部では一層制の大都市地区が県と市町村の役割を担う。非都市部では、二層制の場合には県と地区が置かれ、一層制の場合には県と地区の機能をあわせた単一自治体が置かれる。

　ロンドンではかつて、大ロンドン都（Greater London Council）という広域自治体と 32 のロンドン特別区（London Borough）及びシティという基礎自治体が

置かれていたが、サッチャー政権により大ロンドン都が廃止されて一層制となった。その後ブレア政権のときに国民投票を経て、ロンドン特別区らを調整する行政機関として大ロンドン庁（Greater London Authority）が設置された。

ウェイルズ・スコットランドでは一層制自治体の単一自治体（Unitary）が置かれ、北アイルランドでは地区（District）が置かれる。

さらに、以上のような自治体の下に地方行政区が置かれることもある。イングランドではパリッシュ（町、村、などを称する）、ウェイルズやスコットランドでは共同体（Community）と呼ばれる。これら自治体を運営するのが参事会（Council）であり、その議員について様々な選挙が行われることとなる。

自治体と選挙をめぐる近年の動向として、イングランドでは自治体の大規模化が進められている。これまでに、主要都市と周辺自治体によって構成される行政機関である合同行政機構（Combined Authority）が7つ設置された。

また、近年には自治体に公選首長が置かれる例もみられるようになっている。イギリスではこれまで、そもそも参事会が自治体の執行機関でもあり、参事会が分野別に委員会を設置してきた（委員会制）。これまで「市長」（Mayor）とは、参事会議長を指す言葉であった。しかしブレア政権以降、公選の首長たる「市長」（Mayor）の導入を含む諸改革が、各自治体の判断や住民投票の結果に基づいて実施されてきた。その結果、現在では大ロンドン庁を含めて17の自治体で公選首長が置かれるに至っている。2016年には合同行政機構にも公選の市長を置くことができるとされ、たとえば2017年5月には大マンチェスター合同行政機構で市長選挙が実施された。

3 選挙制度の特徴

イギリスにおける選挙制度の基本事項は1983年国民代表法によって規定されている。この法律に沿って、選挙制度の一端を紹介する。

(1) 選挙権者

まず選挙権者の要件は、(a)選挙区の選挙人名簿に登録され、(b)法律上の無能力者ではなく、(c)コモンウェルス市民またはアイルランド市民であり、かつ(d)18歳以上であることとされている。なお、地方選挙に関しては、EU法の要請に従い、上記のうち(c)に「EU市民」も付け加えられる。

これらのうち(b)は、投票に関する法的無能力、つまり法律上投票を禁止されている状態を意味する。例として、後述の服役中であることや選挙法違反をし

たこと等である。成年後見であることや知的・精神障害のみを理由として選挙権が剥奪されることはない。

刑務所に服役している受刑者は選挙権を剥奪されるが、これは法的・政治的な一大論点となっている。欧州人権裁判所や国内裁判所から選挙権侵害との判断が示されているが、政府・国会の強い反発のため、まだ対応されていない。

選挙権年齢は 18 歳であるが、その引き下げも議論されている。スコットランドでは、2014 年の独立レファレンダムで投票年齢が 16 歳に引き下げられて実施されたほか、2015 年にはスコットランド議会と自治体選挙についてすべて 16 歳に引き下げられた。

在外投票は、選挙登録から 15 年間までは可能であるが、15 年を超えると失う（15 年ルール）。司法判決でもこの制度が選挙権侵害であるとは認めていない。しかし近年政府はこの制限の撤廃を提案している。

(2) 選挙運営と選挙訴訟

投票を行うためには選挙人登録を自ら行わなければならない。選挙人登録を受け付ける登録官（registration officer）は、自治体から選挙区ごとに任命される。登録官は毎年登録者に対し戸別訪問をして名簿の確認を行う。選挙の運営は選挙管理官（returning officer）が行うが、登録官が実質的管理官となって、代理投票・郵便投票（2000 年から限定なく利用できるようになった）の許可等を行う。投票所の設置は自治体が決定する。

選挙委員会（Electoral Commission）が 2000 年に設置された。2000 年政党・選挙・レファレンダム法（Political Parties, Elections and Referendums Act 2000）は、選挙委員会に、選挙管理官に対する指針の作成、選挙やレファレンダムの実施に関する報告、政党等の選挙活動の収支に関する監督、選挙法についての照会の回答を義務付け、2009 年政党・選挙法（Political Parties and Elections Act 2009）は、違反行為に対する制裁権限も付与した。

選挙争訟の裁判は、庶民院議員選挙については庶民院が行っていたが、19 世紀に入って政党政治が進展すると裁判が党派的に行われるようになったため、1868 年から裁判所に委ねられるようになった。裁判所は「請願」の形式で訴えを審理し、当選の適法性や選挙の無効を判断してその旨の証書を関係者（議会選挙であれば庶民院議長、地方選挙であれば高等法院を経由して大臣）に発出する（1983 年法 120 条以下）。

4　選挙制度の歴史

(1) 投票権

　国会の選挙制度は中世にさかのぼる。1295 年の**模範議会**（Model Parliament）では、自治都市から 2 名の市民と州から 2 名の騎士が議員として選出され、以後この形態が定着する。選出母体は都市や州の土地保有者であった。その後、州での選挙権の要件については、1430 年の法律が 40 シリング以上の土地の自由保有者であることが定められたが、都市では各都市の自治に委ねられていた。この状態が産業革命や人口移動など急激な社会変化が始まった 18、19 世紀初頭まで温存され、ひどい場合には海底に沈んだ場所から都市民が選出されるという事態まで生じていた。社会的な現実と国会の関係に大きなひずみが政治腐敗につながっていたのである。

　そこで 1832 年の第 1 次選挙法改正によって、選挙区が統廃合され、また選挙権資格も一定の財産の価格に統一化された。この時に選挙人登録名簿の制度も導入された。続く 1867 年第 2 次選挙法改正、そして 1884 年第 3 次選挙法改正によって、財産による制限は順次縮減され、選挙権が拡大された。これらの選挙法改正を通して、「国民」代表すなわち均等な人口からなる選挙区から議員が選出されるべきであるという観念が定着したと指摘されている。また 1872 年には秘密投票制度が導入されている。

　その後、財産的要件を撤廃し、21 歳以上の男性と 30 歳以上の女性に選挙権を認めた 1918 年の第 4 次改正、男女ともに 21 歳以上の**普通選挙制**を実現させた 1928 年第 5 次改正と続くことで、現代的な選挙制度が確立した。

　ただし登録制度は当初は不動産所有の証明として機能していたが、その後住居に入居していることとを要する制度として機能した。したがって住居を持たない者は実質的に選挙権者から排除されることとなっていた。しかし 2000 年の法律によりその要件が撤廃された。

(2) 選挙制度

　すでに見た通り、19 世紀の選挙制度改革までは、中世の選挙制度がほぼそのまま引き継がれていた。多くの選挙区では 2 名が選出されていたが、その際**完全連記制**が採られていた。つまり選挙人は 2 議席につき 2 人の候補者に投票していたのである。1832 年に始まる改革においては選挙制度改革も議論されてきた。たとえば、人口の不均衡の是正のためある選挙区の定数が 4 となった

場合に選挙人の投票を2票に限定するという制限投票制や、あるいは選挙人は議席数に対応する票数を同一の候補者に投票できるようにするという累積投票制などが提案されている。これらには、選挙権者の範囲が拡大する中で、中産階級による議席の獲得を確保しようとする意図もあった。またこの時代には比例代表制あるいは単記移譲式投票制というアイディアも登場した。

しかし 1885 年の法律において、各選挙区の選挙権者の数が均等にされるとともに、ほとんどの選挙区から1名を選出するという、現代に続く**単純小選挙区制**が採用された。ただしこの導入には、実は国会における多様な利益の反映を確保するという趣旨があったということも指摘されている（定数2の選挙区から同じ政党の議員が2名選ばれるよりは、2つの選挙区で異なった政党の議員が選ばれる可能性の方が望ましい、という趣旨）。現在ではいわゆるウェストミンスター・モデルの基本的な構成要素と解される単純小選挙区制も、歴史的にはこのような導入背景があったという事実は興味深い。

5 選挙規制

選挙制度の歴史に関連する選挙規制の一例を紹介しよう。現在の国会議員総選挙のための選挙区も、中世以来の選挙区のように、都市か県かに分類される。これは純粋に選挙区の地理的な広さに応じて分類されるのであるが、これによって選挙費用の上限が変わるのである。都市選挙区の場合、7,150 ポンドに加えて選挙人あたり 5 ペンスが上限とされ、県選挙区の場合は 7,150 ポンドに選挙人あたり 7 ペンスが上限となる。

II 選挙制度の特徴

イギリスにおいて実施される選挙制度は表2の通りである。以下では主要な選挙について、選挙制度を中心に見ていこう。

表2　イギリスにおける各種の選挙と選挙制度（一覧）

単純小選挙区制 First-past-the-post	国会議員選挙 イングランド・ウェイルズ地方議会議員選挙 スコットランド国立公園管理委員会（民選委員）
補充投票制 Supplementary vote	ロンドン市長選挙、イングランド・ウェイルズのその他の市長選挙 公安委員選挙
単記移譲式投票制 Single transferable vote（STV）	北アイルランド議会議員選挙 北アイルランドにおける欧州議会議員選挙 スコットランド地方選挙 北アイルランド地方選挙
追加議席制 Additional member system	スコットランド議会議員選挙 ウェイルズ議会議員選挙 ロンドン議会議員選挙
拘束名簿式比例代表 Closed party list system	ブリテンにおける欧州議会議員選挙
選択投票制 Alterative vote	貴族院世襲貴族議員補欠選挙 スコットランド・クロフティング委員会委員

出典：David Foster, 'Voting System in the UK' House of Commons Library Standard Note SN/PC/04458

1　国会（庶民院）の選挙制度

(1)　選挙制度

　庶民院議員総選挙は**単純小選挙区制**（First-past-the-post system）を採用している。この制度では選挙人は候補者1名に投票し、最大得票数を得た候補者が当選する。二大政党制に親和的で政権の安定や政治責任の明確化に資する一方で、死票が多く少数の意見を過大に代表する制度であると指摘される。

　2011年には、選挙制度の改革を問う**国民投票**（レファレンダム）も実施されたが、その結果は現行の単純小選挙区制からの変更案を否決するものであった。この国民投票で提案されたのは選択投票制（Alternative vote system）である。この制度の下では、選挙人は候補者に順位をつけて投票を行う。集計をするときは、第1順位で過半数を得た者が当選し、過半数に達する候補者がいなければ第1順位の獲得票数が最も少ない候補者の票から第2順位を取り出して各候補者に再配分し、これを過半数獲得するまで続ける。

国民投票が行われた経緯は次の通りである。2010年の総選挙の結果は、どの政党も議席の過半数を獲得できない、いわゆる**ハング・パーラメント**（hung Parliament、直訳すれば「未決定の議会」）というものだった。そこで連立協議が始められ、保守党（307議席）と自由民主党（57議席）との連立政権が成立した。その連立協議において合意された事項の一つが、自由民主党がかねてより主張してきた選挙制度の改革だったのである。

単純小選挙区制からの変更案は否決されたが、しかし今やイギリスにおける国家生活では多様な選挙制度が採用されている。また二大政党制のほころびも見え始めている（2017年総選挙結果は表3参照）。今後の動向が注目される。

図1　投票用紙（表・裏）

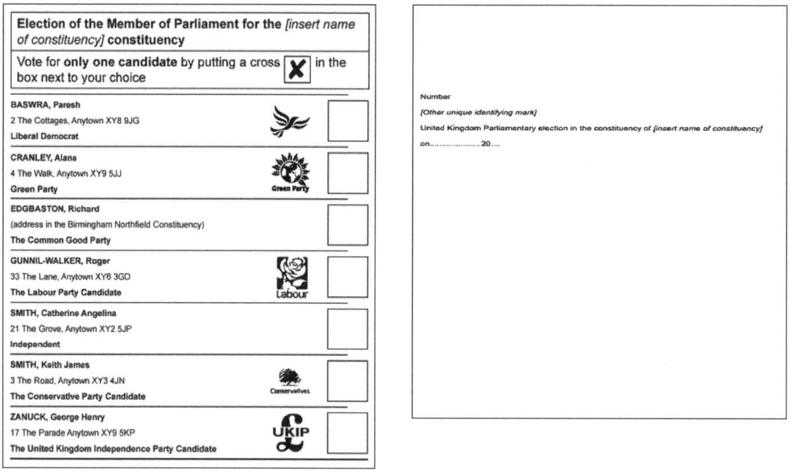

Election of the Member of Parliament for the *[insert name of constituency]* constituency

Vote for **only one candidate** by putting a cross [X] in the box next to your choice

BASWRA, Paresh
2 The Cottages, Anytown XY8 9JG
Liberal Democrat

CRANLEY, Alana
4 The Walk, Anytown XY9 5JJ
Green Party

EDGBASTON, Richard
(address in the Birmingham Northfield Constituency)
The Common Good Party

GUNNIL-WALKER, Roger
33 The Lane, Anytown XY6 3GD
The Labour Party Candidate

SMITH, Catherine Angelina
21 The Grove, Anytown XY2 5JP
Independent

SMITH, Keith James
3 The Road, Anytown XY3 4JN
The Conservative Party Candidate

ZANUCK, George Henry
17 The Parade Anytown XY9 5KP
The United Kingdom Independence Party Candidate

Number
[Other unique identifying mark]
United Kingdom Parliamentary election in the constituency of *[insert name of constituency]*
on..................... 20....

出典：Representation of the People（Ballot Paper）Regulations 2015, Sch 1.

表3　2017年総選挙の結果

	保守党	労働党	SNP	LD	DUP	SF	PC	緑の党	その他	合計
得票率(%)	42.4	40.0	3.0	7.4	0.9	0.7	0.5	1.6	3.5	100
議席数	318	262	35	12	10	7	4	1	1	650

※LB＝自由民主党、SNP＝スコットランド国民党、DUP＝民主統一党、SF＝シン・フェイン、PC＝ウェイルズ国民党

出典：BBC「Election 2017」＜http://www.bbc.com/news/election/2017/results＞

(2) 選挙区画

小選挙区制において特に重要な選挙区画がどのような基準でどのようなプロセスで決定されるのかを見ておこう（現在の選挙区状況は表4参照）。

選挙区画を実質的に決定するのは政府から独立した**区画委員会**である。この

表4　イギリス議会の選挙区と有権者数（2015年統計に基づく）

地域（選挙区数）	平均有権者数	標準偏差
イングランド（533）	72,675	6,687
ウェイルズ（40）	57,043	6,936
スコットランド（59）	69,483	10,558
北アイルランド（18）	68,709	5,406
全体（650）	71,314	8,066

最小登録有権者数で上位10の選挙区

選挙区名称	地域	有権者数
ナヘイレナナニア島	スコットランド	21,769
オークニー島・シェトランド島	スコットランド	34,552
アーフォン	ウェイルズ	40,492
ドゥイフォール・メイリオニッド	ウェイルズ	44,394
アバーコンウィ	ウェイルズ	45,525
ケイスネス・サザランド・東ロス	スコットランド	47,558
モントゴメリーシャー	ウェイルズ	48,690
アベラボン	ウェイルズ	49,821
イニスモン	ウェイルズ	49,939
レックスハム	ウェイルズ	50,992

最大登録有権者数で上位10の選挙区

選挙区名称	地域	有権者数
ワイト島	イングランド（南西部）	108,804
イルフォード南	イングランド（ロンドン）	91,987
ブリストル西	イングランド（南西部）	91,236
ウェストハム	イングランド（ロンドン）	90,640
北西ケンブリッジシャー	イングランド（西部）	90,318
ミルトンキーンズ南	イングランド（南西部）	89,656
ハクニー北・ストクニュイントン	イングランド（ロンドン）	88,153
スリーフォード・北ヘイカム	イングランド（東中部）	87,972
イーストハム	イングランド（ロンドン）	87,382
リンリスゴー・東ファルカーク	スコットランド	86,955

出典：イギリス議会ウェブサイト＜http://researchbriefings.parliament.uk/ResearchBriefing/Summary/CBP-7186＞におけるデータをもとに筆者作成

委員会はイングランド・ウェイルズ・スコットランド・北アイルランドの4地域に一つずつ置かれる。それぞれの委員会の議長は庶民院議長が名目的に務めるが、実質的には裁判官から選ばれる副議長が議長を務める。それぞれの区画委員会による見直しは5年毎に行われなければならない。前述のように2020年以降の総選挙から議席は600となるが、その区割案は2018年9月までに各区画委員会の報告書として公表されることになっている。区割案の作成作業は2016年2月から開始されている。

　新たな選挙区画定のための指針は、①まずイギリスの全有権者数を600という選挙区数で割り、これによって一つの選挙区の原則的な有権者数（選挙人定数、electoral quota）を算出する（ただし島嶼部の選挙区はその例外）。有権者数がベースになっていることに注意したい。これを実際に計算すると78,507人である。なお指針は、この数字の95～105％以内で選挙区の区割をすることを要求しているので、71,031人から78,507人の間になる。次に、②600の選挙区を、イングランド・ウェイルズ・スコットランド・北アイルランドに、それぞれの有権者数に応じて、**サン・ラグ方式**によって配分する（実際に計算するとそれぞれ、501、29、53、17になる）。イングランドではさらに、割り当てられた501の議席を、欧州議会選挙で用いられる区域（region）に、それぞれの有権者の数に応じてやはりサン・ラグ方式で配分される。そして③具体的な画定に際しては、区画委員会は、地理、地方自治体の境界線、既存の選挙区の区画、地域のつながり等を考慮に入れることができるとされている。

　なお従来は、スコットランド・ウェイルズ・北アイルランドに配分される議席数が法律で定められていたため、異なる地域の選挙区における有権者数を比較すると例外的に大きな差が生じることもあり得た。この点、2011年の改正は、1票の投票価値の平等を厳格に追求したものであるといえる。

2　各地域議会の選挙制度

(1)　スコットランド議会

　スコットランド議会の選挙制度は、**追加議席制**（Additional Members System、小選挙区比例代表連用制）である。総議席129のうち、73議席は73の選挙区から1名ずつ選出され、56議席は8つの選挙区域（複数の選挙区を組み合わせた区域）から比例代表により7名ずつ選出される。選挙人は選挙区選挙で候補者に、選挙区域選挙で政党に、それぞれ票を投じる（表5参照）。なお、選挙

区と比例代表の重複立候補が可能となっている。

日本の併用制との違いは、小選挙区制による選挙の結果を補正する形で比例代表制が用いられることにある。具体的には、ある選挙区域内での各選挙区の選挙で獲得した議席に1を足した数字で、選挙区の比例代表選挙で政党が獲得した得票数を割り、商の多い順からドント方式で議席が割り振られる。

スコットランド議会の選挙区は、当初は国会の選挙区をほぼそのまま用いており、また選挙区域は欧州議会議員選挙の小選挙区を用いていた。しかし2004年に国会選挙区との連動は廃止された。国会選挙区との連動がなくなっても、スコットランド議会選挙区の画定は中央政府の所管するスコットランド区画委員会が行っていたが、2016年にはこれもスコットランドへ委譲された。すなわち、選挙区画定はスコットランド政府の所管するスコットランド自治体境界委員会（Local Government Boundary Commission for Scotland）が行い、スコットランド議会の承認の上スコットランド政府が実施することとなった。

図2　スコットランド議会選挙の投票用紙

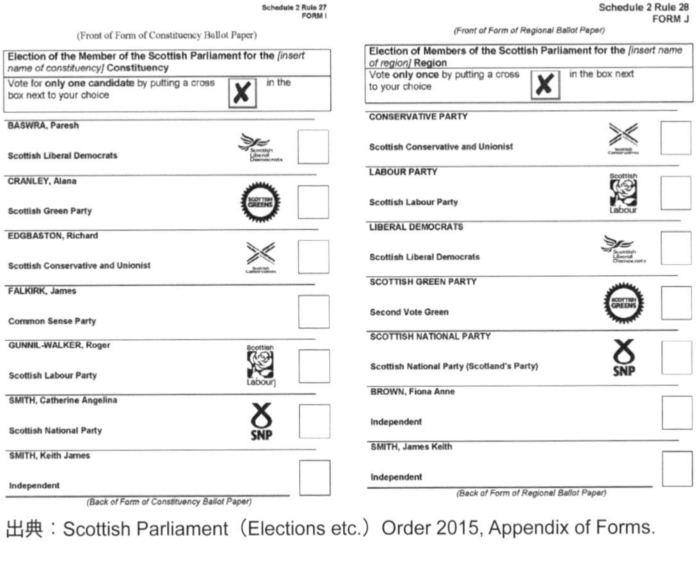
Schedule 2 Rule 27
FORM I

(Front of Form of Constituency Ballot Paper)

Election of the Member of the Scottish Parliament for the *[insert name of constituency]* Constituency
Vote for **only one candidate** by putting a cross X in the box next to your choice

BASWRA, Paresh Scottish Liberal Democrats	Scottish Liberal Democrats	☐
CRANLEY, Alana Scottish Green Party	SCOTTISH GREENS	☐
EDGBASTON, Richard Scottish Conservative and Unionist	Scottish Conservatives	☐
FALKIRK, James Common Sense Party		☐
GUNNIL-WALKER, Roger Scottish Labour Party	Scottish Labour	☐
SMITH, Catherine Angelina Scottish National Party	SNP	☐
SMITH, Keith James Independent		☐

(Back of Form of Constituency Ballot Paper)

Schedule 2 Rule 28
FORM J

(Front of Form of Regional Ballot Paper)

Election of Members of the Scottish Parliament for the *[insert name of region]* Region
Vote **only once** by putting a cross X in the box next to your choice

CONSERVATIVE PARTY Scottish Conservative and Unionist	Scottish Conservatives	☐
LABOUR PARTY Scottish Labour Party	Scottish Labour	☐
LIBERAL DEMOCRATS Scottish Liberal Democrats	Scottish Liberal Democrats	☐
SCOTTISH GREEN PARTY Second Vote Green	SCOTTISH GREENS	☐
SCOTTISH NATIONAL PARTY Scottish National Party (Scotland's Party)	SNP	☐
BROWN, Fiona Anne Independent		☐
SMITH, James Keith Independent		☐

(Back of Form of Regional Ballot Paper)

出典：Scottish Parliament（Elections etc.）Order 2015, Appendix of Forms.

区画の判断基準は、①自治体の境界線を考慮し、②選挙人定数（スコットランド全選挙人を小選挙区議席総数で割った商）になるべく近くするという原則の下、③地理や④変化の緩和や地方的なつながりを考慮する、というものであ

る。また、選挙区域は、選挙区を分割せずに組み合わせつつ、区域ごとに選挙人の数がなるべく等しくなるようにするというルールによって画定される。

表5 連用制（追加議席制）の例

9つの選挙区からなる選挙区域（定員7）があったとし、小選挙区選挙と比例代表選挙の結果は右の通りだったとする。

以下の通り、比例代表獲得票数は獲得議席に1を足した数字で割られ、その商が最大となると議席が配分される。順次繰り返される。

	小選挙区選挙での獲得議席	比例代表選挙での獲得票数
A党	8	99,000 票
B党	0	85,000 票
C党	1	47,500 票
D党	0	52,000 票
E党	0	23,000 票
F党	0	5,250 票

	A党	B党	C党	D党	E党	F党
第1ラウンド →B党	99,000/(8+1) =11,000	85,000/(0+1) =85,000	47,500/(1+1) =23,750	52,000/(0+1) =52,000	23,000/(0+1) =23,000	5,252/(0+1) =5,250
第2ラウンド →D党	99,000/(8+1) =11,000	85,000/(1+1) =42,500	47,500/(1+1) =23,750	52,000/(0+1) =52,000	23,000/(0+1) =23,000	5,252/(0+1) =5,250
第3ラウンド →B党	99,000/(8+1) =11,000	85,000/(1+1) =42,500	47,500/(1+1) =23,750	52,000/(1+1) =26,000	23,000/(0+1) =23,000	5,252/(0+1) =5,250
第4ラウンド →B党	99,000/(8+1) =11,000	85,000/(2+1) =28,333	47,500/(1+1) =23,750	52,000/(1+1) =26,000	23,000/(0+1) =23,000	5,252/(0+1) =5,250
第5ラウンド →D党	99,000/(8+1) =11,000	85,000/(3+1) =21,250	47,500/(1+1) =23,750	52,000/(1+1) =26,000	23,000/(0+1) =23,000	5,252/(0+1) =5,250
第6ラウンド →C党	99,000/(8+1) =11,000	85,000/(3+1) =21,250	47,500/(1+1) =23,750	52,000/(2+1) =17,333	23,000/(0+1) =23,000	5,252/(0+1) =5,250
第7ラウンド →E党	99,000/(8+1) =11,000	85,000/(3+1) =21,250	47,500/(2+1) =15,833	52,000/(2+1) =17,333	23,000/(0+1) =23,000	5,252/(0+1) =5,250
獲得議席数	0	3	1	2	1	0

以上により、各党の小選挙区選出議席と比例代表選出議席の数は右の通りとなる。比例代表選出議員は、各政党の名簿の上位者から選出される。

出典：スコットランド議会ウェブサイト上の資料
http://www.parliament.scot/EducationandCommunityPartnershipsresources/Additional-Member-System/Flash/index.html

	小選挙区選出議席	比例代表選出議席
A党	8	0
B党	0	3
C党	1	1
D党	0	2
E党	0	1
F党	0	0

(2) ウェイルズ議会

選挙制度は、スコットランド議会議員選挙と同様に、**追加議席制**（小選挙区

比例代表連用制）を採用。総議席 60 のうち、40 議席が単純小選挙区制で、20 議席は比例代表制で選出される。なお、従来の制度では、小選挙区と比例代表との重複立候補は禁止されていたが、2014 年に解除された。

1999 年に実施された第 1 回ウェイルズ議会議員選挙から、選挙区は国会選挙区と同じであった。しかし 2011 年に国会において議席数を 650 から 600 に削減する案が示されたときに、国会選挙区はウェイルズ議会選挙区に連動しないこととなった。そのため、2011 年以降、ウェイルズ議会選挙区の見直しについての規定は存在しないこととなった。ウェイルズ内部での民主主義に関わる問題が、権限移譲の程度によって決定されることを図らずも示す例となっているように思われる。

⑶ 北アイルランド議会

現在のところ北アイルランド議会議員の総議席数は 108 である。北アイルランドの伝統的な選挙制度である**単記移譲式投票制**（**STV 制**）が採用されており、18 の各選挙区から 6 名が選出される。この選挙制度では選挙人は候補者に順位をつけて投票し、第 1 順位票を集計した結果、十分な得票のあった者の余剰票あるいは最下位の者の票が、第 2 順位票に分配しなおされ、定数が満たされるまで順次その作業が続けられる（章末表 10 参照）。なお、2016 年の法律により、2021 年実施予定の選挙から、各選挙区から 5 名ずつの総議席数 90 名に変更される予定であったが、副首相の辞職を受けて 2017 年 3 月 2 日に実施された選挙から変更された。

なお、北アイルランド議会の選挙区は国会選挙区と連動している。したがって、現在進行中の国会選挙区の見直しの結果は北アイルランド議会の選挙にも影響を与えうる。

図 3　北アイルランド議会議員選挙の投票用紙

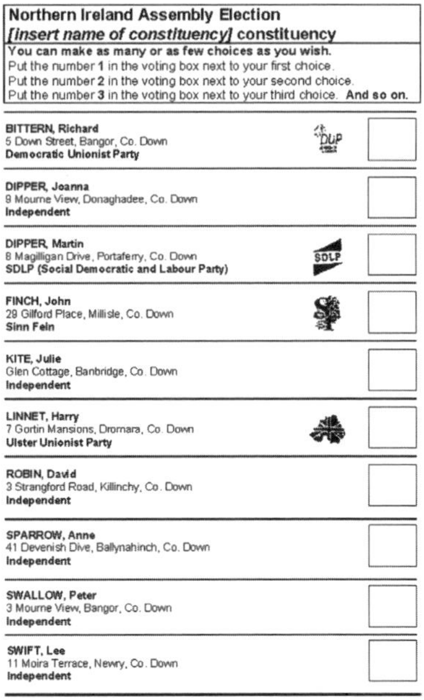
Northern Ireland Assembly Election
***[insert name of constituency]* constituency**
You can make as many or as few choices as you wish.
Put the number **1** in the voting box next to your first choice.
Put the number **2** in the voting box next to your second choice.
Put the number **3** in the voting box next to your third choice. **And so on.**

BITTERN, Richard
5 Down Street, Bangor, Co. Down
Democratic Unionist Party

DIPPER, Joanna
8 Mourne View, Donaghadee, Co. Down
Independent

DIPPER, Martin
8 Magilligan Drive, Portaferry, Co. Down
SDLP (Social Democratic and Labour Party)

FINCH, John
29 Gilford Place, Millisle, Co. Down
Sinn Fein

KITE, Julie
Glen Cottage, Banbridge, Co. Down
Independent

LINNET, Harry
7 Gortin Mansions, Dromara, Co. Down
Ulster Unionist Party

ROBIN, David
3 Strangford Road, Killinchy, Co. Down
Independent

SPARROW, Anne
41 Devenish Dive, Ballynahinch, Co. Down
Independent

SWALLOW, Peter
3 Mourne View, Bangor, Co. Down
Independent

SWIFT, Lee
11 Moira Terrace, Newry, Co. Down
Independent

出典：Northern Ireland Assembly（Elections）（Form）Order 2015, Sch 1.

3 イングランド・ウェイルズ地方議会選挙

(1) 地方議会議員選挙（イングランド・ウェイルズ）

イギリスにおける地方自治体は、法人として設置された議会である参事会（Council）を指す。参事会議員（Councillors）は選挙によって選ばれる。なお、イギリス全体で自治体（参事会）の数は418であり、議員数は約2万名である。

イングランドの多くの自治体と、ウェイルズの22のすべての自治体は、4年毎に議員を選出する。ただしイングランドでは、4年に3回1/3の議員の改選を行ったり、4年に2回1/2の議員の改選を行う自治体もある。

選挙区は、県参事会の選挙区は区域（division）と呼ばれ、それ以外の自治体の選挙区は区（ward）と呼ばれる。大都市地区の選挙区は3名を選出する。その他の自治体の選挙区は、従来は1名を選出することとされていたが、2000年以降は複数選出される選挙区も置くことができるようになった。

選挙制度は、**単純小選挙区制**ないし**完全連記制**である。複数の議員を選挙区から選出する場合には、選挙人は議席数と同じ数だけ投票を行い、獲得票数が多い候補者が当選する。勝者の総取りという意味で多数代表制である。なお、一応原則的には、選挙区から3名を選出する場合には、参事会議員の1/3ずつ改選され（つまり1回の選挙では単純小選挙区制となり、また総議席数も3の倍数となる）、また選挙区から2名を選出する場合も、参事会議員は1/2ずつ改選されるというパターンが採られることが多いが、しかし複数を選出する選挙区もある（地方議会選挙の一例として表6参照）。

選挙区の見直しは、自治体の境界線についても勧告を行う組織であるイングランド地方政府境界委員会が行う。見直しは定期的に行われるほか、個別

図4　イングランド地方選挙の投票用紙

Election of councillors to *[insert name of local authority]*

* [Vote for **only one candidate** by putting a cross ☒ in the box next to your choice.]

* [Vote for **no more than ___ candidates** by putting a cross ☒ in the box next to **each** of your choices.]

* *Returning Officer to amend as appropriate.*

BASWRA, Paresh 2 The Cottages, Anytown XY8 9JG **Liberal Democrat**	☐
CRANLEY, Alana 4 The Walk, Anytown XY9 5JJ **Green Party**	☐
EDGBASTON, Richard 6 The Heath, Anytown XY4 0BH **The Common Good Party**	☐
GUNNIL-WALKER, Roger 33 The Lane, Anytown XY6 3GD **The Labour Party Candidate**	☐
SMITH, Catherine Angelina 21 The Grove, Anytown XY2 5JP **Independent**	☐
SMITH, Keith James 3 The Road, Anytown XY3 4JN **The Conservative Party Candidate**	☐
ZANUCK, George Henry 17 The Parade Anytown XY9 5KP **The United Kingdom Independence Party Candidate**	☐

出典：The Local Elections (Principal Areas) (England and Wales) Amendment Rules 2015, Sch 2.

の見直しもしばしば行われる。ウェイルズでは地方自治体選挙はウェイルズ議会に移譲されている。自治体の選挙区の見直しに当たるのは地方民主境界委員会であり、これが定期的には10年毎に選挙区画の審査を行う。

表6　地方議会選挙の例：バーミンガム市参事会選挙結果

選挙区（ward）数は40（規模は有権者数16,000〜20,000）、1選挙区から3名選出（総議員数120）、1/3ずつ1年毎に改選、任期4年

	労働党（総議員数）	保守党（総議員数）	自由民主党（総議員数）
2016年選挙（改選40）	30　（80）	7　（29）	3　（10）
2015年選挙（改選40）＋補選1	29　（79）	9（うち補選1）　（30）	2　（11）
2014年選挙（改選40）＋補選1	22　（77）	14（うち補選1）　（31）	5　（12）
2012年選挙（改選40）	29　（77）	7　（28）	4　（15）

※なお、イングランド地方政府境界委員会はバーミンガム市参事会選挙について2016年9月に勧告を出した。これによれば、2018年選挙より、37の1人区と32の2人区の総議席数101を、4年に1度選挙することになる。

(2) 地方議会議員選挙（スコットランド・北アイルランド）

スコットランドでも地方自治体に関する事項は移譲事項であり、2007年以降は **STV制** が採用されている。選挙区から選出される議員数は3、4名である。選挙区の見直しもスコットランド地方自治体境界委員会が8から12年の間隔で実施する。

北アイルランドでは、一層制の自治体である地区参事会が置かれるが、近年11個に再編された。参事会議員の選挙では1973年以来STV制が採用されている。任期は4年で、次回の選挙は2019年に予定されている。

この自治体再編に当たっては、北アイルランド政府環境大臣から地方自治体境界委員が任命され、自治体とその中の区の境界線について勧告を行い、これに基づき大臣が決定、議会が承認した。区の見直しはその後8〜12年の間隔で行われる。ただし選挙制度はSTV制を採用しているため、区は複数集められて地区選挙地域に構成されなければならない。そこで地区選挙地域の設定（区の組み合わせ）とそこから選出されるべき議員の数（区の数に相当）の実質的な検討を行うのが地区選挙地域委員であり、その勧告に基づき中央政府の命令によって設定される。

(3) 地方自治体首長選挙、公安委員選挙
①地方自治体の首長
　市長選挙では**補充投票制**（supplementary vote system）が用いられる。この制度では、選挙人は候補者に対して第1順位と第2順位をつけて投票する。集計ではまず第1順位の票数を確認し、獲得票数が有効投票数の過半数を占める候補者がいた場合、その者が当選する。そうでない場合は、第1位と第2位の候補者だけを残す。その他の候補者を第1順位とした票の中から、第1位または第2位の候補者を第2順位として選択した票を取り出し、それぞれを第1位と第2位の候補者の第1順位獲得票数に加えて、数が多い方が当選する（例として表7参照）。

②公安委員選挙
　公安委員とは、イングランド・ウェイルズにおいて地方警察（ロンドンを除く）を監督する役職である。従来は警察委員会がその役割を担っていたが、2011年警察改革社会的責任法によって、公選の独任機関に置きかえられた。選挙は2012年11月に実施され、以降は4年毎に選挙される。**補充投票制**が採用されている。

(4) 大ロンドン庁
　大ロンドン庁においては、市長と議会議員選挙は同日に選挙される。議会議員選挙では14の選挙区から1名ずつと大ロンドン全体から比例代表で選出される11名の議員が連用制によって選挙されるのであるが、候補者は市長選にも選挙区選挙にも比例代表選挙にも重複立候補が可能となっている。ロンドン市長も**補充投票制**によって選出される。

表7　補充投票制の例：2016年ロンドン市長選挙

有効投票数：2,596,961（有権者数：5,741,155、投票率46％）

候補者	所属政党	第1選択票	第2選択票	追加票	合計
S・ベリー	緑の党	150,673	468,318		
D・ファーネス	BNP	13,325	36,168		
G・ギャロウェイ	レスペクト	37,007	117,080		
P・ゴールディング	BF	31,372	73,883		
Z・ゴールドスミス	保守党	909,755	250,214	84,859	994,614
L・ハリス	CISTA	20,537	67,595		
S・カーン	労働党	1,148,716	388,090	161,427	1,310,143
A・ラブ	ワンラブ党	4,941	28,920		

C・ビジョン	自由民主党	120,005	335,931
S・ウォーカー	女性平等党	53,055	198,720
P・ウィットル	UKIP	94,373	223,253
P・ジリンスキー	無所属	13,202	24,646

※BNP：ブリテン国民党、BF：ブリテン第一、CISTA：大麻は酒より安全
※第2選択票は、集計の上ではすべての票で調べられる。第2選択票のうち追加票として集計されるのは、第2選択票で第1位と第2位の候補者を記載しているもののうち、第1選択票においてそのどちらかをすでに記載している票を除いた数となる。

III　レファレンダム（住民投票、国民投票）の特徴

　イギリスでレファレンダムというとき、2000年政党・選挙・レファレンダム法に基づくものとそれ以外のものがある。

　2000年法におけるレファレンダムとは、イギリスの国全体のレベルで実施されるもの、イングランド・スコットランド・ウェイルズ・北アイルランドの単位で実施されるもの、そしてイングランドの中の特定の地域で実施されるものであり、国会の個別の法律に基づいて実施されるものを指す（2000年法101条）。このような意味でのレファレンダム（国民投票）は、2000年法の成立以前を含めて、表8の通りである。このうち、イギリス全体を通して行われたものは1975年EC加盟の継続（賛成）、2011年国会選挙制度の変更（反対）、2016年EU離脱（賛成）の3件である。

　その他のレファレンダム（住民投票）として第1に一般的住民投票があり、これは地方自治体において任意に行わる諮問的な住民投票である。2003年地方自治法116条に規定されている。その他、地方自治体は情報収集の1つとして住民投票を実施できる。第2にパリッシュにおいて諮問的な住民投票が可能である。第3に制定法上の拘束式の住民投票がある。その例として、①2000年地方自治法は公選市長制を含む自治体統治形態の変更について住民投票を行えるとしており、さらに2011年地方主義法は一定の都市に対して公選市長を置くか否かの住民投票を義務付けた（これによって10都市で住民投票が実施され、ブリストルにおいてのみ公選市長の導入が決定された）。②住民税の値上げ

表8 イギリスにおける国民投票（2016年まで）

法令	問	結果	実施日
1972年北アイルランド（国境投票）法	(1)北アイルランドがイギリスの一部に残ることをあなたは望みますか？あるいは (2)北アイルランドがイギリスから離れ、アイルランド共和国に加わることをあなたは望みますか？	残留	1973年3月8日
1975年レファレンダム法	イギリスはヨーロッパ共同体（共通市場）にとどまるべきであると考えますか？	賛成	1975年6月5日
1978年スコットランド法	1978年スコットランド法の規定が効力を持つことをあなたは望みますか？	不成立	1979年3月1日
1978年ウェイルズ法	1978年ウェイルズ法の規定が効力を持つことをあなたは望みますか？	反対	1979年3月1日
1997年レファレンダム（スコットランドとウェイルズ）法	(1)スコットランド議会が設置されるべきことに私は合意します、または (2)スコットランド議会が設置されるべきことに私は合意しません	賛成	1979年9月11日
	(1)スコットランド議会が課税変更権を持つべきことに私は賛成します、または (2)スコットランド議会が課税変更権を持つべきことに私は賛成しません	賛成	
同上	(1)ウェイルズ議会が設置されるべきことに私は賛成します、または (2)ウェイルズ議会が設置されるべきことに私は賛成しません	賛成	1979年9月11日
1998年大ロンドン庁（レファレンダム）法	公選市長と、これと区別された公選議会とで構成される大ロンドン庁という政府の提案に、あなたは賛成しますか？	賛成	1998年5月7日
1998年北アイルランド交渉（レファレンダム）命令	あなたは、北アイルランドに関するマルチ・パーティ協議で結ばれ、政府文書3883号に掲げられた合意を支持しますか？	賛成	1998年5月22日
2011年議会選挙制度・選挙区法	現在イギリスは庶民院議員の選挙のために「勝者総取り」制を使っています。その代りに「選択投票」制に置き換えるべきですか？	反対	2011年5月5日
2013年スコットランド独立レファレンダム法	スコットランドは独立国家であるべきですか？	反対	2014年9月18日
2015年欧州連合レファレンダム法	イギリスは欧州連合に残留するべきですか、それとも欧州連合から離脱するべきですか？	離脱	2016年6月23日

についての住民投票制度も2011年法で導入された（ただしイングランドのみ）。③近隣計画住民投票も2011年法で導入された。パリッシュ参事会や一定数の住民の提案により実施が可能である。

Ⅳ 最近の動向

　最後に、現在イギリスにおいて選挙法制の見直しが進められていること紹介しよう。法律委員会は議会により設置された独立委員会であり、法改正を助言・勧告する組織であるが、選挙法制も法律委員会による審査に付されており、中間報告書が公表された。

　勧告の一つは、選挙制度に関する法令が多すぎるというものであった。これは、もともと選挙制度が国会の単純小選挙区制を前提としていたのに対して、多様な選挙制度が登場している中で個別に対応している結果である。そこで法令の統一化が必要としている。

　その他、郵便投票・代理投票のしくみが選挙ごとに異なっているという不都合が指摘されている。2011年の国民投票では郵送投票ができたのに対し、同日の地方選挙ではできなかったという。

　次に、**選挙統合**という制度がある。これは選挙が同日に実施されるのみならず、選挙運営も統合的に行われるということを意味するのであるが、ある選挙と別の選挙が統合できないとされ、不都合が生じているという。例として挙げられているのは、ウェイルズ議会選挙と地方選挙は統合でき、地方選挙と公安委員選挙は統合できるが、ウェイルズ議会選挙と公安委員選挙との統合ができないという事例である。そこで法制度の全面的な見直しが勧告されている。

　以上のような勧告内容の背景には、選挙制度の多様性という近年の状況があるといえよう。地域や地域の民主主義のみならず、議会をバイパスした国民投票という民主主義が援用され、イギリスにおける公的生活には大きな変化が生じているといえる。

【参考文献】

①小松浩『イギリスの選挙制度』（現代人文社、2003）
②吉田善明「代表民主制論の法的研究」法律論叢 61 巻 2・3 号（1988）
③成廣孝「イギリス」網谷龍介ほか（編）『ヨーロッパのデモクラシー』（ナカニシヤ出版、2014）
④菅富美枝「判断能力の不十分な人々の投票をめぐるイギリスの法制度」経

済志林 80 巻 1 号（2012）
⑤自治体国際化協会（編）『英国の地方自治（概要版）』（2016）

コラム　イギリスにおける欧州議会の選挙制度

　欧州議会は EU における立法機関の一部である。一院で構成される。欧州の共同体が、かつての EC（欧州共同体）から 1992 年マーストリヒト条約により EU（欧州連合）へ展開し、さらに 2009 年リスボン条約によって拡大していくにつれて、欧州議会の役割も重みを増してきた。現在、EU の立法は、各国の閣僚が各国を代表して構成する EU 理事会（Council of the EU、閣僚理事会（Council of Ministers）とも呼ばれる）と欧州議会との共同で制定される。

　欧州議会議員（Members of European Parliament, MEPs）は、もともと各国の国会議員が兼務していたが、1979 年より欧州市民から 5 年ごとに直接選挙されている。EU 条約 10 条 2 項でも、欧州市民が欧州議会において代表されると規定しており、議会の代表機関としての地位が確立している。

　ただしイギリスに関しては、2015 年 6 月の EU 離脱国民投票の後、翌年 3 月に EU 条約 50 条の離脱の通知がなされたので、2 年後に離脱が完了すると、イギリスの欧州議会の議席も消滅することになるだろう。

(1)　議席数

　現在の議席数は 751 議席である。議席は 28 の加盟国に対して人口に比例して配分される。ただし、各国に割り当てられる議席数には最大で 96 議席、最小で 6 議席という設定があるため、逓減比例制となる。具体的な各国への割当ては、欧州議会の提案に基づき、議会期ごとに EU 理事会が決定の形式で制定する。2014 年から 2019 年の議会期における議席の各国割り当ては 2013 年決定によって行われており、それによればイギリスの議席数は 73 議席である。

(2)　選挙区域

　EU 法は、国内における欧州議会議員の選挙を比例代表制か単記移譲式投票制で行うべきことを規定している。この要件の他は、選挙区を設けることや、5％ 以下の最低得票率を設けることは許容されている。

　イギリスの欧州議会議員の選挙では、11 の選挙区域（electoral region）に分割されて選挙が行われる。イングランドの 9 地域と、スコットランド、ウェイルズ、北アイルランドがそれぞれ選挙区域をとなる。議席数は、イングランドのうちミッドランド東部 5、イングランド東部 7、ロンドン 8、北東部 3、北西部 8、南東部 10、南西部 6、ミッドランド西部 7、ヨークシャー・ハンバー 6、スコットランド 6、ウェイルズ 4、北アイルランド 3 である。

(3) 選挙制度

選挙方法については、北アイルランドだけは単記移譲式投票制が用いられるが、その他の地域（ブリテン）ではドント式による拘束名簿式比例代表制が用いられている。ちなみに 1999 年まではブリテンでは単純小選挙区制が採用されていたが、貴族院の反対を押し切って成立した 1999 年の法律によって、比例代表制が採用されるに至ったという経緯がある。

【表】2014 年欧州議会議員選挙結果（イギリス、ただし北アイルランドを含めていない）

	UKIP	労働党	保守党	緑の党	SNP	自由民主党	その他	
得票率	27.49%	25.40%	23.93%	7.87%	2.46%	6.87%	5.98%	100%
議席数	24	20	19	3	2	1	1	70

出典：BBC「VOTE 2014」：http://www.bbc.com/news/events/vote2014/eu-uk-results

表10 単記移譲式投票制（STV制）の例（2016年5月5日
議員定数：6、有権者数：70,430、投票数：41,381、有効投票数：40,748（投票率
当選定数：40,748/(6＋1)＝5822　　　　で当選確定

		第1ステージ	第2ステージ		第3ステージ		第4ステージ	
			余剰票の移譲		余剰票の移譲		下位票の分配	
			ミルネ (1213票)		マクグロウン (387票)		デイ (276.96票)	
				結果		結果		結果
		第1票の獲得総数		合計		合計		合計
ブキャナン	DUP	3628.00	6.00	3634.00	5.88	3639.88	43.48	3683.36
デイ	UKIP	256.00	14.00	270.00	6.96	276.96	-276.96	
ディロン	SF	5833.00		5833.00		5833.00		5833.00
ヘンドロン	A	471.00	247.00	718.00	143.88	861.88	14.08	875.96
ロフリン	TUV	1877.00	6.00	1883.00	5.04	1888.04	93.00	1981.04
マクレア	DUP	3765.00	7.00	3772.00	6.00	3778.00	30.12	3808.12
マクグロウン	SDLP	6209.00		6209.00	-387.00	5822.00		5822.00
ミルネ	SF	7035.00	-1213.00	5822.00		5822.00		5822.00
オニール	SF	6147.00		6147.00		6147.00		6147.00
オバレンド	UUP	4862.00	34.00	4896.00	29.88	4925.88	33.24	4959.12
スカリオン	WP	316.00	602.00	918.00	125.64	1043.64	9.20	1052.84
テイラー	G	349.00	232.00	581.00	58.92	639.92	10.60	650.52
	移譲不可		65.00	65.00	4.80	69.80	43.24	113.04
	合計	40748.00		40748.00		40748.00		40748.00

略語：DUP：民主統一党、UKIP：イギリス独立党、SF：シンフェイン、A：アライアンス、TUV：伝統的統一派の
※なお、第4ステージでまだ余剰票の移譲がすべて終わっていないにもかかわらず（オニールとディロン）、最下
いて移譲されていない余剰票が最下位の票数とその次に少ない票数との差よりも少ない場合には、移譲可能票は
今回の場合、第3ステージが終わった段階で、オニールの余剰票数（325）とディロンの余剰票数（11）の合計
の差は362.96票である。仮に余剰票がすべて最下位のデイに移譲されたとしても、デイの獲得票数が最下位とな

：北アイルランド議会議員選挙、ミッドアルスター選挙区）
58.75％）

第 5 ステージ		第 6 ステージ		第 7 ステージ		第 8 ステージ		第 9 ステージ		第 10 ステージ	
余剰票の移譲		下位票の分配		下位票の分配		下位票の分配		下位票の分配		余剰票の移譲	
オニール (325 票)		テイラー (727.47 票)		ヘンドロン (1162.57 票)		スカリオン (1778.95 票)		ロフリン (2046.68 票)		オバレンド (333.48 票)	
結果	合計	結果	合計	結果	合計	結果	合計	結果	合計	結果	合計
3.24	3686.60	5.05	3691.65	13.40	3705.05	47.19	3752.24	601.70	4353.94	212.67	4566.61
	5833.00		5833.00		5833.00		5833.00		5833.00		5833.00
83.43	959.39	203.18	1162.57	-1162.57							
1.62	1982.66	7.72	1990.38	15.83	2006.21	40.47	2046.68	-2046.68			
3.78	3811.90	5.27	3817.17	5.78	3822.95	22.45	3845.40	443.29	4288.69	117.30	4405.99
	5822.00		5822.00		5822.00		5822.00		5822.00		5822.00
	5822.00		5822.00		5822.00		5822.00		5822.00		5822.00
-325.00	5822.00		5822.00		5822.00		5822.00		5822.00		5822.00
7.02	4966.14	23.22	4989.36	171.92	5161.28	167.20	5328.48	827.00	6155.48	-333.48	5822.00
144.99	1197.83	216.92	1414.75	364.20	1778.95	-1778.95					
76.95	727.47	-727.47									
3.97	117.01	266.11	383.12	591.44	974.56	1501.64	2476.20	174.69	2650.89	3.51	2654.40
	40748.00		40748.00		40748.00		40748.00		40748.00		40748.00

声、SDLP：社会民主労働党、UUP：アルスター統一党、WP：労働者党、G：緑の党
位のデイの獲得票が分配されているのは、北アイルランド選挙規則において、「集計における特定のステージにお移譲されない」と定められているためである。
は 336 票である。これに対して、最下位のデイの獲得票数（276.96）と次に少ないテイラーの獲得票数（639.92）
ることは間違いない。そのため規則に従い、下位票の分配が第 4 ステージで行われたのである。

ドイツ

はじめに

　ドイツ―正式名称ドイツ連邦共和国―は、第2次世界大戦に敗れ、同大戦後に経済大国となったという点で、日本と同じような戦後史を歩んできた。他方、ドイツは日本と異なり、16のラント（州）からなる**連邦国家**であり、上院はラントの代表機関という意味を持っている。また、ドイツの下院（連邦議会）の選挙制度である小選挙区比例代表併用制は、日本の小選挙区比例代表並立制とよく似た呼称ではあるが、その内実は大きく異なる。以下で、ドイツの統治システムを概観しながら、その選挙制度についてみていくことにしよう。

I　概要

1　統治システム

　ドイツは、16のラントからなる連邦制国家であり、また、君主のいない共和制国家である（連邦共和制）。連邦の統治機構は、図1のとおりである。
　現在の大統領はフランク＝ヴァルター・シュタインマイアーである（在任2017年～）。国家元首である**連邦大統領**はほとんど儀礼的・形式的な権能のみを有している。連邦の立法権を担当するのが**連邦議会**および**連邦参議院**、連邦の行政権を担当するのが**連邦政府**であり、連邦政府の長が連邦首相（連邦宰相ともいう）である。現在の連邦首相は、アンゲラ・メルケルである（在任2005年～）。連邦の司法権は、違憲立法審査権を持つ**連邦憲法裁判所**の他、民事事件・刑事事件に関する最高裁判所である連邦通常裁判所や、その他の専門裁判所（連邦労働裁判所、連邦社会裁判所、連邦税財務裁判所、連邦行政裁判所）が担っている。そしてこれらの統治機構は、**ドイツ連邦共和国基本法**（以下、基本法という）が詳しく定めている（この基本法は、日本でいう憲法にあたる）。
　主権を有する各ラント（州）もまた、それぞれ独自のラント憲法を持ってい

る。そしてそのラント憲法は、ラント議会、ラント政府、ラント裁判所やそれらの関係について定めている。連邦国家の憲法である基本法は、連邦の権限とラントの権限の関係についても定めを置いている。なお、ラントの下にも郡や市町村などの自治体があるが、本書では詳細は割愛する（参考文献を参照）。

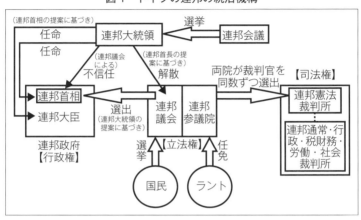

図1　ドイツの連邦の統治機構

2　選挙制度の概要

　連邦の統治機構に関して、国民が直接に選挙で選出するのは連邦議会議員のみである。その連邦議会議員の選挙は、**小選挙区比例代表併用制**（以下、単に併用制ともいう）という仕組みが採用されている。この併用制という仕組みは、「人物選択と結びつけられた比例代表制」（連邦選挙法1条1項）と呼ばれるもので、各政党の得票数に応じて議席数を配分するという**比例代表選挙**をその本質としつつ、それに人物選択の要素を加味したものである。併用制において、選挙人（有権者）は1回の投票で二つの票を投ずる。一方の票（**第2票**）を各政党に投票し、他方の票（**第1票**）は小選挙区の候補者に投票する。そして、各政党が獲得した第2票の数に比例して連邦議会議員の議席数が配分されるとともに、小選挙区選挙に勝利した候補者から議席を獲得していく。

　この併用制は、各国から理想的な選挙制度であるとされてきた。ドイツでも、従来その変更について大きな議論がなされることがなく、安定した選挙制度であった（もっとも、近年は様々な改革が行われている。Ⅳ参照）。

また、ラントについて見ると、ラント議会の選出方法としては、(その詳細について差異はあるが)比例代表制に基づく選挙制度が全てのラントで採用されている。

3 (被)選挙権・選挙制度の歴史

(1) プロイセンの三級投票制

図2 三級投票制

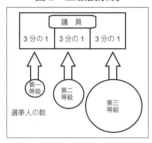

30年戦争(1618-1648年)後に次第に力をつけてきたプロイセンは、その後のドイツ統一に主導的な役割を演じた。このプロイセンの選挙制度は「三級投票制」としてよく知られている。それによれば、普通選挙制・間接選挙制のもとで、有権者は、直接税の納税額により三等級に分類された(等級選挙。平等選挙の否定)。

この三級投票制は、それぞれの等級から同じく3分の1ずつの選挙人が選ばれる。従って、納税額は多く人口は少ない大土地所有者・ユンカー・貴族等(第一等級)の「一票の価値」を著しく高め、人口の多い無産者や低納税者からなる労働者階級(第三等級)の「一票の較差」を著しく低めることになった。1850年段階で、第一等級の有権者の1票は第三等級のそれの17倍、第二等級(中産階級)の有権者の1票は第三等級の3倍の価値を持っていた(その後さらに較差は拡大)。三級投票制は、プロイセンでは、ドイツ帝国末期の1918年まで維持された。

(2) ドイツ帝国の選挙制度

その後、北ドイツ連邦(1867-1871年)を母体とし、プロイセン国王を皇帝とする連邦国家・**ドイツ帝国**^{ライヒ}が史上初めての統一ドイツの国家として成立した(1871-1918年)。ドイツ帝国の憲法であるドイツ帝国憲法(ビスマルク憲法)も国民代表議会(帝国議会)を置き、帝国議会議員の選挙の原則として、普通選挙・直接選挙・秘密選挙を定めていた。平等選挙も一応保障されていたが、形式的平等(有権者1人に1票を与える)しか保障されず、選挙区割が長年にわたり改定されなかった関係で、「一票の較差」は大きかった。北ドイツ連邦時代から連邦構成国の代表者の議会として開設されていた連邦参議院も、ドイツ帝国憲法において引き続き各構成国の代表機関として存続していた。

選挙制度は、25歳以上の全ての男子による普通選挙制に基づく小選挙区絶対多数2回投票制であった。すなわち、1回目の投票で過半数の得票を得た者がいればその者が当選するが、しかし1回目の投票で過半数を獲得する者がいない場合、上位2名による決選投票が行われ、その勝者が当選する。選挙権を有するドイツ人男性は被選挙権を有し、議会の定数は382（その後397に増加）、議員の任期は3年（その後5年に変更）であった。投票率は、1871年の選挙の54.2％から上昇し、最後の1912年の選挙の84.9％に達したとされる。

　その後、第1次世界大戦でドイツの敗色が濃厚となった1918年、ライヒ選挙法の改革が行われた。当時、ラントの中には議会議員選挙の一部につき比例代表制を導入していたものがあった。新たなライヒ選挙法は、このようなラントの比例代表制を参考にして、大都市に設けられた選挙区に比例代表制を採用し（2～10名選出）、その他の選挙区は引き続き多数代表制を採用した（この法律は結局実施されなかった）。

　キールの水兵の反乱に端を発するドイツ革命（11月革命）により、ドイツ皇帝ヴィルヘルム2世は亡命し、敗戦と体制転換が余儀なくされた。激動の中、ライヒ議会とラント議会への比例代表制と女性参政権の導入が決定され、選挙権・被選挙権も25歳から20歳以上へと変更された（1918年11月30日のヴァイマル憲法制定国民議会選挙令）。

(3)　ヴァイマル共和政の選挙制度

　共和国となったドイツ（**ドイツ国**）は、新体制の基盤となる新憲法を制定するための国民議会（憲法制定国民議会）を招集・開催することになった。この憲法制定国民議会の議員の選挙は、ドイツ国の全土で**普通選挙・直接選挙・平等選挙・秘密選挙**をはじめて保障するとともに、女性参政権もはじめて認め、全国的な比例代表制をはじめて採用した。

　憲法制定国民会議のその後の審議を経て、**ヴァイマル憲法**（正式名称ドイツ・ライヒ憲法）は、1919年7月31日に可決され、同年8月14日に公布・施行された。それによれば、まず、ライヒ大統領は国民により選挙される。ライヒ大統領は任期7年であり（再任可能）、ライヒ議会の3分の2の議決に基づく提案と国民投票により解職することができた。大統領の被選挙権は35歳以上のドイツ人、選挙権はライヒ議会の選挙権を有する者に与えられ、大統領選挙は普通選挙・直接選挙・平等選挙・秘密選挙の諸原則が定められていた。大統領選挙では、1回目の投票で過半数の票を得た者がいればその者が当選する

ものの、1回目の投票で過半数を獲得する者がいない場合、上位2名による決選投票が行われ、その勝者が当選する。

ヴァイマル憲法は、国民代表議会としてライヒ議会を置く。議員の任期は4年である。また、議員を選挙する原則として、普通選挙・直接選挙・平等選挙・秘密選挙を定めていた。さらにヴァイマル憲法は、満20歳以上の男女に選挙権を与えるとともに、「比例代表の諸原則」に従って議員が選出されることを定めていた。なお、上院（ライヒ参議院）は、引き続き各ラントから派遣された議員から構成される、ラントの代表機関であった。

このヴァイマル憲法をうけて、1920年ライヒ選挙法が制定された。この選挙法の下では、各政党は35の選挙区のいずれか一つの選挙区で6万票を獲得すれば1議席を獲得できた。選挙区で6万票に届かなかった場合も、その票は「死票」に直ちになるのではない。この場合、①2選挙区（ないし3選挙区）での選挙区連合において6万票ごとに1議席を（ただし、この場合はいずれかの選挙区で3万票獲得していなければならない）、②選挙区連合において6万票に届かない場合にはライヒ全体で6万票ごとに1議席を獲得することができた（図を参照。図は、わかりやすくするために架空の選挙区数・票数にしている）。ただし、③各政党は、各選挙区または各選挙区連合において獲得した議席と同じ数しか②による議席配分を受けることはできない。このように原則として"6万票ごとに1議席"の議席が配分されるので、有権者数や投票率によって議員の数は変動し、定数も存在しない（1920年当初は459名であったが、1933年の選挙では648名に増加した。この時期の投票率は平均80%とされる）。

この選挙制度は、しばしば「小党分立を招き、そのことがヒトラー（ナチ党〔国家社会主義ドイツ労働者党〕）の台頭を許した」と言われることがある。しかし記録によると、「破片政党」（12議席未満の小政党）は、ヴァイマル共和政以前（ドイツ帝国時代）の1912年の選挙でも議会で議席を獲得しており、ヴァイマル共和政において突如として小党分立したわけではないことが指摘されている。

1933年2月28日、ヴァイマル憲法48条（大統領の非常大権）に基づいて「民族と国家を保護するためのライヒ大統領命令」が発せられ、人身の自由・言論の自由・結社及び集会の自由等の全ての基本権が停止された。そして、ナチ党は、反対する共産党議員等を排除・逮捕する等によって、憲法76条の要求する3分の2以上の賛成を得て、憲法改正法律である「民族および国家の危

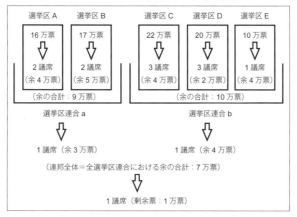

図3　ヴァイマル共和政の選挙制度

難を除去するための法律」(いわゆる**全権委任法**〔授権法〕)を議会で可決させた(1933年3月24日)。この法律は、ライヒ法律をライヒ政府が制定することを可能にし、その内容はヴァイマル憲法に違反してもよいというものであった。ここに、ヴァイマル憲法は事実上死文化し、ヴァイマル共和政は崩壊した。ナチ党への権力集中後、ナチ党を除く政党が禁止されたり自発的に解散したりするなかで、ライヒ議会の選挙は3度行われているが、もちろん全議席がナチ党の議員によって占められている。

図4　近代ドイツの展開

		1867				1945	
(神聖ローマ帝国)	(ドイツ同盟)	(北ドイツ連邦)	ドイツ帝国	ヴァイマル共和国	ナチスドイツ	ドイツ連邦共和国	
						ドイツ民主共和国	
	1815		1871	1919	1933	1949	1991

(4)　ドイツ連邦共和国での選挙制度の制定過程

　第2次世界大戦の敗北後、ドイツの国土は、アメリカ、フランス、イギリスの統治する**西ドイツ(ドイツ連邦共和国)**とソ連の統治する**東ドイツ(ドイツ民主共和国)**に分かれた(首都ベルリンも東西に分割された)。1990年に東西ドイツが(西ドイツが東ドイツを併合するという形で)統一されるまでこの分断は続いた。以下、西ドイツの選挙制度を概観する。

Ⅰ　概要　61

1949年に軍政から民政へと移管されるに際して、憲法（ドイツ連邦共和国基本法）の制定と議会（連邦議会）の選挙法を制定する必要があった。各ラントの委員と専門家からなる憲法委員会の作成したヘレン・キームゼー草案を叩き台に、各ラントの代表者から構成された議会評議会（事実上の憲法制定会議）は、8ヶ月間草案を審議した。1949年5月に最終草案が可決され、基本法は公布（5月23日）・施行（同24日）された。

　選挙制度に関しては、すでにヘレン・キームゼー草案の段階で、基本法に政党を規定することや「自由で民主的な基本秩序」に反する政党は違憲とする「**政党条項**」（基本法21条）に関する議論が行われていた。議会評議会においても、選挙法を特別に議論する委員会は25回を超える会議を行っており、選挙法の問題が憲法制定会議でも極めて重要な問題であったことが分かる。委員会委員の間でも選挙制度の考え方が大きく異なり、基本法には、**普通選挙・直接選挙・自由選挙・平等選挙・秘密選挙**という選挙の原則および選挙権（21歳）・被選挙権（25歳）のみを定め、詳細は連邦法律に委ねることとした。

　そこで上記の選挙法委員会は、1949年の連邦議会議員選挙のみに適用される選挙法を制定することになった。委員会では、多くの委員が比例代表制を支持し、議論の焦点は比例代表制にいかにして小選挙区制を組み込むか、という点となった。最終的に可決された1949年連邦選挙法は、総議席を400名、選挙区議席と名簿議席の比率を60%と40%、選挙区選挙では得票数が第1の者を選出し残りの議席は各政党の得票に応じて連邦名簿に従って配分するとした。この仕組みにおいては、候補者に投ぜられた表は名簿に算入されるため、全体としては比例代表制の仕組みとなっている（1票制の小選挙区比例代表併用制）。そして、各ラントで5%の得票のない政党や選挙区議席を少なくとも1獲得していない政党は議席配分を受けないとする**阻止条項**も存在した。

　1953年の連邦議会議員選挙も、その選挙にのみ適用される暫定的な連邦法律が制定された。この1953年連邦選挙法は、基本的には1949年連邦選挙法の仕組みに基づいていたが、総議席が484名に増加、選挙区議席と名簿議席が50%ずつに変更、2票制の導入、阻止条項が各ラントから連邦全域で5%へと変更された。そして、1956年に、暫定的でない法律として連邦選挙法が制定され、よく知られる「**小選挙区比例代表併用制**」が導入された。

> **コラム　ドイツ民主共和国（東ドイツ）の選挙制度**
>
> 　社会主義国であるドイツ民主共和国は、国民代表議会として人民会議を擁していた。憲法は、人民議会議員（任期5年、定数500名）の選挙につき、普通選挙・平等選挙・自由選挙・秘密選挙を一応保障していた。政党も複数存在したものの、いずれもドイツ社会主義統一党の衛星政党であった（ヘゲモニー政党制）。人民会議自体も年に数日開催されるだけで、人民会議議員の選挙も、選挙区ごとの「統一リスト」（あらかじめ各政党の議席配分が決定されたリスト）への賛否を表明するだけのものであった。投票は、賛成の場合は無記入で、反対の場合は印を記入。もちろん有権者は、リストの候補者に反対することは可能であったが、記載所に入る＝反対票を投じることが実際上どこまで自由にできたのかは、別問題である（1967年の選挙では93.93％がリストに賛成投票したとされる）。

4　選挙規制

(1)　選挙運動の規制

　まず、選挙運動に関しては、ドイツ連邦共和国では、日本の公職選挙法のような広範囲かつ厳しい法的規制はほとんど見当たらない。連邦選挙法においては、投票時間中に、投票所内・投票所入口近辺で投票人に影響を与える一切の行為・署名活動が禁止され、投票時間前までに、投票を終えた投票人に投票先を質問したその結果を公表することが禁止されている（32条）程度である。

　また、供託金の制度もなく、逆に、政党に属さずに小選挙区に立候補した候補者（その選挙区の有権者200名以上の推薦が必要）に対しては、有効な第1票の10％以上を得票している場合、1票につき2.8ユーロの国庫助成を受けることができる（連邦選挙法49b条）。

(2)　政党に関する規制

　ドイツでは、一方では昔から政党の力が強く、他方では政党を基準とした選挙制度である併用制を採用している。そのドイツでは、ヴァイマル共和政時代にナチスという政党の暴走を止められなかったことを踏まえ、政党について基本法や法律が規制を行っている。

　まず、基本法は、その21条において、政党が「国民の政治的意思形成に協

力」するものであると定める（1項1文）。さらに基本法は、「自由で民主的な基本秩序を侵害若しくは除去し、又はドイツ連邦共和国の存立を危うくするものは、違憲である」という**政党条項**を有し、違憲かどうかは連邦憲法裁判所が決定するとしている（2項）。そして過去、ドイツ共産党（KPD）やドイツ社会主義帝国党（SRP）が連邦憲法裁判所によって違憲とされ、解散させられている。また近時、ネオナチ政党であるドイツ国家民主党（NPD）について、連邦憲法裁判所は、NPDは現段階では未だ政党条項に抵触するに至ってはいないと判断した（2017年1月17日）。

　次に、基本法は、「政党の内部秩序は、民主制の諸原則に合致していなければならない」と定める（21条1項3文）。この規定をうけて、政党内部での候補者選定の手続が連邦選挙法・政党法において定められている。すなわち、政党法によれば、政党の候補者推薦は秘密投票で行われなければならず、その推薦については選挙法と政党の党則が定める（17条）。そして連邦選挙法によれば、或る政党において小選挙区の候補者は、連邦議会議員の選挙権を有する当該選挙区の党員集会か、あるいは代議員の集会において選挙されなければならず（21条1項）、その投票は秘密投票でなければならない（同3項）。そして、候補者選挙に関する記録（集会場所・日時・招集形態・出席党員数・投票結果）は届け出なければならない（同6項）。このように、小選挙区の候補者は、選挙という民主的手続に基づいて、当該地域の信頼を得た者を候補者とするという仕組みが採られている。

　最後に、基本法21条は、「政党は、その資金の出所および用途について、並びにその財産について、公に報告しなければならない」と定める（1項4文）。ドイツでは、いわゆる「政治資金」に関して、はやくから国庫から政党に一定の助成を行う仕組みを採用していた（政党助成）。この政党助成の展開についても紆余曲折があったが、現在は、次のような仕組みになっている。すなわち、一定の選挙で一定の得票を得た全ての政党に関して、それらの政党に対して、国庫助成の1年間の総額の上限（絶対的上限：2016年は約1億6千万ユーロ）の中から、得票数に応じて配分する。同時に、或る政党に対する国庫助成の総額は、その政党の自主的な収入の額を超えることは許されない（相対的上限。政党法18条）。

II 「併用制」の特徴とその他の機関の選出

連邦の統治機構に関して、国民代表議会である連邦議会の選挙制度（併用制）の特徴を簡単にみたうえで、その他の仕組み——すなわち、連邦大統領・連邦参議院・連邦首相——について簡単に確認しよう。

1 併用制の選挙制度・選挙方法の特徴

「**小選挙区比例代表併用制**」という呼称だけ耳にすると、それが日本の「小選挙区比例代表並立制」と良く似ているために紛らわしいかもしれない。しかし併用制は、その本質において**比例代表選挙**である。これに対して、日本の小選挙区比例代表並立制は、小選挙区選挙と比例代表選挙という別々の選挙制度がそれぞれ「並」び「立」っているものであり、併用制と全く異なる。

併用制においては、選挙人（投票する有権者）は **2 票**を投票する（71 頁に投票用紙の見本の写真があるので、それを参考にしてほしい）。左側が選挙区の投票用紙（**第 1 票**）で、右側が政党の名簿の投票用紙（**第 2 票**）であり、2 つの投票用紙は切り離されていない。選挙人は、第 1 票に記載された自らの選挙区の候補者のいずれか 1 名を、第 2 票に記載された政党のいずれか 1 つを選び、投票する（連邦選挙法 4 条）。第 1 票の候補者の属する政党と第 2 票の政党は、別々でも構わない。

まず、連邦全体で各政党が獲得した第 2 票の割合に応じて、各政党に議席が比例配分される。これが、「併用制はその本質において比例代表選挙である」と述べた意味である。その際、連邦全体で 5% の得票率を得られなかった政党は、上記の第 2 票に基づく議席配分を受けることができない（ただし、その政党が第 1 票に関する選挙区選挙で 3 議席を獲得している場合は、第 2 票に基づく議席配分を受けることができる）。これを**阻止条項**という。

次に、第 2 票の得票に基づいて各政党の獲得議席数が決定したならば、小選挙区選挙で最多票を獲得した（勝利した）候補者をまず議席にあてていき、そして政党に割りあてられた議席数から全ての小選挙区で勝利した候補者を引き算した数を、政党名簿の上位から議員として割り当てていく。これが小選挙区比例代表併用制という選挙制度のおおまかな仕組みであり、その特徴である。

選挙の諸原則として、**普通選挙・直接選挙・自由選挙・平等選挙・秘密選挙**が基本法上定められている（基本法 38 条 1 項）。なお、この選挙の 5 原則は、基本法 28 条 1 項によって、ラントおよび市町村の選挙にも妥当しなければならないものとされている。

　選挙権と被選挙権についてみると、連邦議会議員の選挙権は 18 歳に達したドイツ人が、被選挙権は成年に達したドイツ人が有する（基本法 38 条 2 項）。なお、被選挙権は現在、法律により成人年齢が 18 歳となっており、被選挙権も 18 歳とされている（連邦選挙法 15 条 1 項）。かつては、選挙権は 21 歳以上、被選挙権は 25 歳とされていたが、憲法改正および法律改正によって、現在は双方とも **18 歳以上**に引き下げられている。また、判決により選挙権を有しない者や、世話人（日本でいう成年後見人にあたる）を付されている者、そして刑法に基づく命令により精神病院に収容されている者は、選挙権の欠格事由に該当し、選挙権を有しない（連邦選挙法 13 条）。さらに、年齢要件に加えて、連邦選挙法 12 条は、選挙権については 3 ヶ月以上ドイツ連邦共和国に居住していること（居住要件）を課している。

　有権者は郵便で投票することも可能であり（連邦選挙法 14 条・36 条）、投票日は、日曜日か祝日である（連邦選挙法 16 条）。第 1 票・第 2 票ともに、投票用紙の「〇」の書かれた部分に、選挙人は印（+ ないし ×）をつけて投票する（連邦選挙法 34 条）。

　2017 年の連邦議会議員選挙の有権者は、選挙当日において約 6166 万人であった。投票率は日本に比べてかなり高く、1972 年連邦議会議員選挙では 91.1 % を記録している。もっとも、近年は投票率は低下傾向にある。

	1949	1953	1957	1961	1965	1969	1972	1976	1980
投票率	78.5%	86.0%	87.8%	87.7%	86.8%	86.7%	91.1%	90.7%	88.6%
	1983	1987	1990	1994	1998	2002	2005	2009	2013	2017
	89.1%	84.3%	77.8%	79.0%	82.2%	79.1%	77.7%	70.8%	71.5%	76.2%

（ドイツ連邦選挙管理委員会ウェブサイト https://www.bundeswahlleiter.de/ に基づき筆者作成）

　任期については、解散がなされない限り連邦議会議員の任期（被選期間）は 4 年であり（基本法 39 条 1 項）、直近では 2017 年 9 月に連邦議会選挙が行われた（なお、2017 年選挙については、本稿は暫定結果に基づいている）。連邦議会議員の現在の定数は 598 名であるが、後に見る超過議席および調整議席によって、2013 年連邦議会選挙後の議員数は 631（その後 630）名となった。

最後に在外選挙制度について触れておこう。2013年に新たな制度となった在外ドイツ人向けの投票制度によれば、①満14歳以上の年齢において、少なくとも3ヶ月継続的にドイツに居住したことがあり、それから25年を超える年月が経過していない人、あるいは、②居住条件を満たしていなくても、ドイツの政治情勢に通じ、その影響を受ける者には、選挙権が認められており（連邦選挙法12条2項）、所定期間内にドイツ国内管轄市町村の選挙人名簿に登録を申請すれば、実際に投票することができる仕組みとなっている。在外投票は、郵便において行われる。

❷ 連邦大統領・連邦参議院・連邦首相について

　連邦の統治機構に関して、連邦大統領および連邦参議院議員は国民から直接には選ばれない。また、議院内閣制を採用するドイツの連邦の統治機構においては、連邦首相は連邦議会によって選出される。これらについてまず見てみよう（概要として図5を参照）。

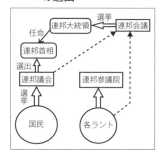

図5　連邦首相・連邦大統領の選出

(1) 連邦大統領

　連邦大統領は、**連邦会議**によって選挙される（基本法54条1項）。この連邦会議は、連邦議会議員と、これと同数のラントから選出された議員により構成される（同3項）。連邦大統領の任期は5年で、1回に限り再選可能である（同2項）。被選挙権は、連邦議会議員の選挙権を有し、かつ、40歳に達した全てのドイツ人が有する（同1項）。連邦会議の構成員の過半数の得票を得た者が、連邦大統領に選出される。

(2) 連邦参議院議員

　連邦参議院を通じて、各ラントは、連邦の立法および行政ならびに欧州連合の事務に協力する（基本法50条）。連邦参議院議員はラント政府の構成員から成るが、それら構成員はラント政府が任免する（基本法51条1項）。各ラントの人口に応じて評決権が与えられ、人口200万人以上のラントは4票、同600万人以上のラントは5票、同700万人以上のラントは6票を持つ（同2項）。この票数と同じ数の構成員を各ラントは派遣することができる（同3項）。

(3) 連邦首相

　日本の内閣総理大臣（首相）にあたる連邦首相は、連邦大統領の提案に基づき、**連邦議会**によって選出される（基本法63条1項）。連邦議会議員の過半数の投票を得た者が連邦首相に選出され、連邦大統領に任命される（同2項）。連邦大統領の提案者が選出されない場合、連邦議会は、その投票後14日以内に、その構成員の半数を超える者の投票で連邦首相を選出し得る（同3項）。

　この期間内に選挙が実現されない場合、遅滞なく新たな投票を行い、その投票において最も多くの投票を得た者を選出する。その者が連邦議会の構成員の過半数の投票を得た場合、連邦大統領は、当該選挙に基づいて、7日以内にその者を連邦首相に任命しなければならない。選出された者がこの過半数に達しなかった場合、連邦大統領は、7日以内に、その者を任命するかあるいは連邦議会を解散しなければならない（同4項）。

　連邦議会は、その過半数によって後任の連邦首相を選出し、連邦大統領に現在の連邦首相を罷免すべきことを要請するという仕方でのみ、連邦首相に不信任を表明することができる（基本法67条1項。これを**建設的不信任**という）。

III　連邦議会の選挙制度
──小選挙区比例代表併用制の具体的仕組み

　併用制において、598の全議席は、選挙区選出議員299名、政党の提出した名簿から選出される299名に分かれるが、それらの議員はどのように選出されるのだろうか（ここでは、併用制の基本的枠組みである2008年までの仕組みについて解説し、近年の制度改正はIV**1**で触れる）。

1　第2票による各政党への議席配分

　併用制においては、選挙人は第1票および第2票という2つの票を投じる。そこで、第1票と第2票という2つの票がどのように議席の配分において取り扱われるのか。まず重要なのが、ラントの政党名簿に投票する第2票である。

(1) 上位配分——各政党の連邦全土での獲得議席の決定

各ラントで選挙人の投じた第 2 票は、政党別に、かつ、連邦全体で集計される（これを名簿結合という）。そして、まず連邦全体で、各政党の獲得した第 2 票の合計得票数に比例するように、各政党に議席が配分される（これを**上位配分**という）。この議席配分の計算式は、1957 年から 1983 年まではドント式が、1987 年から 2005 年まではヘアー／ニーマイヤー式が、2009 年以降はサン・ラグ／シェーパーズ式という計算式が、用いられている（それぞれの計算式によって微妙な差が生じ得るが、その詳細については割愛する）。

連邦全体の有効票の 5％ 以上を獲得できなかった政党については、その政党が選挙区で 3 議席を獲得していない限り、第 2 票による議席配分を受けることができない（阻止条項：連邦選挙法 6 条 3 項）。阻止条項に該当した第 2 票は死票となり、各政党への議席配分は、この死票を除いて比例配分される。

以上により、連邦レベルでの各政党の獲得議席が決定される。つまり、ドイツ全土で政党 A は○議席、政党 B は△議席、政党 C は□議席というように、各政党が連邦全土で獲得した議席が決まるのである。

(2) 下位配分——各政党の各ラントでの獲得議席の決定

次に、各政党が連邦全体で獲得した議席数が決定したら、その政党がそれぞれのラントで獲得した第 2 票の数に基づいて、各ラントに議席が配分される（これを**下位配分**という）。この議席配分の計算式は、上位配分の場合と同じく、サン・ラグ／シェーパーズ式である。

これにより、各政党の各ラントでの獲得議席が決定される。つまり、政党 A のラント a は◆議席、ラント b は●議席、ラント c は▲議席……ラント p は■議席というように（そして、その他の政党も同じように）、各政党がそれぞれのラントで獲得する議席数が決定するのである。

2 第 2 票と第 1 票の関係

次に、選挙人が各選挙区の候補者に対して投じる第 1 票はどうだろうか。

(1) 小選挙区選挙

16 のラント全体で 299 の選挙区が設けられている。最も選挙区が少ないのはブレーメンの 2 選挙区、これに対して最も選挙区が多いのはノルトライン・ヴェストファーレンの 64 選挙区である（なお、選挙区割と「一票の較差」の関係については、Ⅳ**2**を参照）。そして、選挙区選挙では、（日本の衆議院議員選

挙における小選挙区選挙と同じように）投じられた第1票の数が最も多い候補者が当選する（小選挙区制・相対多数制）。

(2) 第2票と小選挙区選挙の関係

299の小選挙区があるということは、299名の議員が選挙区から選出されるということを意味している。しかし他方で、各政党の獲得議席数は第2票によって、しかもラントごとに既に決定されている。それでは、各政党に関して、小選挙区選挙（つまり第1票）で当選した者と、第2票に関してラントに配分された議席とはどのような関係になるのだろうか。

この点、併用制においては、①第2票に基づいて各政党についてラントごとに配分された議席数から、それぞれのラントでの小選挙区選挙での当選者を控除（引き算）する。次に、②控除した残りの議席を政党の当該ラントの名簿から割り当てていく、という方法がとられている。例えば、或る政党Aがラントaで（第2票により）獲得した議席が10であると仮定してみよう。この場合、政党Aがラントaの小選挙区選挙で4名の議員の当選を得た（4つの選挙区で勝利した）ときは、政党Aのラントaの政党名簿からは、政党があらかじめ決定した政党名簿の順位の高い順に（10マイナス4の）6名が当選する。

このように併用制は、比例代表選挙により各政党の議席数を決定するものの、小選挙区で「人物選択」の結果として当選された候補者から順に議席を得ていく。それゆえ、「人物選択と結びつけられた比例代表制」（または「人格化された比例代表制」）と言われるのである。

なお、選挙区とラントの政党名簿双方への重複立候補は認められており、重複立候補が多く行われている。重複立候補をしている候補者のうち、小選挙区で当選した者については政党名簿では考慮しない。選挙区選挙で落選しても政党名簿で当選する者も多く、第1票の意味がどこまであるのかという指摘もなされている。

(3) 超過議席

ところで、或るラントで、第2票によって或る政党が獲得した議席よりも、当該ラントにおける当該政党の小選挙区（第1票）当選者が多い場合は、どうすればよいのか？例えば、政党Aがラントaにおいて（第2票により）獲得した議席が10であるときに、ラントaにおいて政党Aの選挙区の候補者が12名当選した場合、（12マイナス10の）2名はどのように取り扱われるのか？

このような場合、第2票での議席配分よりも第1票での獲得議席が優先され

る。上記の例の場合だと、政党Aはラントaの選挙区選挙で当選した12議席を全て獲得できる（もちろん、この場合には政党名簿からの当選者はいない）。つまり、第2票により配分された議席数を超過した2名の選挙区当選者も、議員としての身分を有することになる。この仕組みを**超過議席**と呼び、そしてこの超過議席の分だけ、連邦議会の総定数は増えるのである。

1990年の連邦議会選挙までは、連邦全体で超過議席は多くても5程度存在するのみであったが、1994年の選挙以降は増加傾向にあり、特に2005年の選挙では16、2009年の選挙では24もの超過議席が発生し、Ⅳで見るような制度改革の必要性が生じることとなった。

3 併用制を図で考えてみよう

それでは、今まで述べてきた併用制の基本的な枠組みを、図で表してみよう。まず、上位配分までの図を表すと、次のようになる（図6参照）。各ラントにおいて各政党の政党名簿に投じられた第2票を連邦全体で集計し、各政党の得票数に比例するように、連邦全体での各政党の獲得議席を決定する。これが上位配分である。

次に下位配分である。各政党が連邦全体で獲得した議席を、当該政党が各ラントで獲得した第2票に応じて各ラントに配分する。ここでは、政党Bを例にして考えて

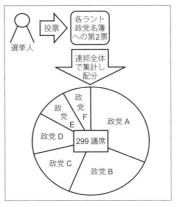

図6　上位配分の図

みよう（図7参照。図は、わかりやすくするために、上位配分で獲得した議席数、ラントの数、そして各ラントでの第2票の獲得割合をシンプルにした架空のものにしている）。このようにして、各政党のラントごとの獲得議席が決定する。

そして、各ラントa～eにおいて小選挙区で当選した議員の数が、それぞれのラントについて政党Bに配分された議席数以下である場合（図8-1）、まず小選挙区当選者から議席を得ることになり、さらに割り当て議席が残る場合には当該ラントの政党名簿の上位の候補者から当選していく。例えば、ラントbにおいて、政党Bが2名の小選挙区当選者を得た場合、残りの2名がラントbの政党名簿の上位から当選していく。

図7　下位配分の図

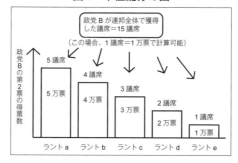

図8-1

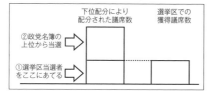

図8-2

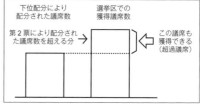

投票用紙の見本

これに対して、各ラントa〜eにおいて、各ラントに配分された議席数を超えて小選挙区で当選者が出た場合（図8-2）、その分だけ政党Bの当選者は増える。例えば、この図のラントaにおいて、政党Bの小選挙区候補者がもし7名当選したときは、第2票による獲得議席である5議席を超過して、小選挙区で当選した7名の議員が全員当選する（超過議席）。

これが、2008年まで用いられていた併用制の仕組みであり、現在も併用制の仕組みの基本となっている仕組みである。

IV 併用制の最近の動向、「一票の較差」、ラント議会の選挙制度、そして欧州議会の選挙制度について

1 「併用制」に対する近年の制度改正

この併用制の仕組みは各国から高く評価されていたものの、近年はその手直しが求められることとなった。というのも、超過議席を巡る問題を理由として、連邦憲法裁判所が、併用制を定める連邦選挙法に対して2度も違憲判決を下したからである。この2008年および2011年の違憲判決の内容、それを受けて連邦選挙法の具体的な仕組みがどのように変化したのかを詳細に書くことは、かなり込み入った議論になるので、本書では概略のみ説明する。

さて、連邦憲法裁判所によって問題視されたのは、結局のところ次の点にあると思われる。すなわち、超過議席という仕組みは、各政党が得た第2票に比例して配分した各政党の議席の比率を歪めることになるので、例えば、超過議席の数が増加すると政党（第2票）の得票数に応じた議席を配分するという比例代表制の本質が傷付けられることになる、という点である。

そこで、違憲判決を受けて改正された併用制の新しい制度においては、一方では、超過議席という仕組みそのものは引き続き維持した。しかし他方で、各党の最終的な議席数が第2票による各政党の得票数と比例するように調整するための追加的な議席（**調整議席**）をさらに配分するという仕組みが採用された。つまり、第2票による各党への議席配分が超過議席によって歪められたな

らば、さらにそれに加えて、調整議席によって最終的な議席配分が各政党の第2票で得票した割合に一致するように、その歪みを矯正するという仕組みである。2013年の連邦議会議員選挙では超過議席4、調整議席29が生じた（最終的な議席数631）。また、2017年連邦議会選挙では、暫定結果によれば、最終的な議席数は709である。

2　連邦議会議員選挙における「一票の較差」

　ドイツでは、「一票の較差」は大きくない。すべての選挙人が、自らの投じた票によって、選挙結果に対する平等な影響力を有すべきことが連邦憲法裁判所によって求められているとともに、併用制の仕組みを定める連邦選挙法も、「1票の較差」に配慮した仕組みを採用しているからである。

　現行の併用制の仕組みでは、まず、ラントの人口に応じて連邦議会議員の議席を各ラントに配分しており、現在は、第1票・第2票による選出を合わせて、最少がブレーメンの5名で、最多がノルトライン・ヴェストファーレンの128名である。この配分の段階で、ラント（比例ブロック）ごとの「一票の較差」はわずかとなる。

　次に、（第1票に関する）ラント内部における選挙区割も、「一票の較差」を抑える仕組みが採用されている。すなわち、連邦選挙法3条によれば、原則4年ごとに行う選挙区画の決定に際しては、①ラントの境界を遵守すべきこと、②各ラントの選挙区の数が当該ラントの人口の比率に比例すべきこと、③1選挙区の人口が選挙区の平均人口から上下15%を超える偏差を生じないようにすべきこと、④偏差が25%を超えたとき（つまり、「**一票の較差**」が1.67倍を超えたとき）は新たに区割をしなければならないこと、⑤選挙区はまとまりのある一つの地域とすべきこと、⑥市町村・郡の境界をできるだけ順守すべきこと、が求められている。

3　ラントの選挙制度について

　次に、ラントの選挙制度について簡単に触れておく。基本法28条1項は、連邦議会の選挙と同じく、ラント及び市町村の議会の選挙が、普通選挙、直接選挙、自由選挙、平等選挙、および秘密選挙の諸原則に基づいて行われるべきことを定めるが、具体的な選挙制度について言及はない。ドイツの16のラントでは、住民代表議会であるラント議会（都市ラントにおいては市議会。以下

では単にラント議会という）に関して、全て比例代表制が採用されている（なお、現在は、全てのラント議会は一院制である）。ラント議会の議員の任期はラントによって異なり、5年ないし4年である。全てのラントで議会の議決または建設的不信任により任期満了前に解散できる仕組みが採られている。

　全てのラント議会議員選挙は比例代表制が採用されているものの、ラントによって具体的な仕組みには差異が存在する。1票制による純粋比例代表制（政党〔があらかじめ決定した〕名簿に投票する）のラントもあるし、人物選択の要素を加味した比例代表制を採用するラントもある。その際、人物選択の要素を加味する仕方として、連邦議会議員選挙と同じ2票制（選挙区に1票、政党名簿に1票）のラントもあれば、1票制でそれを行うラント（非拘束名簿方式により、選挙人の選好する候補者に投票する）もある。さらに、5票制（ブレーメン。政党名簿またはその候補者に投じる。）や10票制（ハンブルク。5票を選挙区の候補者に、5票を政党名簿またはその候補者に投じる）のラントもある。

　なお、連邦議会議員選挙と同じく、5%の**阻止条項**が全てのラントで設けられているが、基本議席条項（選挙区で一定の議席を獲得しない限り、比例代表選挙での得票を議席として算入されない仕組み）を設けていないラントも多い。

　選挙権は、18歳のラントが多かったが、近時、いくつかのラントで16歳選挙権が導入されている。被選挙権は、18歳のラントがほとんどであるが、21歳のラントもある。なお、ラントの下には、郡および市町村が自治体として存在するが、その選挙では、ドイツ以外の欧州共同体を構成する国家の国籍保持者も、欧州共同体法の基準（欧州共同体外国人選挙法）に従って、選挙権および被選挙権を有する。

4　欧州議会議員選挙について

　欧州議会（EU議会） は、欧州連合（EU）の議会組織であり、欧州連合の立法府を欧州連合理事会と共に構成している。欧州連合理事会の構成員が各加盟国から1名ずつ派遣された閣僚であるのに対して、欧州議会の構成員である欧州議会議員（736名）は、各加盟国において選挙で選出される。欧州議会の選挙制度には、直接選挙・普通選挙・自由選挙・秘密選挙の原則が妥当すべきものとされ、①政党名簿式または単記移譲式の比例選挙であること、②比例選挙の性格に影響を与えない限りで選挙区を設けること、③5%未満の最低得票率制度を設けることができることとされており（欧州議会直接選挙法）、これら

の原則に基づいて、各加盟国は国内で具体的な選挙制度を設けている。なお、平等選挙の原則は、小国に有利な議席数の配分となっており、修正を受けている。以下では、ドイツにおける欧州議会議員の選挙制度（欧州選挙法）について簡単に触れておく。

　ドイツに割り当てられた 96 の欧州議会議員の議席については、直接選挙・普通選挙・自由選挙・平等選挙・秘密選挙の原則に基づいて選挙が行われる。選挙権は 18 歳以上の者で、少なくとも 3 ヶ月ドイツまたは欧州連合のその他の加盟国に居住または滞在する者である（他に、欠格事由もある）。被選挙権は、18 歳以上のドイツ人、または 18 歳以上の欧州連合加盟国に属する者で、投票日にドイツに居住または滞在している者である（他に、欠格事由もある）。

　ドイツ連邦議会の選挙制度とは異なり、欧州議会議員選挙においては、現在は阻止条項は存在しない。かつては 5% の阻止条項が設けられており、連邦憲法裁判所もその阻止条項は憲法に違反しないと判断していた。しかし、欧州議会議員選挙に関しては、2011 年および 2014 年に連邦憲法裁判所が阻止条項が憲法に違反すると判断し、それによって阻止条項は撤廃された。

【参考文献】

　ドイツ語が読める読者には、https://www.bundeswahlleiter.de/ や http://www.wahlrecht.de/ は、ドイツの選挙制度を調べるために大変有益なウェブサイトである。

① （財）自治体国際化協会（CLAIR）編『ドイツの地方自治』（（財）自治体国際化協会（CLAIR）、2003 年）（（財）自治体国際化協会（CLAIR）のウェブサイトで公開されている：http://www.clair.or.jp/j/forum/series/pdf/j11.pdf）、およびその改訂版である、同編『ドイツの地方自治（概要版）－2011 年改定版－』（（財）自治体国際化協会（CLAIR）、2011 年）（（財）自治体国際化協会（CLAIR）のウェブサイトで公開されている：http://www.clair.or.jp/j/forum/pub/series/pdf/j39.pdf）

② 住沢博起「ドイツ」竹下譲監修『よくわかる世界の地方自治制度』（イマジン出版株式会社、2008 年）

③ 高田敏・初宿正典『ドイツ憲法集〔第 7 版〕』（信山社、2016 年）

④ 西平重喜「ドイツ」同『各国の選挙』（木鐸社、2003 年）

⑤ 渡辺重範『ドイツ近代選挙制度史』（成文堂、2000 年）

フランス

はじめに

フランスは、世界を揺るがせた革命を皮切りに、旧来の歴史を捨て、新たな近代の政治システムを作り上げていった国である。フランク王国からの長い王政の歴史にも関わらず、国民主権という考え方を取り入れたフランスは、他の国の近代化に際しても、手本とされることが多く、それは、明治日本においても同様であった。その国民主権を支える制度が選挙制度である以上、フランスの選挙制度について知ることは、日本の選挙や国民主権について知ることにもつながり、価値のあることだと言えよう。だが、フランスは、大統領制と議院内閣制が共存する、「**半大統領制**」と言われる特殊な制度を採用しており、また、国民議会（下院）選挙では「**小選挙区二回投票制**」という、あまり類を見ない制度を用いる。以下では、それら、特徴的なフランス選挙制度が、それによってどのような統治システムと結びついているのかを概観したい。

I 概要

1 統治システム

フランスは、ヨーロッパにおける共和制の先駆者として名高い。特に、フランス革命（大革命）から始まる体制の転換は、その後の混乱による悲劇ともあいまって、日本でもよく知られるところである。大革命後の、繰り返される体制変更を経て、現在は1958年より続く、第五共和制という政治体制の下、国家が運営されている。

当初、第五共和制は、直接選挙による**国民議会**（下院）や間接選挙による**元老院**（上院）に加え、すべての調停者としての大統領が間接選挙によって選ばれる、というシステムを採用していた。しかし、第五共和制の骨組みを作った、当時の大統領ド・ゴール自身により、大統領が直接選挙により選出される

よう、手直しが加えられ、現在では、大統領と首相という、**二元的な執政体制（双頭制）**が取られることとなっている。双頭制を採用するため、国民議会が選出する首相と大統領の政治的立場が必ずしも一致せず、対立する（**コアビタシオン、保革共存**）可能性もあるが、現在では、国民議会議員選挙と大統領選挙とがタイミングを合わせて行われるよう、制度改革が進められ、コアビタシオン発生の可能性は大幅に低下した。

図1　双頭制の構造

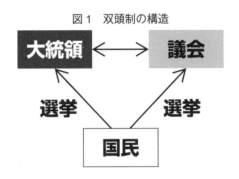

これら国政レベルでの選挙と並ぶ、地方レベルでの選挙については、ミッテラン大統領時代に、大規模な地方分権改革が進められ、それにより、地域公共団体のあり方に大幅な変更が加えられたため、地方選挙についても、そのあり方は大きく変化することになった。

2　選挙制度の概要

国政では、大統領選挙と、国民議会議員選挙が直接選挙により行われる。元老院の選挙は、国民議会議員・州議会議員・県議会議員・市町村会議員からなる選挙人団による間接選挙により選出される。

地方選挙では、州議会議員、県議会議員、市町村議会議員のすべてが、直接選挙により選出される。ただし、行政の責任者（市町村長、県議会議長、州議会議長）は、各議会議員の互選により、議員メンバーの中から選出されることとなっている。

このほか、近年では、欧州議会議員の選挙も、重要視され、注目を集めるようになってきている。特に、欧州議会議員の選挙は、比例代表制を採用しなくてはならないため、フランス全国レベルの直接選挙では珍しく、比例代表制を採用した選挙であり、他の国政選挙などとは異なった結果になることも多い。

3 被選挙権・選挙制度の歴史

　フランスは、ヨーロッパにおける共和制の先駆者としても名高いが、そうした「国民」の政治参加の淵源は、古く**三部会**にさかのぼるとされる。端麗王フィリップ4世は1295年に、対立する教皇との争いについて国民の支持を得るため、三つの身分からなる議会を開催した。これが、アンシャン・レジーム期における身分制議会、三部会のスタートとされている。

　フランス革命に先だって、三部会の身分的歪みは強く批判され、第三身分とされた人々は、国民議会を称し、自主的に組織することとなった。これが、現在の国民議会の淵源となっている。

　しかし、フランス革命によって成立した共和制であったが、その議員を選出するための選挙権は、国民すべてに与えられたものではなかった。1791年憲法は、人権宣言に反するという批判を押しのけて、制限選挙によることを定めた。選挙権を得るためには、一定以上の納税額が必要であるとされた。1792年の国民公会の選挙や、ジャコバン支配の下での選挙制度、さらに限定的ではあったがナポレオン統治下などでは、たとえば21歳以上の全国民に選挙権を与えるなどのように、普通選挙も採用されたが、1848年の王政復古により、フランスは再び、制限選挙の時代へ後戻りすることになる。

　二月革命で成立した第二共和制では、選挙権は21歳以上の、被選挙権は25歳以上の、すべての男子に与えるという、普通選挙が再導入される。その後のナポレオン三世による帝政でも、制限選挙は導入されず、以後、フランスでは普通選挙が定着することとなり、第三、第四共和制を経て、現在の第五共和制に至っている。

　なお、フランスでは伝統的に、そして現在においても、小選挙区二回投票制というシステムが採用されてきているが、比例代表制を導入しようという試みもあった。特に、第四共和制期には、比例代表制が基本的な選挙制度として採用された。一時はそれが第二次世界大戦後のフランス選挙制度のスタンダードとなるかに思われたが、第四共和制が短命に終わり、続く第五共和制では、ド・ゴールが小選挙区二回投票制を復活させたため、比例代表制がフランスに根付くことはなかった。第五共和制の中では、ミッテラン大統領が、属する社会党の選挙戦略もあり、比例代表制を導入するが、すぐにまた、小選挙区二回投票制へと戻されてしまった。

小選挙区二回投票制が原則的である中で、前に述べたとおり、欧州議会議員選挙は、それとは異なる比例代表制を採用している（拘束名簿式での比例代表制、5%の阻止条項あり）。阻止条項はあるものの、比例代表制は、小選挙区制よりも、小規模政党が議席を獲得しやすくなる（しかも、フランスの場合はさらに、二回投票制という負荷がかかる）。実際、極々小政党に過ぎなかった極右政党国民戦線（FN）の場合、前述のミッテラン時代の比例代表選挙を皮切りに、次いで欧州議会議員選挙での議席獲得に至り、それがその後の大統領選決選投票への進出や、州選挙での躍進などへと繋がっていったのである。

4 選挙規制

フランスの選挙についての規制として、最も有名なものは、世論調査の公表についての規制であろう。1977年に成立した「選挙に関する世論調査の出版及び放送に関する法律」は、その11条で「世論調査の出版、放送、論評は、いかなる方法によるものであっても、投票日およびその前日について禁止される」と定め、世論調査が投票行動へ影響を与えることを防ごうとしている。さらに、同じ11条は、「投票日の前日以前に出版、放送、批評の対象となった世論調査についても、この禁止が適用される」と続け、念入りに制度を構築している。公表に際しても、調査機関名、調査購入者名、サンプル数、調査年月日を付記する必要があるなどの制限が存在する。この規制を扱う世論調査委員会は、必要であれば、修正した世論調査の出版を要求することや、修正内容をテレビなどで放送する権限を持つ。また、この規制に反した場合には、罰金刑などの制裁も用意されている。

インターネットによる選挙活動も許されているが、その活動に対しても制限がある。まず、前述の、世論調査公表の規制と合わせて、投票日前日の0時から、選挙運動のためのインターネット・サイトを更新することなどが禁止されている。さらに、自己のウェブサイトを離れ、商業広告の方法で、インターネット・サイトを通じて選挙運動を行うことも、選挙前の一定期間（選挙の行われる月の1日の前36ヶ月、及び選挙の投票日までの期間）禁止されている。これは、インターネットでの選挙運動が盛んになる以前から存在する、（インターネット外での）商業広告を利用しての選挙活動への制限と、歩調を合わせるものである。

そのほか、選挙ポスターの掲示方法やビラなどについて、細かい規定がある

ほか、日本と比較した際、特徴的なのは、道路での選挙活動が禁止されていることだろう。その反面、自動車（選挙カー）やスピーカーの利用には制限がない（規定されていない）が、これらは、フランスの国民が、日本のようなスピーカーで大きな音を出すような選挙活動を好まず、従って、道路を走る選挙カーによる連呼などが利用されることは考えにくいためである。

II 特徴

1 選挙制度の特徴

　フランスは、大統領と国民議会議員の両方を、直接選挙によって選出するため、以前は、大統領と、国民議会が選ぶ首相とが、相異なる政治的立場を持ち対立する、コアビタシオンといわれる状況を招くことがあった。コアビタシオンが再発することを防ぐために、大統領の任期を国民議会の議員と同じく5年に短縮し、また、大統領選挙に引き続き国民議会議員選挙を行うように定められたため、コアビタシオンが再び発生する可能性は大幅に低下した。

　また、Ⅲで後述するが、第五共和制のフランスは、二極化したものの、二大政党制には至らなかった（左右二政党ずつの4政党制）。その上で、二回投票制を採用しているため、決選投票が前提され、大統領選挙前に左右で候補者を一本化することはなされず、右派がド・ゴール派と非ド・ゴール派でひとりずつ、左派は社会党と共産党でひとりずつ、選挙前年の秋口の党内大会などでそれぞれ選出し、決選投票には左右からひとりずつ進出する、というのが通例であった。近年では、右派の合同と、共産党への支持低下による、左派の社会党への一本化により、第一回投票においては、左右からひとりずつとなるように変化した。その上、極右政党国民戦線も支持を伸ばし、必ずしも、決選投票が、左右での争いになるわけではなくなってきた。

　地方選挙においても、直接選挙が採用されている。フランスは伝統的に中央集権的な国家運営がなされてきたため、革命後も、行政の長を選挙で選ぶことはできなかった。国は県知事を任命し、その県知事は市町村長を任命する、と

いうように、中央の意向がフランス中に貫徹されるよう制度設計がなされていた。市町村長は、19世紀末に、市町村議会議員による互選へと移行したが、その後の進展はなかった。しかし、地方分権改革によって、まず、任命制の県知事が廃止され（後に、権限が大幅に縮小された、「地方における国の代表」として復活）、次いで、県を超える広域行政の単位として、州が設置されることとなった（州や県、そして市町村についてはコラム②を参照）。現在では、直接選挙による市町村議会議員・県議会議員・州議会議員の選出と、それら選出された各会議員の互選による市町村長・県議会議長・州議会議長の選出、という制度が採用されている。

なお、元老院の選挙のみ、間接選挙が採用されている。以前は、大統領も間接選挙により選出されていたが、ド・ゴールの制度変更により、大統領選挙は直接選挙へと転換された。元老院の選挙は、県単位の選挙区で選挙が行われるが、選挙人は、選挙区である県の県議会議員と県選出の国民議会議員、州議会議員の全員、それにその県に属する市町村議会議員の代表、からなる。選挙人となる市町村議会議員の数は、その市町村議会の規模（市町村の人口に比例するよう定められている）により異なり、1人しか元老院議員の選挙権を得られない村から、15人も選挙権を獲得できる大規模な市まで、様々である。

2　選挙方法の特徴

フランスの選挙制度の、最も顕著な特徴は、小選挙区二回投票制を採用していることといえよう。他のヨーロッパ諸国で多く採用されている比例代表制は、第四共和制時代や、ミッテランによる一回限りの導入を除いて採用されず、フランスで定着することはなかった。他方、小選挙区二回投票制は、第二帝政下の1852年選挙に際して採用されて以来、いくらかの例外と第四共和制期を除き、採用され続けてきている。

小選挙区制は、選挙区の立候補者のうち、1人を選出するという手法である。その上に加えられる二回投票制は、選出される1人が、より多数の投票者の同意を得られる候補であることを要求する、制度設計の技術である。単純な小選挙区制での選挙では、最多得票者が当選するため、多数の候補者間で争いが繰り広げられた場合、わずか10%や20%程度の得票でも、当選してしまうことがある。言い換えれば、一定程度の支持基盤さえあれば、その他大勢からは拒否されるような極端な政治傾向を持つ候補者であっても、状況次第では当

選しうる、ということである。

　これに対して、小選挙区制に二回投票制が加わると、幅広い層から支持されうる候補者でなければ、当選することが難しくなる。小選挙区二回投票制では、一回目の投票で過半数の票を獲得した候補が存在しなければ、二回目の投票に移行することとなる。有権者は、一回目の投票結果を参考にしつつ、当選可能でかつ自己の政治的立場から許容できるような候補に投票することとなる。従って、二回目の投票では、極端な政治的立場に立つ候補者が、トップに立つことは難しくなる。

　二回目の投票に進める候補者は、登録有権者の 12.5% 以上を獲得したものに限られる、という制限がある。これは、第三共和制下での選挙では、二回投票に進むための制限がなく、それにより候補者間での談合が頻発し、不安定な政治体制を作ることに繋がった、ということへの反省による。この条件は、徐々に厳格化されてきており、第五共和制発足時には 5% 以上の得票、とされていたものが、1976 年に登録有権者数の 10% と変更され、現在の条件に至っている。

　なお、「登録有権者数」という言葉からわかるとおり、フランスでは、選挙年齢に達したからといって自動的に選挙権が与えられるわけではなく、市町村が作成する、選挙人名簿への登録が必要とされている。選挙人名簿への登録は義務化されているが罰則はなく、従って、10% 近くの「潜在的有権者」が存在しているといわれている。

　また、フランスは、先進国では（日本を除いて）珍しく、選挙期間についての定めがある。国民議会議員選挙では、第一回投票日の 20 日前からが選挙期間とされ、大統領選挙の場合は、第一回投票日の二週間前の月曜日からが選挙期間とされる。

3　対象分野の設定

　国政選挙から地方選挙、さらには欧州議会選挙まで、フランスには多くの選挙が存在するが、以下では、国政選挙について詳述したい。「Ⅲ　具体的制度」の章では、大統領選挙、元老院（上院）選挙、国民議会（下院）選挙と、順を追って説明をしていきたい。なお、地方選挙や地方の仕組みについても、コラムの中で可能なかぎり、触れたい。

III 具体的制度

1 大統領選挙

　フランスは、大統領と首相という、二つの存在が、ともに実質的な政治運営を行う権限を持つ、珍しい国である。こうした「双頭の執政府」を取るフランスの政治構造を、有名な憲法学者・政治学者のデュヴェルジェは、「半大統領制」と表現した。大統領と首相とが、ともに直接選挙を経て選ばれるため、両者ともに強い民主的正統性を有し、並び立つ両者は、時には相争うことにもなる。そのような状況を、フランス語では「コアビタシオン」と表現するが、現在においては、コアビタシオンが再発する可能性は低く、従って、大統領と比較した際の首相の存在感は、以前よりは弱いものになりつつある。

　これは、大統領の任期を5年に短縮し、また、大統領選挙と同時に国民議会議員選挙を行うことが制度化されたため、大統領に当選する者が属する政党が、国民議会でも多数を握り、大統領に近い人間が首相になるようになったためである。

図2　大統領選挙の仕組み

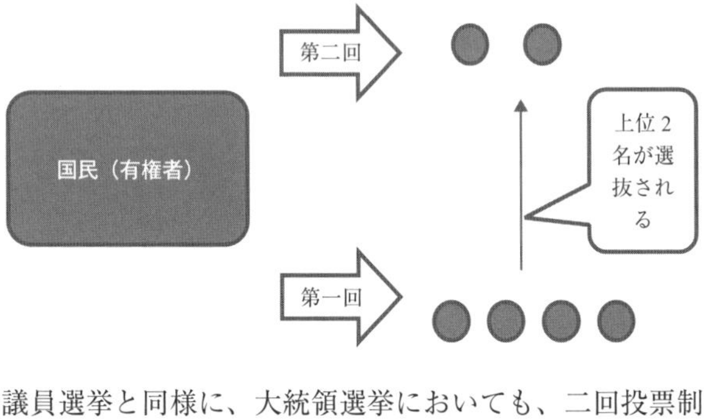

　国民議会議員選挙と同様に、大統領選挙においても、二回投票制が採用されている。ただ、一定以上の得票があれば二回目の投票に進めた国民議会議員選挙と異なり、大統領選挙では、上位二名による決選投票、という形を取る（国民議会議員選挙のように、三つ巴の戦いがくりひろげられることはない）。もちろん、一度目の投票で過半数を超える票を獲得すれば、二回目の投票は行われ

ず、そのまま当選ということになるが、現代の政治情勢からはあまり現実的ではない。

　選挙権年齢と被選挙権年齢は共に 18 歳である。2011 年までは、被選挙権年齢は 23 歳とされ、選挙権年齢よりも高く設定されていたが、法改正により、両者ともに 18 歳となった。

　フランスでは、組織化された政党が定着するまでに時間がかかった。特に、第三共和制期では、単に議員のグループが存在しただけであり、離合集散の激しいそうしたグループの在り方は、政局の不安定化をもたらした。現在でも、右派勢力は、議員グループとしての性格を完全には捨てておらず、政党名に「党」という語が使用されることはなく、「運動」や「連合」の語が利用されることが多い（現在の右派の中心政党は、共和党と訳されることが多いが、忠実に訳せば「共和主義者たち」となり、やはり「党」という語は入っていない）。

　フランスでは、伝統的に、教会との距離が近く、農村や自営業者に支持される右派と、労働者階級を中心に、世俗性を求める専門職に支持され、教会との距離を置く左派との二極で対立が生じている。第五共和制期では、右派はド・ゴール派と非ド・ゴール派に分かれ、左派は社会党と共産党に分かれ、二極での 4 党体制が継続されてきた。フランスでは、この政党システムのことを、「**二極化したカドリーユ**」と呼ぶ（カドリーユとは、4 人一組で踊るダンスの名前）。しかし、ソ連の崩壊などで共産党が力を失うと、左派内で勢力を伸ばす社会党に、右派両政党は危機感を覚え、右派統一政党が成立することとなり、右派政党 UMP（人民運動連合、現在は共和党）と左派政党社会党との二大政党による二極化へと進むこととなった。しかし、近年、世界的に既成政党への不信が増大する中、フランスでも、そうした傾向が見られる。2017 年の大統領選挙は、共和党と社会党のいずれも第一回投票で敗退した。

　第二回投票は、極右政党ともかつては言われた国民戦線を率いるルペンと、社会党を離れ、新党共和国前進を率いるマクロンとの一騎打ちとなり、EU への帰属が争点となる中、親 EU 派のマクロンが勝利した。次回の大統領選挙は、5 年後の 2022 年に行われる予定である。

　大統領選挙や国民議会選挙などの、フランスの選挙で利用される投票用紙は、他国にあまり類を見ない仕組みを採用している。フランスでは、選挙の際に、投票用紙に記入することはない。名前が記載されている用紙を封筒に入れ、投票する形式を採用しているためである。投票用紙は全候補者分あり、投

票所にはそれぞれが山になって置いてある。投票をする人は、まず、封筒とその投票用紙を1枚ずつ全て取る。その後、カーテンの仕切りの中で、自分の意中の候補者の紙だけを封筒の中に入れ、残りの投票用紙は全て捨てる。その上で、投票箱に封筒を入れる。

＜投票率の推移＞

年度	2017	2012	2007	2002	1995	1988
第一回	77.77%	79.48%	83.77%	71.60%	78.38%	81.35%
第二回	74.56%	80.35%	83.97%	79.71%	79.66%	84.35%

2 元老院（上院）選挙

フランスでは、第三共和制の時代から、国民代表としての下院（国民議会）と、地方代表としての上院（元老院）からなる二院制による統治が続いている。現在のフランス第五共和制憲法も、元老院議員については、「間接選挙で選出され」、「共和国の地方公共団体の代表を確保する」と規定している（24条）。

以前は、元老院議員の任期が9年と長く設定され、その改選も、3年ごとに三分の一ずつ行っていくという、ゆったりとしたものであった。さらに、被選挙権の年齢制限も、35歳以上と、国民議会議員選挙の被選挙権よりも高くされており、任期の長さと被選挙権年齢の長さの両者が元老院の保守的性格を助長している、という批判が繰り返されてきた。こうした批判を受け、2003年には元老院の制度改革が行われ、任期は6年、3年ごと半数改選になり、さらに被選挙権年齢は30歳（2011年には24歳に再変更）へと引き下げられた。

元老院議員の選挙は、県を単位とした選挙区で行われる。選挙区の数は、各県が101（本国96県と海外県5県）、その他の海外の自治体が7であり、それに加え国外在住のフランス人からの選出がある。これらの選挙区から348人の議員が選出されるが、この人数が議員定数の上限となる旨の規定が、2008年

の憲法改正に際し、憲法に加えられた。

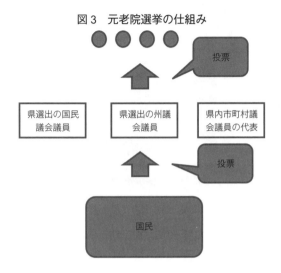

図3　元老院選挙の仕組み

　選挙人としての資格を有する選挙人団はフランス大選挙人団と称され、県選出の国民議会議員と州議会議員の全員、県議会議員の全員、そして県内市町村議会議員の代表、からなる。各市町村議会議員のうち、何人が元老院選挙の選挙人となるかは、各市町村議会の定員によって決まり、1人のところもあれば、15人を擁する市町村もあり、かなりの幅がある。だが、この定員自体、市町村の人口により決められているため、実際は、市町村の人口により、代表の人数が決まることとなっている。

　小規模な村などでは、11人の議員から1人しか選挙権を得ることができず、他方で、大規模な都市では、27人中15人が選挙権を得ることができる。一見、この制度は大都市に有利に働くように思われるが、フランスの市町村36569のうち、25000を超える自治体が、人口1000人以下の規模が小さい自治体（そのうち人口300人以下のものだけで10000を超える）であり、実際は、小規模自治体から、多くの選挙人が出されることとなる。こうした事情から、元老院は「小市町村の評議会」であるとか、「農村議会」であるなど、揶揄されもしてきた。

　選挙人団による選挙方式は、選挙区から選出される議員の数により異なっている。定数が2以下の県では、連記式の二回投票制（第一回投票で過半数を得

た候補者が定数以下の場合に第二回投票を実施する）で選挙が行われる。定数が 3 人以上の選挙区では、比例代表によって議員が選出される。

　元老院議員選挙は間接選挙であり、選挙人団の中心を地方議会議員が占めるため、予想外の結果が出るということは少なく、選挙の前に概ね正確な予測を立てることが可能となっている。そのため、マスメディアの報道も、大統領選や国民議会銀選挙と比べて、あまり熱の入らないものになってしまう。さらに、半数になるように県同士をグループでまとめる（つまり、日本の参議院選挙と異なり、選挙が実施される県とされない県に分かれる。県の中で二分し、片方を改選するのではない）ため、元老院選挙の結果は、フランスの政治情勢の縮図とはなりえず、いっそう注目度が下がってしまう。なお、次回の元老院選挙（半数改選）は、2020 年に実施される予定となっている。

コラム①　フランスの市町村について

　広域行政・地域開発の主体として戦後に作られた州や、フランス革命後に行政単位として作られた県（県庁から馬を使って一日で行ける範囲が県の範囲とされ、ほぼ各県の面積は等しい）などとは異なり、基礎自治体である市町村は、革命前から変わらず存続するものがほとんどである。日本の市町村数が 1741（平成の大合併前で 3232）であるのに対し、フランスのそれは三万を遥かに超えている。これは、革命後 200 年の間、何度も再編成を試み、すべて失敗に終わったことによる。

　人口規模の格差は大きく、周辺を含め一千万都市であるパリもあれば、わずか数十人の村も、数多く（3000 以上も）存在している。大きな格差にも拘らず、用意された機構は同じであり、それが問題を生んでいる。

3　国民議会（下院）選挙

　フランス革命の原動力となった国民議会は、現在でもフランスの政治の中心にある。第五共和制になり、強すぎる議会を嫌ったド・ゴールが、議会の権限を縮小し、議会は「合理化された議会」となってしまったとも言われるが、なおその権威・権限は大きい。実際、コアビタシオンの時期には、強化されたはずの大統領に抗い、首相、そして議会の存在感を発揮することともなった。この、議会の中心を占めるのが、下院である国民議会である。

コアビタシオンは、大統領が一定程度首相に譲歩することで、当初予想されていたように、政局が暗礁に乗り上げ政治がストップする、という事態には至らなかった。だが問題も多く、再びコアビタシオンが生じないように、大統領の任期を短縮し、国民議会議員の任期である 5 年と一致させ、大統領選挙と国民議会議員選挙のタイミングを合わせるなどの工夫がなされることとなった。次回の国民議会選挙は、2022 年に 4 月末から 5 月に掛けて行われる大統領選の結果が判明した後の 6 月に実施される。なお、選挙権年齢や被選挙権年齢に関しても、大統領選挙と同様に、共に 18 歳と設定されている。

　国民議会議員の選挙は、小選挙区二回投票制を採用しているため、選挙区数は選出人数と同数の、577 区となる。国民議会議員の選挙区は伝統的に、県の下位区分である郡（342 郡存在する）をベースに、人口が多い郡を分割し、設定されてきた。元老院と同様に、2008 年の憲法改正に際して、国民議会も現在の定員を上限とする旨の規定が、憲法に加えられた。577 人のうち、558 人は海外県も含めた各県から選出され、8 人はその他の海外自治体から、残りの 11 人は国外在住のフランス人から選出される。各県への定数配分は人口比例によっているが、人口の少ない県にも議席を配分する必要から、投票価値の平等が貫徹されているわけではない。この問題については、2008 年の憲法改正の際に、選挙区確定と議席配分裁定を行う独立委員会が創設されることに決まり、憲法に加えられた。

図 4　国民議会選挙の仕組み

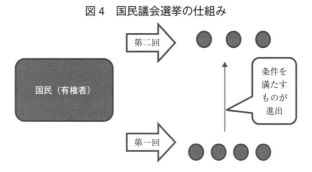

　国民議会議員選挙は、小選挙区二回投票制という、独特の方式で行われる。フランスでは伝統的な選挙方式ではあるが、世界で見れば極めて特殊な方式であり、先進民主主義国家では、唯一フランスのみが採用しているといえるだろう。第四共和制のフランスでは、比例代表制が採用されており、第五共和制の

発足時も、比例代表制や単純小選挙区制の採用を主張する意見は根強くあった。その対立の間から、いわば妥協の産物として採用されたのが、第三共和制期でも長らく採用されてきた、小選挙区二回投票制である。

　第三共和制下のフランスは、党というよりも議員同士が緩く繋がる議員グループが多く存在していたにとどまり、政党の組織化は進まなかった。その原因の一つは、小選挙区二回投票制を採用した上で、二回目の投票への進出条件が設定されていなかったため、選挙区での候補者同士の「談合」が頻発したことにあるといわれている。第三共和制のシステムでは、二回目の投票から立候補する、ということすら可能で、候補者同士の協議が難航すれば、他の地域有力者が、地域の分裂・分断を回避するために、二回目の投票から出馬する、ということもあり得た。

　そのように、選挙区ごとに自律性が高い状況下では、全国レベルの政党組織が各選挙区をコントロールすることは難しく、第三共和制のフランスでは、議員の小集団が乱立し、それらの離合集散による政権運営は安定せず、最終的には、ドイツの占領を許すこととなる。戦後の第四共和制においては、政党の組織化が進むものの、比例代表制が採用されたこともあり、特に右派を中心に、大政党への収斂、というまでには至らなかった。

　第五共和制では、第三共和制と同じく、小選挙区二回投票制が採用されたが、そこには、二回投票への制限が定められ、それにより、二大政党への集中が進んだ。小政党・小グループが乱立している状況では、誰も二回投票に進めないという、共倒れの可能性もあるからである。左右の両陣営で、選挙区ごとに、事前の候補者調整と連合が進むことになった。1963年から公選制へと移行した大統領選も、この流れに拍車をかけた。大統領選の第二回投票は、上位2名で行うため、全国的に、二つの大政党がしのぎを削ることになる。これは、国民議会議員選挙での二極化を推進する、一大キャンペーンともなっていた。だが、2017年の大統領選挙では、既存の左右二大政党が勢いを失ったため、下院選挙でもマクロン大統領が率いる共和国前進が、300以上の議席を獲得し、圧勝した。

　この後、フランスの政党システムがどのように変化するか、注目される。

<各時代の選挙制度>

時代	第三共和制	第四共和制	第五共和制
選挙制度	小選挙区二回制	県単位比例制	小選挙区二回制

それぞれ、最も利用が多かった制度を挙げた。第三共和制期では、1885年の選挙が県単位での二回制で実施されたり、第五共和制期では、1985年の選挙が県単位での比例制を採用したりするなど、例外的なケースもあった。

<投票率の推移>

年度	2017	2012	2007	2002	1997	1992
第一回	48.71%	57.22%	60.44%	64.41%	67.92%	68.91%
第二回	42.64%	55.40%	59.99%	60.31%	71.08%	67.55%

コラム③　市町村議会議員選挙

　コラム②でも触れたように、フランスの市町村は、規模の大きいものから極端に小さいものまで、差が大きい。従って、日本のように、統一的な選挙方式を採用することはせず、市町村の人口に応じて、市町村議会議員選挙の方式も定められている。

　人口が1000人未満の市町村の場合は、（非拘束名簿方式による）連記二回投票制が採用されている。第一回の投票では、投票の過半数かつ登録有権者数の4分の1以上を獲得した候補が当選し、定数に達しないときは第二回投票を行い、獲得票数の順に当選を決めていく（この制度では、完全連記性とほぼ同様の結果となるといわれている）。

　人口が1000人以上の市町村の場合は、「多数派プレミアム付き比例代表二回投票制」が採用される。この場合に名簿は、（Ⅳの2で述べる）パリテの観点から、男女交互のものである必要がある。第一回投票で過半数を得たグループがあれば、そこに議席の半数を配分し、残りを全体で比例配分することになる。過半数を獲得したグループが存在しない場合、10％以上の票を得たグループで第二回投票を行い、第一位のグループに半数を配布し、残りは5％以上得票したグループで比例配分される。

Ⅳ 最近の動向

1 選挙制度改革

　最近の選挙制度改革では、地方分権の流れを受け、地方自治体の制度が変更されたため、地方選挙のシステムが大きく変化することを余儀なくされた、ということをまず挙げられるだろう。国政レベルでは、両議院の選挙に際しての男女平等推進（パリテの推進）を目的とした改革（2 で扱う）や、国民議会議員選挙に際しての一票の較差を是正させるための改革（3 で扱う）などがある。その他には、間接選挙というシステムを採用している関係上、あまり目立つことが少ないが、元老院議員選挙の改革も、進められてきている。

　一つ目の改革は、被選挙権の引き下げである。第三共和制期の元老院は、元老院の性格から、被選挙権が 40 歳と高く設定されていた。それを受けた第五共和制での元老院も、被選挙権は 35 歳とされ、高止まりしていた。第五共和制発足時からの社会変化を踏まえ、まず、2003 年には 30 歳へと引き下げられ、次いで、2011 年に国民議会議員の被選挙権が 23 歳から 18 歳へと引き下げられることに歩調を合わせ、さらに 24 歳まで引き下げられることとなった。

　二つ目の改革は、選挙方式の改革である。元老院議員選挙は、二回投票制と比例代表制を組み合わせた混合方式であるが、比例代表制の要素を強化する方向に変更されてきている。2003 年に、定数 3 以下の 70 の県で利用されていた二回投票制は、2013 年に定数 2 以下の県でのみ採用されることになり、二回投票による選出議員と比例代表による議員の割合は、おおよそ 1 対 2 となり、比例代表の要素が大幅に強化された。

2 パリテの推進

　現代フランス政治において、**パリテ**は、選挙で男女同数の代表を選出することによって、男女の平等な政治参画を実現しようとすることを意味している。なお、もともとのパリテという言葉自体は、「同一」や「等価値」という意味を持つに過ぎず、男女の平等（参画）に限定される言葉ではない。フランスは、国民の多くがカトリックであるということも影響してか、男女の平等が進

むヨーロッパの中でも、他国の後塵を拝する存在であった。そのような状況を変えた大きな一歩が、1999年の憲法改正である。

1999年の憲法改正により、「法律は、選挙によって選出される議員職及び公職への男女の平等なアクセスを促進する」と規定され（3条5項）、併せて、そのためには政党や政治団体は、男女平等の参画に貢献しなくてはならない旨も規定された（4条1項）。後の2008年憲法大改正に際し、憲法の「顔」ともいえる、共和国の基本原理を定めた第一条へと移行された（1条2項）この規定の下で、その実現のために制定されたのが「選挙によって選出される議員職及び公職への男女の平等なアクセスを促進することに関する2000年6月6日法」（**パリテ法**）である。

パリテ法により、国政選挙は、男女平等の政治参加促進のために、その選挙方式が改革されることとなった。まず、（拘束名簿式の）比例代表制を利用する場合は、その解決策は簡単である。定数4人以上（2011年からは3人以上）の元老院議員選挙では比例代表制を利用するが、この補者名簿登載順を男女交互とすることとされた（もちろん、女性を先頭に、女男交互、とすることも可能）。国政選挙だけではなく、比例代表制を利用する、欧州議会議員選挙においても、同様である。この男女交互での名簿記載を求める方式は、映画「男と女」にちなんで、フランスでは「**シャバダバダ方式**」と呼ばれる。

比例代表制ではなく、国民議会議員選挙が採用している小選挙区制の場合、こうした調整は困難となる。一般的な傾向として、候補者を選定するに際しては現職が優先されるため、女性の参画を促進するためには、各政党が新人候補として、積極的に女性を擁立していく、それを促す方策がとられることになる。パリテ法は、政党への公費助成を減額する、という手段によって、政党が自発的に女性候補を擁立していくように促すシステムを採用した。男女間の候補者数に2%以上の開きがあった場合、公費助成は減額されることとなる。減額の程度（率）は、一方の性の候補者と他方の性の候補者との差の半分とされており、例えば10%の差があれば5%が減額され、完全に同一の性で候補者が占められていた場合には、50%の助成がカットされることになる。この手法により、1990年代には10%程度だった国民議会議員の女性比率は、2012年の選挙後には、およそ27%にまで上昇した。

なお、国政選挙ではないが、パリテの観点からは、2013年に制定された法律によって県議会議員選挙に導入された、男女ペア立候補制が注目される。県

議会議員選挙では、政党に所属しない候補も多いため、政党への公費助成を通じたパリテ実現、という方策では十分に効果が上げられなかった。男女ペア立候補制では、候補者は必ず、男女の 2 人組で立候補しなくてはならない。各県議会議員選挙区からは、1 組のペアが選出されるが、必ずしも同じ政党や会派に属している必要はなく、また、当選後は、各議員が独立して職務を行う。各選挙区から 2 人ずつ選出、ということになれば議員定数も倍増してしまうため、男女ペア立候補制の導入に伴い、県議会議員選挙区は半数に削減された。2015 年の県議会議員選挙では、この制度により「自動的」に女性議員比率は 50% となり、その数は 2000 人に達した。他方で、にもかかわらず、県行政の責任者としての立場も有する県議会議長に女性が就任することは少なかったなど、さらなる改善を求める余地はあるとの指摘もある。

3 一票の較差

　日本の選挙でも、「一人別枠方式」が、一票の較差を拡大しているとして問題になったが、フランスにも同様な問題があった。国民議会議員選挙において、選挙区を合わせて県レベルで見たときに、各県に最低 2 議席は配分されるよう選挙区の設定する、というものである。憲法適合性を審査する裁判所である憲法院は 1986 年の判決で、こうした方策は「選挙区の当選者と選挙人との間の緊密な絆を確保」するもので、対象県も少ない（2 県にとどまる）ため、許されるとした。しかし、その後、人口変動は進み、国民議会議員選挙の一票の較差は、最大で 5 倍にも達することとなった。憲法院は、選挙のたびに「所見」を出すなどして、改善を要求したが、制度改革は進まなかった。

　2008 年の憲法改正では、この問題を解決するために、独立委員会を創設することが、憲法に加えられることになった。憲法の 25 条 3 項で、国民議会議員選挙の選挙区確定に関する法案と、国民議会議員・元老院議員の議席配分に関する法案について、公開の答申を行う独立委員会を設ける旨が規定されたのである。

　この独立委員会の下で、選挙区の区割りは、政府の政令（オルドナンス）によって行われることとされたが、政府は 1986 年時点のものとほぼ同様の区割りを行う予定であった。しかし、これに対し、憲法院は違憲であるとの判示を下した（2009 年 1 月 8 日判決）。憲法院によれば、1986 年時点では合憲とした県別最低数の設定措置などは、国民議会議員選挙は人口に基礎を置いて行われ

なくてはならない、という「根本準則の射程を緩和しうる一般利益の要請によってはもはや正当化されない」ものとなったという。

政府と独立委員会は、こうした憲法院の判断を受け、選挙区区割りについて、再検討に乗り出した。独立委員会は政府案をたびたび修正させ、また、独自にパリの区割り案を作成するなど、その活躍はめざましかった。2010年1月には新たな区割りを定めるオルドナンスが法律で承認され、憲法院もそれに対して合憲との判示を下した（2010年2月18日判決）。

新たな選挙区区割りは、**区切り方式**といわれる手法で定められた。この方式は、日本ではアダムズ方式として呼ぶことが多く、また、近時の選挙制度改革によって、日本でもこの方式を導入することが話題となっている。この区切り方式（アダムズ方式）とは、1議席当たり人口を定め（今回の場合、選挙区人口の全国平均である125000人）、各県の人口をその値で割り、小数点以下を切り上げた値で議席を配分するという方式である。125000人の区切りを超えるたびに、議席数＝選挙区数が1増加するため、このように呼ばれる。区切り方式を利用すれば、25万人の県なら2選挙区、26万人の県なら3選挙区、ということになる。この新たな選挙区割りによって、全国レベルで5倍を超えていた最大較差は、約2.37倍にまで縮小した（区割りがオルドナンスで定められた時点で、例外となる海外領土などを除いて、人口が最多の選挙区はセーヌ・マリティム県6区の146866人であり、最少の選挙区はオート・アルプ県2区の62082人であった）。

なお、全国レベルでの、一票の較差を規制する法は存在しないが、同一県内での格差を規制する法は制定されている。2009年1月13日法は、県内の選挙区間での格差に限界を設け、各選挙区の人口は、県の選挙区平均人口から20％以上乖離してはならない、と定めている。

【参考文献】
①大山礼子『フランスの政治制度（改定版）』、東信堂、2013年
②只野雅人『選挙制度と代表制　フランス選挙制度の研究』、勁草書房、1995年
③土倉莞爾『拒絶の投票　21世紀フランス選挙政治の光景』、関西大学出版部、2011年
④増田正『現代フランスの政治と選挙』、芦書房、2001年

イタリア

はじめに

　一般的に、選挙制度には、政治の安定と民主的代表という二つの要請があると考えられる。イタリアでは、第2次世界大戦後、後者を重視し、原則として比例代表制を採用してきたが、90年代以降、議会及び政府の統治能力の向上という形で、前者を重視した制度改正が進められている。当該改正は、国レベルにおいて、比例代表制を加味した小選挙区制の導入を経て、安定性と代表性のよりよい均衡を図ろうとする「多数派プレミアム付比例代表制」に行き着いた。こうした改正の背後には、イタリアにおける比例代表制の弊害（選挙後、小政党を含む政党間の交渉により不透明な形で政権が形成され、その政権は安定性を欠いていたこと）への意識がある。しかし、多数派プレミアム付比例代表制は、約10年間の運用を経て、見直しの時を迎えている。また、選挙制度改革には、（狭義の）立法者に限らず、国民投票の結果や憲法裁判所の決定が大きな役割を果たしている。

I　概要

1　統治システム

　議院内閣制を採用しているが、元首である共和国大統領は、首相の任命権等を介して、政治危機の状況にあっては重要な政治的役割を果たす。国会は、上下両院の権限が立法及び政府の信任等について**対等な二院制**である。また、州及び地方団体（大都市、県、コムーネ（基礎自治体））と国の関係の観点からは、連邦国家と単一国家の中間的な特色を持つ「**地域国家**」である。

図 1　統治システムのイメージ

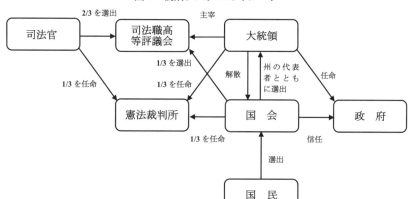

（出典）下院サイト（http://www.camera.it/leg17/391?conoscerelacamera=9）の図を一部修正して筆者が作成。

2　選挙制度の概要

　大統領は州代表を加えた国会の両院合同会議で選出され、首相は大統領が任命し、かつ、国会（上下院）が信任を行うため、国レベルでは、両院議員（のみ）が国民により選出される。

　下院選挙（定数 630 人）は、大部分の州において**多数派プレミアム付非拘束名簿式**（一部例外あり）**比例代表制**によることとなった（2015 年法律第 52 号）。これは、全国で最多得票した候補者名簿（政党）の得票率が 40％ 以上であった場合、少なくとも総定数の過半数の議席（多数派プレミアム）を配分する制度である。任期は 5 年（解散あり）、選挙権年齢は 18 歳、被選挙権年齢は 25 歳である。なお、選挙権年齢については、16 歳に引き下げようとする議論も一部で見られる。上院選挙は、州を単位とした多数派プレミアム付拘束名簿式比例代表制（定数 315 人）とされた（2005 年法律第 270 号等）が、その一部について違憲判決が出されている。任期は 5 年（解散あり）で、選挙権年齢は 25 歳、被選挙権年齢は 40 歳である。これに、いずれも非公選の終身議員である大統領任命議員（5 人）及び大統領経験者が加わる。違憲判決を受けて、2016 年憲法改正法律は、上院を現在の「国民代表」から州議会の間接選挙による「領域団体の代表（地域代表）」へと改めようとするものであったが、2016 年 12 月の国民投票で否決された。なお、両院は憲法上、権限が対等で同一任期

であることから、ほぼ同様の選挙制度が従来選択されてきた。また、一院のみの解散も可能であるが、常に同日選挙が実施されており、一種の一院制的とも言える運用が行われている。このほか、両院選挙の選挙期日に関しては、憲法61条1項が、新議院の選挙は、前議院の任期満了から70日以内に行うと規定している。また、各議院の任期は、戦争の場合に限り、法律により延長することができる（同60条2項）。

州の機関の選挙制度は、各州法で規律されるようになっており、そこでも多数派プレミアム付比例代表制が広く用いられている。県以下の機関の選挙制度については、近年、経済・財政危機の影響の下、間接選挙制への移行が県・大都市のレベルで行われている（2014年法律第56号）。

欧州議会選挙法（1979年法律第18号）は、比例代表的性格が強く、阻止条項を持たないこと、選挙区は5に細分されるものの各候補者名簿への議席配分は全国単位で行われること（その結果、各選挙区からの選出議員数は定数からしばしば増減する）、3票の優先投票が認められることが特徴であった。これに対して、2009年に4％の阻止条項が導入された。

> ### コラム①　大統領任命議員とは？
>
> 　憲法によれば、大統領は、社会、科学、芸術及び文学の分野における最高の功績により祖国の名を高めた市民を5名、**終身上院議員**に任命できると規定されている（第59条）。近年では、指揮者のクラウディオ・アバドや建築家のレンツォ・ピアノが任命されている。また、2001年に92歳で任命され、103歳まで務めた例もある。しかし、権限は一般の上院議員と同様であり、対等な二院制の下、与野党の議席が拮抗している場合、大きな政治的影響を持ち得る。

3　選挙権及び選挙制度の歴史

(1)　統一からファシズム期までの動向

まず、19世紀半ばのイタリア統一以降の選挙権及び選挙制度の歴史を概観してみよう。憲法に相当する1848年憲章は、王族と勅選議員により構成される上院に対して、下院を国民代表と位置付け、直接選挙を認めた。下院の選挙権は、25歳以上の男子で、識字能力があり、かつ、一定額の納税を行ってい

る者に認められ（1848年勅令第680号）、全人口の約2％が有権者となった。選挙制度は、**小選挙区2回投票制**が採用された。1882年には、納税額とともに選挙権年齢が21歳に引き下げられ、識字能力に関しては初等義務教育の修了が要件とされた。同時に、選挙制度も**大選挙区連記投票制**に改められ、有権者数の8分の1という得票要件を超えなければ決選投票が行われた。選挙制度は、さらに、1891年に再び小選挙区2回投票制とされ、翌年には得票要件が有権者数の6分の1で、かつ、投票数の過半数へと変更された。20世紀に入ると、1912年には、30歳以上の男子普通選挙が認められた。なお、21歳以上30歳未満の男子については、識字能力等又は兵役という要件が課されたが、1918年に当該要件は廃止された。1919年には、比例代表制が導入され、議席配分はドント式で行い、候補者に対する優先投票に加え、定数に満たない候補者名簿に対して他の候補者名簿の候補者を記入することも認められた。ファシスト政権の下、1923年には、多数派プレミアム付比例代表制が導入され、1928年には、ファシスト大評議会が指名した候補者名簿に対して賛否のみを示す制度に改められた。

(2) 「第一共和制」期の動向

第2次世界大戦後、1946年には、憲法制定議会議員の選挙制度が比例代表制とされ、選挙権を成年に達した（女性を含む）イタリア市民、被選挙権を同じくイタリア市民で25歳以上の者に与えた。新たに制定された憲法における両院に関する規定は現在のそれと大きく変わらないが、異なる点として、議員定数は人口に応じて変動し、上院の任期は下院と異なり6年であった（いずれも1963年に現在の内容に改正）。下院選挙は比例代表制とされ、上院選挙は小選挙区制であったが、後者において、小選挙区で65％という得票要件が設けられ、それを満たす候補者がいない場合には、州を単位として政党ごとに集計された得票に基づきドント式による議席配分が行われた。このため、上院選挙制度も実質的には比例代表制として機能した。その後、1953年に下院選挙に多数派プレミアム付比例代表制を導入する改正が行われたが、機能しなかったため、翌年に廃止された。こうした比例代表制に基づく選挙制度は、多党制をもたらした。また、成年とされている下院の選挙権年齢に関して、1975年に成人年齢自体が21歳から18歳に引き下げられている。

(3) 1993年改革とその帰結——二極化の下での多党制

近年では、1993年と2005年に、選挙制度の大きな改革が実施されている。

1993 年の改革は、国民投票の結果に端を発し、議会及び政府の統治能力向上等を目的として、議員定数の 75% を**小選挙区制**で選出し、25% を**比例代表制**で選出する**混合型**選挙制度を導入した。当該制度による選挙（1994 年・1996 年・2001 年）を通じて、中道右派連合と中道左派連合からなる政党の「二極化」がもたらされた。その結果、有権者は、それまでの選挙後の政党間交渉による政権成立に代えて、ひとまず選挙により政権を選択できるようになった。二大連合に対する得票及び議席の集中も総じて進んだ。しかし、小選挙区部分において各連合内部で候補者を統一し、連合内の小政党にも一定の議席を割り当てる運用がなされ、1993 年改革は、政党の著しい多党化に対しては、一定の制約を課すにとどまった。

コラム② 2種類の国民投票

イタリアには、2種類の国民投票がある。一つ目は、1993 年の選挙制度改革や政党の一般的活動に対する国庫補助廃止をもたらした、**法律等の全部又は一部を廃止する国民投票**である。この国民投票を提起するには、50 万人の有権者又は 5 つの州議会の要求が必要である。投票率が 50% を超え、かつ、廃止に賛成が過半数であった場合に、対象となった法律等の廃止が認められる。二つ目は、憲法改正法律等に対する国民投票で、当該法律等が両院で 2 回ずつ可決される際、2 回目の可決において賛成が 3 分の 2 に満たなかった場合、上下各院の 5 分の 1 の議員、50 万人の有権者又は 5 つの州議会の要求により、国民投票が実施される。この国民投票によって、憲法改正法律等の採否が決定される。決定は、投票率にかかわらず、賛否の多寡による。

図2　国民投票投票用紙（2016年憲法改正国民投票）

（出典）内務省サイト（http://www.interno.gov.it/sites/default/files/fac_simile_scheda_referedum_costituz.pdf）

(4)　2005年改革とその帰結——多数派形成の限界

続いて、当時の与党中道右派による2005年の改革は、下院選挙に、全国で最多得票をした候補者名簿又は複数の候補者名簿が連結した候補者名簿連合（≠統一候補者名簿）に340議席（全体の約55％）を配分し、残りの議席をその他の連合等の間で比例配分する多数派プレミアム付比例代表制を導入し、上院は各州で最多得票をした連合等に同様の議席を配分する制度を採用した。また、両院共に全選挙区で重複立候補の可能な拘束名簿が用いられることとなった。2006年選挙において、各政党は、従来の中道左派及び中道右派の二大政党連合を拡大することで勝利を目指した。その結果、選挙に際して、非常に多くの政党から構成された二大連合による、ほぼ完全な「二極化」が生じた。これに対して、2008年選挙においては、二大連合に加え、従来はその一部であった政党が独自の候補者名簿（中道連合（UDC）及び虹の左翼等）を提出し、主要な勢力は4つとなった。投票の結果、二大連合を構成する政党が両院で支持を拡大した一方、阻止条項により、虹の左翼等は議席を激減させた。そこでは、多数派プレミアムを争う二大連合への投票を促すことにより、阻止条項と相俟って、二極化を強化する効果が示された。2013年選挙においても、二大連合に加え、「5つ星運動（M5S）」及びモンティ首相の「市民の選択（SC）」が参入したため、実質的に4勢力間の競合となった。しかし、ここでは、得票自体が分散し、遂に上院で過半数を占める多数派を欠く事態を招くこととなった。

表1 2006年両院選挙結果

		中道左派連合（全体）	※	中道右派連合（全体）	FI	その他（計）
下院	得票率	49.8	31.3	49.7	23.7	0.5
下院	議席数	340	220	277	137	0
上院	得票率	49.0	17.5	50.2	24.0	0.8
上院	議席数	148	62	153	78	0

表2 2008年両院選挙結果

		中道左派連合（全体）	PD	中道右派連合（全体）	PDL	UDC	虹の左翼	その他（計）
下院	得票率	37.6	33.2	46.8	37.4	5.6	3.1	6.9
下院	議席数	239	211	340	272	36	0	2
上院	得票率	38.0	33.7	47.3	38.2	5.7	3.2	5.8
上院	議席数	130	116	168	141	3	0	0

表3 2013年両院選挙結果

		中道左派連合（全体）	PD	中道右派連合（全体）	PDL	M5S	中道勢力連合（全体）	SC	その他（計）
下院	得票率	29.6	25.4	29.2	21.6	25.6	10.6	8.3	5.1
下院	議席数	340	292	124	97	108	45	37	0
上院	得票率	31.6	27.4	30.7	22.3	23.8	9.1	—	4.7
上院	議席数	113	105	116	98	54	18	—	0

（出典等）内務省サイト（http://elezioni.interno.it/ 以下同じ）の数値に基づき筆者が作成。なお、下院選挙は在外選挙区及びヴァッレ・ダオスタ州の結果を含まず、上院選挙は在外選挙区並びにヴァッレ・ダオスタ州及びトレンティーノ＝アルト・アディジェ州の結果を含まない。FIはフォルツァ・イタリア、PDは民主党、PDLは自由の人民の略称である。2006年選挙において、中道左派連合内の最多得票候補者名簿（※）は、下院がオリーヴの木、上院が左翼民主主義者であった。2013年選挙において、中道勢力連合は、上院選挙において統一候補者名簿を提出した。

4 選挙規制

(1) 選挙運動規制

イタリアにおいて選挙運動を規律する国の主な法律を歴史的に見れば、1956年法律第212号「選挙宣伝規制法」、1993年法律第515号「下院及び上院選挙の選挙運動規制法」及び2000年法律第28号「選挙運動期間及び国民投票運動

期間中のマスメディアへの平等なアクセス並びに政治報道に関する法律」の3つが挙げられる。これらは規制の対象及び態様を発展させる形で制定され、すべての段階の選挙運動が統一的に規律されている。212号法は、国政選挙について、政党等による印刷物、壁新聞及び宣伝ポスターの掲示を規制対象としたもので、70年代に入り、固定式又は移動式の照明又は図像による宣伝、ビラの配布、音声による宣伝及び選挙集会に対する規制が加えられた。また、212号法は、投票日前30日間を選挙運動期間とするとともに、投票前日以後の選挙運動休止を定めた。1993年には、選挙運動におけるマスメディアの重要性の高まりと選挙費用の高騰を背景に、515号法に先駆け、地方団体の長の直接選挙を定めた1993年法律第81号が、212号法による規制を地方選挙に適用するとともに、当該選挙における①情報提供的なものを除く、新聞の折込み広告及びラジオ・テレビ・スポットによる選挙宣伝の禁止、②選挙宣材への注文責任者の表示の義務付け、③選挙運動期間等における行政機関による選挙宣伝の禁止と、候補者及び候補者名簿の選挙費用の公開を定めた。そして、515号法は、すべての段階の選挙について選挙運動期間中の政治宣伝を積極的に規律しようとするもので、具体的には、①マスメディアにおける選挙宣伝の枠への平等なアクセスの保障、②選挙情報番組の規制、③選挙広告（スローガン、イメージの提供にとどまる選挙宣伝）の禁止、④一定期間における世論調査結果の公表禁止、⑤候補者及び政党等の選挙費用に対する法定限度額の導入、⑥選挙運動資金・費用の公開、⑦選挙費用に対する国庫補助、⑧郵便料金等に関する優遇措置、⑨監査機構の新設等を定めるものであった。ただし、以下の28号法等の制定により多くの規定が廃止され、現在では主に選挙費用を規律するものとなっている。28号法は、公共放送局（RAI）と民間放送局（メディアセット）があわせて放送市場の約90％を占める二極体制を容認しつつ、マスメディアへの平等なアクセスの保障を選挙運動期間以外にも広げ、より実質的な平等の実現を企図するものであった。主な内容は、①選挙運動期間にとどまらない政治報道番組及び（政策又は政治的意見を示す）メッセージ放送への平等かつ無償のアクセスの保障、②選挙運動期間における情報番組等の要件（公平性等）の厳格化、③民間放送等を監督する独立行政機関（「オーソリティ」）の権限強化、④地方放送局における有償のメッセージ放送の規定である。ただし、④は、2003年に見直され、選挙運動期間における当該放送については、業種団体の提案に基づく自主規制を、オーソリティの承認を経て、通信大臣命令に

より公布することとし、同期間外であれば、原則として自由とした。以上の法律以外では、警察及び軍に所属する者に対して、一定の場合（制服着用の場合等）に、政党の集会への参加や、政党又は選挙の候補者等について賛否を示す宣伝活動を禁止するといった規制がある。

写真1　広場での集会

写真2　車輛による宣伝

(2)　政治資金規制

　政治資金に関しては、従来の政党国庫補助を廃止し、個人献金の促進を目的とした 2013 年緊急法律命令（国会の事後承認を必要とする、法律の効力を有する政府の命令）第 149 号により、①政党に対する年間 30 ユーロ〜3 万ユーロ（約 3,500 円〜約 350 万円）の寄付について 26％ の税額控除を認め、②個人所得の申告時に、個人所得税の 0.2％ 相当額を自身の選択した政党に割り当てることができる（**チェックオフ制度**）。当該制度は、1997 年にも導入されたが、十分に機能しなかったため、1999 年に一旦廃止された。（当時の制度は、割当先の政党を選択できなかった。）なお、政党国庫補助は 1974 年に導入されたが、1993 年の国民投票により政党の一般的活動に対する補助が廃止され、その後、選挙費用の償還という名目で、金額及び配分対象が拡大する傾向にあった。

コラム③　国会議員の懐具合

　憲法によれば、国会議員は法律が定める手当を受けると規定されている（69 条）。現在の**議員歳費**は、下院議員が 12 万 5,220 ユーロ（約 1,478 万円）、上院議員が 12 万 4,623.72 ユーロ（約 1,471 万円）となっている。

そのほか、国会議員は、国内の高速道路、鉄道、船舶、航空機を無料で利用することができる（一部上限あり）。また、**議員年金**に関しては、2012年以降、公務員と同様の拠出額方式に改められた。議員任期が5年以上で、かつ、年齢が65歳以上であることが受給要件である。（ただし、任期が5年を超える場合には、超過分の任期1年につき、60歳まで1年ずつ受給を早めることができる。）

II 特徴

1 選挙制度の特徴

　近年のイタリアでは、しばしば多数派プレミアム付比例代表制が採用されている。この制度は、プレミアムが発動されない場合、純粋に比例代表方式によりすべての議席配分が行われるが、一定の条件が満たされた場合に多数派プレミアムが発動して調整が行われる一種の混合型選挙制度と言える。

(1) 多数派プレミアム制の歴史

　多数派プレミアム付比例代表制は、少なくとも国レベルの選挙制度としては、イタリア独自の色彩が強い制度である。2005年より以前の立法例として、先述のとおり、1923年法律第2444号と1953年法律第148号が挙げられる。この2つの事例と2005年法を比較すると、まず、第一に、多数派プレミアムが発動するための条件に相違がある。つまり、1923年法が最大得票した候補者名簿が全国で有効投票の25％以上を獲得した場合と定め、2005年法が相対多数を獲得した候補者名簿連合等（現在は、有効投票の40％を獲得した候補者名簿）としているのに対し、1953年法は単独の候補者名簿又は候補者名簿連合の得票率が50％以上の場合と定めており、前二者におけるプレミアムが多数派を形成するためのものであるのに対して、後者のそれは多数派に安定議席を付与するためのものとなっている。第二に、プレミアム制により与えられる議席の規模が異なる。1923年法の場合は356議席（全議席の66.5％）、1953年法の場合は380議席（全議席の64.5％）と、過去の事例では約3分の2の議席

を付与しているのに対し、2005年法は全議席の約55%と定めていた。以上は国会レベルの選挙法であるが、地方議会レベルでも、後述する州議会の選挙制度や、2000年委任命令（法律の委任に基づく、法律の効力を有する政府の命令）第267号における人口15,000人以下のコムーネ議会の選挙制度のような事例が存在した。

(2) 多数派プレミアム制の問題点

それでは、2005年の制度の問題点を、実際の選挙結果（Ⅰ**3**(4)も参照）に即して見てみよう。まず、2006年及び2008年選挙において、下院に関しては、5割近く得票した二大連合の一方が、全国単位の多数派プレミアムにより過半数の議席を得た。これに対して、2013年選挙は、**得票率と議席率の乖離**が拡大し、投票意思の議席への正確な反映という面で負の影響が大きくなっている。上院に関しては、一部の州を除き、州を単位とした多数派プレミアム付与を定めていたため、最終的な多数派形成を必ずしも保障するものでなく、与野党の議席差が僅少になる可能性も高いことが、制定当初から批判されてきた。2013年選挙では、州単位の多数派プレミアムが投票意思の議席への正確な反映を犠牲にしながら、全国集計をした議席が政権の安定（安定した多数派及び下院と同一の多数派の形成）を保障するものでもないことがあらためて露呈された。そして、2013年のように4勢力による競合は、僅かな得票差でも、最多得票の勢力とその他の勢力に（従来の競合より）大きな議席差を生じさせる。そのため、いずれかの勢力がほぼすべての州、特に定数の多い州（多数派プレミアムによる議席差の大きい州）で勝利しない限り、上院で安定した多数派は得られない状況となっていた。対等な二院制のイタリアにおいて、両院における構成の相違は、政権の樹立及び運営にあたって深刻な問題である。

(3) 憲法裁判所の判断

このような多数派プレミアム制に対して、憲法裁判所は、2013年12月、違憲判決を下した（2014年判決第1号）。下院に関しては、①多数派プレミアム制の目的の正当性を認めながら、②プレミアムの配分に対して適切な法定得票の定めの欠如により、投票価値の平等に反するほど得票率と議席率の差が大きいため、③投票意思に反して人民主権原理に背くばかりでなく、国会議員を国民代表と定めた憲法規定にも反するとして、④立法者は、その裁量に基づき、**政権の安定性**等の憲法上重要な目的を追求するに当たり、**投票価値の平等、人民主権、国民代表**という憲法上の他の利益に対する制約を最小限にしなければ

ならないと判示した。上院の多数派プレミアム制に関しても、①法定得票の定めの欠如は適切でなく、投票価値の平等に悪影響を及ぼしていること、②各州の議席を単に合計する多数派プレミアム制は、全体として得票率と議席率の逆転、両院の多数派のねじれを招き、議院内閣制や立法府の機能、ひいては上述の憲法上の利益を損なうおそれがあると指摘した。

以上の政治状況と判決を踏まえ、2015 年、**得票要件**及び**決選投票の導入**等、下院選挙制度における多数派プレミアム制の見直しが行われた。（多数派プレミアム等の対象も、候補者名簿連合から候補者名簿とされた。）上院に関しては、憲法改正による直接選挙制自体の見直しが図られたが、2016 年に国民投票で否決された。

(4) 阻止条項

また、イタリアでは、多数派プレミアム制と同様に政権の安定を図る手段として、各階層の選挙ごとに、**阻止条項**（足切り）が設定されている。下院選挙では、2015 年改正により、従来の法定得票の下限を引き下げ、全国で有効投票の 3% 以上を得た候補者名簿に議席を配分することとした。なお、一部の特別州において、公認された少数言語話者を代表する候補者名簿に対する特例がある。上院選挙では、州ごとに、候補者名簿連合の場合には有効投票の 20% 以上を獲得し、その内部に同じく 3% 以上を獲得した候補者名簿が存在するとき、単独の候補者名簿の場合には同じく 8% 以上を獲得したとき、議席配分の対象となっている。欧州議会選挙における阻止条項は、4% である。州議会選挙に関しては、他の候補者名簿との連結の有無により差を設ける場合があるが、3% 〜5% とする州が多い。

(5) 評　価

以上の検討から、2015 年の見直しは、①阻止条項の引下げにより少数政党の議席獲得を可能にする一方、②単独の候補者名簿を主体とすることにより連立政権を避けて政権の安定を図り、③得票要件を設定することにより国民の意思と議席配分の乖離を一定程度緩和した上で、④国民による政権選択・政党選択・候補者選択（後述する優先投票による。Ⅲ**1**(3)参照）を志向したものと考えられよう。多数派プレミアム制とは、運用上の困難を伴うものの、代表性と統治能力（安定性）のよりよい均衡を図るための制度と言うことができる。このほか、小選挙区制と比較した場合、多数派プレミアム付比例代表制は、得票率と配分議席の乖離が抑制されるメリットもあり得る。

2　一票の較差

　憲法第56条によれば、下院議員の議席配分は、在外選挙区に配分される議席を除き、人口に比例して行うと規定されている。そのため、直近の2013年選挙に際しての国内選挙区の数値で比較すれば、最大選挙区と最小選挙区の議員1人当たり人口の較差は1.36倍と低い水準にとどまっていた。また、**上院議員**に関して、憲法は、在外選挙区に配分される議席を除き、州を基礎として選ばれると規定している（第57条）。そのため、選挙区の単位は州となり、同様に比較すると、較差は2.48倍と下院の場合より大きくなっている。さらに、在外選挙区も含めて比較する場合には、最大選挙区（両院選挙ともヨーロッパ在外選挙区）の数値が大きく上昇し、較差はそれぞれ4.94倍、13.97倍となっている。こうした一票の較差が要因の一つとなり、2006年選挙から実施されている在外選挙区の廃止を求める主張もある。なお、2015年改正による下院選挙制度は、各比例区の人口について、その平均の上下20％までの増減を認めている。

III　具体的制度

1　下院選挙

(1) 選挙区

　国内の選挙区は、小選挙区1区（ヴァッレ・ダオスタ州選挙区、定数1人）及び小選挙区比例代表混合制1区（トレンティーノ―アルト・アディジェ州選挙区、定数11人（うち8人が小選挙区選出））を除いて、最終的に100の比例区に分けられる（定数606人、1比例区当たり3～9人）。比例区の画定は、52号法に定める原則及び指針に従って、委任命令で行う。この原則等として、①定数配分は基数式によること、②人口規模、経済・社会的及び歴史・文化的な同質性、島嶼を除く選挙区の一体性を考慮すること、③人口規模の大きいコムーネを除き、原則としてコムーネを分割しないこと、④比例区は原則として

（数の面でほぼ等しい）県単位とすることが列挙されている。ただし、実際の委任命令（2015年第122号）を見れば、県の領域と合致する例は1割程度にとどまり、複数の県を合わせて一比例区にした例や、1つの県を分けて複数の比例区にした例も多い。

在外選挙区は、4区で定数12人である。その内訳は、ヨーロッパ（定数5）、南米（同4）、北中米（同2）、アフリカ・アジア・オセアニア・南極大陸（同1）となっている。各選挙区には、まず1人ずつ定数を配分し、残りの定数（8人）を各選挙区に居住するイタリア市民の数に比例して基数式により配分する。なお、在外選挙区での各候補者名簿の得票は、プレミアム配分に関与しない。

図3　イタリア各州の政治的傾向（2013年両院選挙の事例）

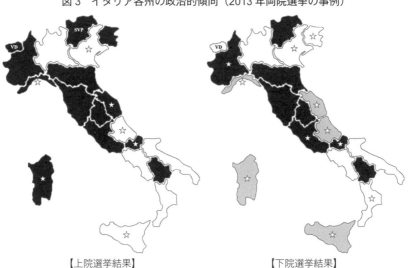

【上院選挙結果】　　　　　　　　【下院選挙結果】

（出典等）内務省サイトの数値に基づき筆者が作成。黒色の州は中道左派連合、白色の州は中道右派連合、灰色の州は5つ星運動が最大得票したことを示す。また、☆印は政党単位で見た場合に5つ星運動が最大得票した州を示す。ここで見られる地理的傾向は、前回（2008年）両院選挙の際、中道左派は中部を中心とした4～5州で、中道右派は北部を中心とした3～4州で勝利がほぼ確実とされていた状況と共通するものがある。なお、ヴァッレ・ダオスタ州（上下院）においてはヴァッレ・ダオスタ（連合）（VD）が最大得票し、トレンティーノ=アルト・アディジェ州（上院）においては南チロル人民党（SVP）を中心とした勢力が最大得票した。

(2) 候補者名簿

2005年改正以降、**拘束名簿**となっていたが、2014年憲法裁判決第1号は、同名簿について、①選挙区規模が大きいため名簿に登載される人数も多く、時に選挙人に候補者の認識が困難なこと、②全選挙区に重複立候補が可能で、当選人は政党の指示に従い選出選挙区を選べるため、選挙人にとっては候補者名簿の登載順から予想しがたい候補者が当選人となる可能性が高いことを問題とした上で、優先投票のような候補者を選択できる投票方法のない点を違憲とした。そこで、2015年改正による現行制度では、一部を除き**非拘束名簿**となっている。**重複立候補**に関しても、候補者名簿筆頭登載者（以下「筆頭候補者」という。）に限り、最大10比例区まで可能と制限した。

さらに、公職就任における男女平等を推進するため、**クオータ制**が設けられている。①名簿登載者は、男女交互に記載されなければならない。②各候補者名簿に関して、州内の同じ性別の筆頭候補者の割合は60％を超えることができず、各性別の全州の名簿登載者の合計は50％を超えてはならない。

図4　比例区の場合の投票及び議席配分の手順

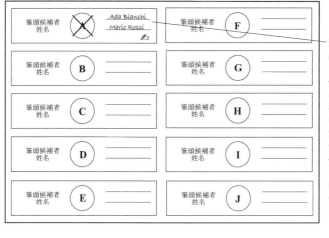

選挙人は、各候補者名簿のシンボルマークにチェックをし、優先投票をする場合は、候補者（筆頭候補者を除く。）の名前をマークの右側に記入する。2名記入する場合は、男女の候補者にしなければならない。
※候補者名簿のイメージは、後掲の写真を参照。

【事例1】 340議席に到達した候補者名簿があり、多数派プレミアムが発動しない場合

＜各候補者名簿の得票率＞

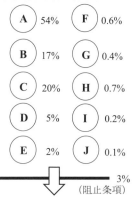

最多得票した候補者名簿
（≒第1党）が340議席に到達
⇒ 仮配分した議席が、そのまま
　 確定議席に

【事例2】 多数派プレミアムが発動する場合

＜各候補者名簿の得票率＞

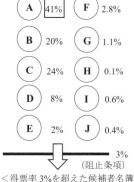

＜得票率3%を超えた候補者名簿のみで議席を仮配分＞

最多得票した候補者名簿（≒第1党）が340議席に届かなかったが、
得票率は40%に到達
⇒ 多数派プレミアムが発動し（340議席を最多得票した名簿に、残り278議席を他の名簿に配分）、以下の議席が確定議席に

※以上の手順を経て各候補者名簿に配分された議席に対応して、各名簿内部で、まず、筆頭候補者が当選し、続いて、優先投票の票数の多い順に、他の候補者が当選する。なお、図中の計算は、多数派プレミアム制について説明するためのものであり、一部単純化している。また、得票率が40%に到達する候補者名簿がない場合も、多数派プレミアムは発動せず、【事例1】と同様の議席配分が行われる。

(3) 投票方法

選挙人は、1票を候補者名簿（政党）に投票する。国内の比例区では、同時に、投票した候補者名簿の候補者に対して2名まで**優先投票**が可能である。優

先投票は、候補者の名前を記入して行う。ただし、2名を選ぶ場合には、男女の候補者に投票しなければならない。また、非拘束名簿の例外として、筆頭候補者は、優先投票の対象とならない。在外選挙区でも、各選挙区の定数に応じて、2名または1名の優先投票が認められる。

写真3　掲示された候補者名簿（2008年両院選挙）

(4) 議席の配分
① 各候補者名簿の全国での得票を計算し、最多得票の候補者名簿及び阻止条項を満たした候補者名簿を確定する。なお、ヴァッレ・ダオスタ州選挙区及びトレンティーノ―アルト・アディジェ州選挙区における投票は、阻止条項を満たした候補者名簿を確定する際と、プレミアム配分に当たり最多得票した候補者名簿の得票率を確定する際にのみ、全国得票に加えられる。続いて、ヘアー式最大剰余法（※）により、各候補者名簿の全国レベルの暫定的な議席数を算出する。

※有効投票総数÷定数（618人）の商の整数部分（当選基数）で各候補者名簿の得票を割り、商（整数）と余りを求める。まず、そこで求められた商を、各候補者名簿への配分議席とする。各候補者名簿の配分議席の合計が定数に満たない場合は、余りの大きい順に1議席ずつ定数に至るまで、各候補者名簿へ議席配分を行う。余りが等しい場合に

写真4　シンボルマーク下の候補者欄は、氏名、出生地及び生年月日を記載

　　　は、得票数の大きい順に議席配分を行い、それも等しい場合には、く
　　　じ引きで配分を行う。以下で、ヘアー式最大剰余法を用いる場合も、
　　　考え方は同様である。
②　得票が最多の候補者名簿の得票率が全国で40％以上であるか、また、
その暫定的な獲得議席が340議席以上であるかを確認する。暫定的な獲得議
席が340議席以上の場合には、①のとおり議席数を確定する。当該候補者名
簿の得票率が全国で40％以上であり、暫定的な獲得議席が340議席未満の
場合には、当該候補者名簿に340議席を配分する（多数派プレミアム）。他
の候補者名簿には、残りの278議席をその得票に比例して議席を配分する。
（なお、最多得票した候補者名簿の得票率が全国で40％未満の場合には、得票
上位2つの候補者名簿による決選投票を行い、得票の多い候補者名簿に340議
席を配分するという2015年に導入された規定があったが、2017年、憲法裁判
所により違憲と判断され、廃止された。）
③　候補者名簿の各州の得票に比例してヘアー式最大剰余法で議席を配分す
る。州に配分された議席を州内の比例区に配分するため、各比例区の得票に
比例してヘアー式最大剰余法で議席を配分する。各比例区で、まず筆頭候補

Ⅲ　具体的制度　115

者、続いて、優先投票の結果に従い、上位から配分議席分の候補者を当選人とする。

④ 小選挙区では、比較多数を得た候補者を当選人とする。トレンティーノ・アルト・アディジェ州選挙区の残りの議席（3議席）については、ドント式で議席配分を行う。ただし、議席配分において、各候補者名簿について、小選挙区で連結した候補者が当選した場合には、当該小選挙区における得票から次点候補者の得票に1を加えた数を控除する。

⑤ 在外選挙区ごとに、候補者名簿の得票に従い、ヘアー式最大剰余法で各名簿に議席配分を行う。名簿ごとに、優先投票の順に候補者を当選人とする。

コラム④　投票率と義務投票

憲法48条2項には、市民の投票義務の規定がある。ただし、下院選挙法を例にとれば、1993年に、「投票を行うことは義務」とする規定が「投票は権利」と改められ、同法の棄権に対する罰則も廃止された。それまでは、正当な理由なく投票しなかった者に対して、コムーネの告知板に名前を1か月間掲示するとともに、素行証明書に投票しなかった旨を5年間記載するとの罰則が設けられていた。続いて、2005年の同法改正により、「投票は市民の義務であり、権利」とさらに改められたが、棄権に対する罰則は廃止されたままであり、実質的な義務投票制とは言い難い。これに関連して、第2次世界大戦後における下院選挙の投票率は、長く90％前後を保持してきたが、近年は低下する傾向にある。なお、近年の投票率低下は、政治に対する不満の増大等も大きな影響を及ぼしている。

図 5　下院選挙における投票率の推移（1948 年～2013 年）

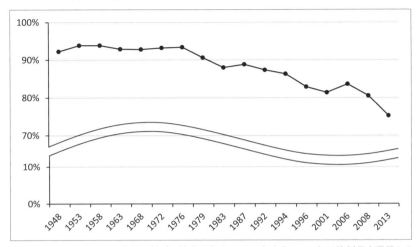

（出典等）内務省サイトの数値に基づき筆者が作成。1994 年から 2001 年は比例代表選挙のみの数値、2006 年以降は在外選挙区及びヴァッレ・ダオスタ選挙区を除いた数値である。なお、上院選挙も常に同時に行われており、その投票率に大きな差はない。

2　上院選挙

　2005 年に制定された上院選挙制度は、多数派プレミアム付拘束名簿式比例代表制であった。しかし、2014 年憲法裁判決第 1 号により、多数派プレミアム付与に関する規定が失効したため、法改正がなされない限り、**純粋な比例代表制**による選挙が行われることになる。加えて、拘束名簿式の見直しも求められた。このような状況に対して、国民投票で否決された 2016 年憲法改正法律は、上院を、現在の「**国民代表**」ではなく、「**地域代表**」に改めることで問題の解決を図ろうとしていた。同法の構想した上院は、次のようなものであった。①上院議員の定数を 315 から 95 に削減し、選挙制度を直接選挙制から州（自治県を含む）議会による**間接選挙制**に改める。②95 議席について、各州に最低 2 議席を配分し、その上で、基数式により、直近の国勢調査による各州の人口に比例して配分する。③州議会は、比例的な方法で上院議員を互選するとともに、各州内のコムーネの長の中から 1 名を選出する。その結果、95 議席の内訳は、州議会議員の互選による 74 議席と、各州内のコムーネの長の中から選出された 21 議席となる。④上院議員の任期は、当該議員の州議会議員またはコムーネの長の任期と一致する。それ故、上院は、上院議員の任期満了に

基づき、部分的かつ継続的に改選が行われる機関となる。

また、従来の上院選挙制度と下院選挙制度の相違点は、選挙区の単位を州とすること、その選挙区ごとに多数派プレミアムを適用することであったが、憲法裁判所も指摘したとおり、2013年選挙において図6のような得票率と議席率の乖離をもたらしていた。

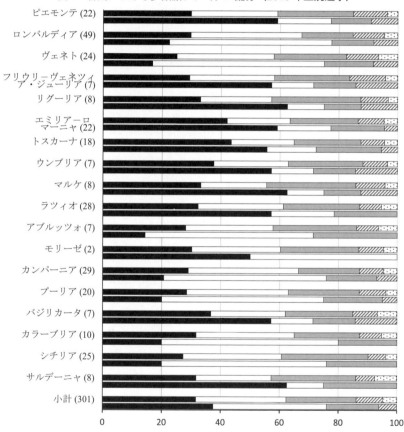

図6　各州における多数派プレミアム配分（2013年上院選挙）

■中道左派連合　□中道右派連合　■五つ星運動　▨中道勢力連合　□その他

（出典等）内務省サイトの数値に基づき筆者が作成。各州のグラフのうち、上段が得票率、下段が議席獲得率である。また、州名の横の数値は、各州の議員定数である。なお、在外選挙区並びにヴァッレ・ダオスタ選挙区及びトレンティーノ＝アルト・アディジェ選挙区の結果については省略した。

3　州議会選挙

　憲法は、1999年改正を経て、州知事及び州議会議員の選挙制度、被選欠格及び兼職禁止については、国法で定める基本原則の範囲内において州法で規律すると定めている（122条1項）。それまでの州議会選挙制度（1995年法律第43号等）は、州議会議員の80%を州内の県を単位とする選挙区（県選挙区）で選出し、残りの20%を州に対応した単一の選挙区（州選挙区）で選出することとしていた。そして、州政府の安定を図るため、現行下院選挙制度に先立ち、**多数派プレミアム制**が設けられていた。

　1995年法による具体的な手順は、次のとおりである。なお、一部、説明は単純化している。①有権者は、州知事候補者＝同人と連結した州選挙区候補者名簿（図4のⒶ〜Ⓓのいずれか）と、県選挙区ごとに提出された候補者名簿（図4のⒺ〜Ⓝのいずれか）に投票する。②最多得票した州知事候補者が当選するとともに、州議会の全議席の80%が、県選挙区において比例代表方式により各候補者名簿に配分される。③第一段階の多数派プレミアムとして、残り20%の議席を州選挙区において配分する際、当選した州知事候補者と連結した単独又は複数の県選挙区候補者名簿（仮にⒶが最多得票したとすれば、Ⓔ〜Ⓖ）が州議会の全議席の50%を獲得できなかった場合、州選挙区の全議席を名簿Ⓐに配分する。他方、名簿Ⓔ〜Ⓖが州議会の全議席の50%以上を獲得した場合、州選挙区の議席は、半数を名簿Ⓐに、半数を名簿Ⓑ〜Ⓓに配分する。③さらに、第二段階の多数派プレミアムとして、名簿Ⓐの得票数が有効投票の40%未満であった場合、名簿Ⓐ及び名簿Ⓔ〜Ⓖに配分された議席の合計が州議会の全議席の55%以上であるか否かを確認し、55%に満たない場合には、州選挙区及び県選挙区で配分された議席はそのままに、名簿Ⓐに対して追加議席を与え（議員定数はその分増加）、州議会で55%以上の議席を獲得させる。名簿Ⓐの得票数が有効投票の40%以上の場合、同様に獲得議席が州議会の全議席の60%以上であるか確認し、満たない場合には60%まで追加議席を与える。この制度は、複雑ではあるが、比例代表方式を原則とすることで少数派の代表を確保しながら、議席配分を介して政府の統治能力の向上及び政党システムの二極化に資するとの評価が見られた。

　これに対し、憲法122条1項の実施規定たる2004年法律第165号は、州選挙制度の基本原則として、①選挙制度が州議会における安定した多数派形成に

図7 州知事・州議会選挙投票用紙

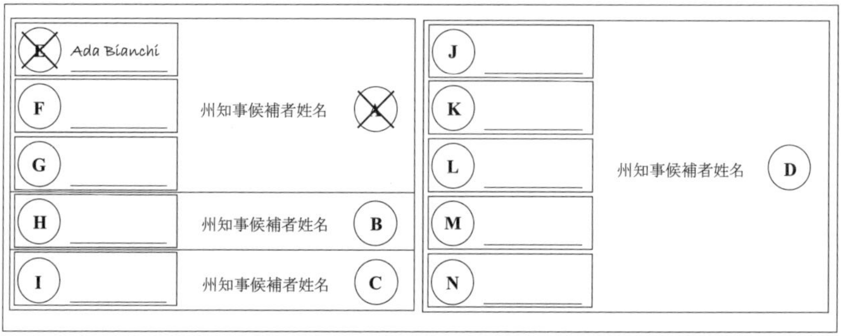

※ 上記は、州選挙区で名簿Aに、県選挙区で名簿Eに投票し、かつ、優先投票も行った場合である。

資し、かつ、少数派の代表を保障するものであること、②州知事が普通直接選挙で選出される場合、州理事会及び州議会の選挙が当該選挙と同時に行われること、③命令委任の禁止を挙げた。さらに、憲法117条7項等に基づき、選挙による公職への男女の均等なアクセスの推進が州選挙法には求められると考えられる。

　このように、従来の制度の理念を引き継ぎつつ、各州に大きな裁量を認めた2004年法を受けて、新たに州法によって選挙制度を定める州が増加した。ただし、従来の制度に対して、体系的な見直しを行う州から、軽微な修正にとどめる州まで様々である。前者の例では、トスカーナ州の制度において、州知事候補者の得票率が40％以下であれば**決選投票**とし、当該得票率が40％超から45％以下であれば知事与党に57.5％の議席を与え、同様に、45％超の場合には60％の議席を与えると定めている。あわせて、少数派の代表を保障するために、多数派が65％を超える議席を獲得した場合、多数派から議席を少数派に移し、後者が35％の議席を獲得できるようにする「**少数派プレミアム**」を設けている。多数派プレミアム制はほぼすべての州で採用され、与党に55％〜60％の議席を保障している。他方、少数派プレミアムを設ける場合には、35％の議席を野党に保障することが多いが、30％とする州もある。また、少数派の保護に関しては、野党に加えて、性別や地域の観点からの保護も図られている。性別については、例えば、カンパーニア州の制度が、①男女いずれの候補者も候補者名簿の3分の2を上限とし、違反した場合には、当該候補者名簿を受理しないこと、②政治主体は、政治報道番組等において男女の候補者の平等な出演

を保障しなければならないこと、③優先投票で2名を選ぶ場合には、男女の候補者に投票しなければならないことを定めている。なお、候補者名簿におけるクオータ制に関しては、両性の候補者が1名は含まれることを要件とする州もあるが、3分の1を保障する州が多い。地域の観点については、各県からの代表を保障するための規定を設けている州がある。このほか、1995年法は、2票制で、州知事候補者と州議会議員候補者名簿（県選挙区）に対して、別の党派（連結していないもの同士）への投票が可能であったが、それを禁じている州や、政党の候補者の**予備選挙**について法律で規律した州もある。なお、上述のトスカーナ州及びカンパーニア州の事例は、多数派プレミアム配分のあり方や性別に基づく優先投票に関して、現行下院選挙制度の先駆けとなるものであった。

コラム⑤　地方団体議会選挙等における潮流

　州より下位の地方レベルでは、県・大都市・コムーネの選挙制度について国法による規律が行われている。2014年には、大都市（2015年1月に設置された憲法上の地方団体）及び県の新選挙制度が導入された。大都市の長は中心となるコムーネの長が兼任し、大都市議会の議員は大都市を構成するコムーネの長・議員が非拘束名簿式比例代表制により互選する（いずれの職も無報酬）。憲法裁判所も、この間接選挙制を合憲と判断した（2015年判決第50号）。また、県知事・県議会議員は、従来公選制であったが、近年の経済・財政危機によるコスト削減の要請等を踏まえ、同様に**間接選挙制**が導入されている。上院選挙に関する議論とあわせ、間接選挙制への一定の潮流がうかがわれるところである。

Ⅳ　最近の動向

　2017年1月、憲法裁判所は、2015年に下院選挙制度に導入された点のうち、決選投票等を違憲と判断した（2017年判決第35号）。その判断は、次のように根拠付けられている。①相対多数を獲得した候補者名簿が行き過ぎた過剰代表とならない限り、多数派プレミアム制は認められる。（この点で、40％の得票

要件は妥当と考えられている。）②第 1 位及び第 2 位の候補者名簿による決選投票も、それ自体として認められない訳ではない。③しかし、第 1 回投票で僅かな得票であった候補者名簿でも決選投票に進むことができ、第 1 回投票の得票に比して議席が倍増することになっても多数派プレミアムを獲得できると認めることは、代表原理を歪めるものである。こうした規定は、改正前の立法に対して 2014 年判決第 1 号において憲法裁判所が指摘した効果と同様の歪曲効果をあらためて決選投票にもたらす。④それ故、得票の限られた候補者名簿が稀であれ人工的に絶対多数を得ることは認められない。なぜなら、（政権の安定性に資するにとどまらず）当該安定性を保障するための、代表制議会において統治を行う政治的多数派をつくり出すという目的の追求が、下院議席の最終配分に際して、投票価値の結果における著しい不平等という犠牲を払って行われており、憲法 48 条 2 項（平等選挙原理）を侵害しているからである。

　他方、各政党の支持率は、民主党と 5 つ星運動がそれぞれ 30％ 程度、中道右派連合を従来構成してきた諸政党（FI、北部同盟、イタリアの同胞）も各 15％〜5％ 程度にとどまる。そのため、いずれも 40％ という多数派プレミアム獲得の得票要件を満たすことは難しい状況になっている。その結果、暫定的ではあるが、両院の選挙制度は、実質的に単純な比例代表制ともいえる状況にある。これは、2 件の憲法裁判決と国民投票の結果によるものであるが、当初、多数派プレミアム制による多数決方式を構想し、次に、決選投票付多数派プレミアム制と地域代表（間接選挙制）を構想した立法者の意思とは異なっており、小選挙区制の再導入も含めた選挙制度改正が議論されている。

【追記】校了後の 2017 年 11 月、両院選挙制度を小選挙区比例代表混合制に改める法律が制定された。この法律の検討については他日を期したい。

【参考文献】
①池谷知明「イタリアの選挙制度⑴〜⑾」『選挙』68 巻 1 号〜68 巻 11 号（2015.1〜2015.11）
②岡崎晴輝「市民自治と代表制の構想」『政治研究』56 号（2009.3）
③高橋利安「イタリアの新選挙法―解説及び翻訳⑴〜⑶」『レファレンス』46 巻 8 号〜46 巻 10 号（1996.8〜1996.10）
④拙稿「イタリアにおける選挙制度改革」『外国の立法』230 号（2006.11）

カナダ

はじめに

カナダは 10 の州と 3 つの準州で構成されている（図1）。カナダは連邦制を採用しており、連邦、10 の州そして 3 つの準州によってそれぞれ選挙制度が異なるが、本稿では連邦議会選挙について取り上げる。カナダにおける選挙の実施は、独立機関であり、また、連邦議会に直属する機関である、連邦選挙庁（The Office of the Chief Electoral Officer、通称 Elections Canada）によってなされ、連邦選挙庁の指揮は、下院の決議により任命される連邦選挙庁長官（The Chief Electoral Officer）がとる。なお、本文中の条文の和訳は、松井茂記「カナダ」初宿正典＝辻村みよ子編『新解説世界憲法集（第4版）』（三省堂、2017年）97頁以下に従う。また、本稿で用いる図表等は、特段明記しない限り、連邦選挙庁のホームページから引用している。

図1　カナダの州と準州

（出典）外務省サイト（http://www.mofa.go.jp/mofaj/press/pr/wakaru/topics/vol38/）の図を一部修正して作成。

I 概要

1 統治システム

　連邦議会は女王、上院 (Senate)、下院/庶民院 (House of Commons) の三者によって構成されている (1867 年憲法 17 条)。カナダの国家政体は**立憲君主制**であり、現在のカナダの国王（女王）はイギリスのエリザベス 2 世である。もっとも、実際のカナダの統治における権限は女王からカナダ人の**総督** (governor general) に委任されており、総督は、首相の助言に基づき女王に任命される。また、総督を補助する機関として、「カナダのための女王の枢密院 (Queen's Privy Council for Canada)」（同 11 条）が設置されている。なお、カナダは議院内閣制を採用しており、内閣が下院に対して連帯して責任を負う**責任政府の原理**を採用している。

　選挙権の憲法上の根拠規定は、カナダ人権憲章 3 条により、次のとおりとなっている。

3 条「すべてのカナダ市民は、庶民院及び州の立法議会の構成員の選挙において投票する権利及びその構成員となる資格を有する権利を有する。」

コラム① カナダの憲法

　カナダ憲法は、日本国憲法のような単一の法典ではない。カナダにおける主要な憲法法源は、1867 年憲法法（律）及び 1982 年憲法法（律）であり、それらはイギリス議会が制定した憲法「法」ではあるが、名称の部分を除くと実質的に憲法と変わりなく、一般的に 1867 年憲法や 1982 年憲法と訳される。なお、カナダ憲法を構成するものは、①1867 年憲法（法）、②1982 年カナダ法、③1982 年憲法（法）、④1867 年から 1982 年までに制定された 30 の諸法律、諸規則、命令（そのうちの 1 つが 1867 年憲法）、⑤52 条に含まれる憲法を改正する諸法律や諸命令、の 5 つである。

2 選挙制度の概要

(1) 下　院

　下院の選挙は公選制であり、すべての選挙区で人口比による小選挙区制度が採用されている。この制度の下では、1つの選挙区から、最も多くの票数を得た候補者1人のみが当選する。議員定数は10年に一度行われる国勢調査により決せられることが憲法上の要請である（1867年憲法51条1項）。また、同37条により各州及び準州の定数は決められており、加えて、同52条では議員定数の変更について定められている。

　第37条「庶民院は、本法律の規定に従い、308名の構成員によって構成される。そのうち、オンタリオから106名が、ケベックから75名が、ノバ・スコーシアから11名が、ニュー・ブランズウィックから10名が、マニトバから14名が、ブリティッシュ・コロンビアから36名が、プリンス・エドワード島から4名が、アルバータから28名が、サスカチュワンから14名が、ニュー・ファンドランドから7名が、ユーコン準州から1名、北西準州及びヌナブト準州からそれぞれ1名が選出される。」

　第51条1項　「庶民院の構成員の定数及びその州の代表は、本項が効力を発した場合及びそれ以降10年ごとに行われる国勢調査が完了するごとに、以下のルールに従って、連邦議会が随時定める機関、方法ないし時期において再調整されなければならない。

　　ルール
1　各州には、その州の人口を選挙区基礎数で割り、小数点以下を切り上げした数に等しい人数の構成員が配分される。
2　第1のルール及び51A条の適用によって州に配分された構成員の数が、1985年憲法法律（代表）が発効した日においてその州に配分されていた構成員の数より少ない場合は、配分される構成員の数に、その日に配分されていた構成員の数と等しくなるだけの数の構成員を付加する。
3　第1のルール及び第2のルール及び第51A条の適用の後、第4のルールに定められた状況を満たす各州に関しては、再調整の結果、その州に配分された構成員の数をすべての州に配分された構成員の数で割った数が、

その州の人口を全州の合計人口によって割られた数を下回らない限度で可能な限り近接するように必要に応じて構成員の数を付加する。
4 第3のルールは、先の再調整の結果、その州に配分された構成員の数をすべての州に配分された構成員の数で割った数が、その州の人口を全州の合計人口によって割られた数以上である州に適用される。ただし、それぞれの州の人口は、再調整のために準備された推測に従って再調整に先立つ10年ごとの国勢調査の年の7月1日現在のものをいう。
5 別段の事情がない限り、本ルールの適用において、州の人口は、直近の10年ごとの国勢調査の年の7月1日の推測される人口とする。
6 〔以下、省略〕」

第52条「庶民院議院の議員の数は、随時、カナダ連邦議会によって増加することができる。ただし、この法律に定める州の比例的代表は損なわれてはならない。」

このような憲法上の要請に基づいて議員定数は変動しており、直近の2015年の総選挙では、定数が308名から338名へと変更された。
　下院議員の任期は5年を超えてはならないと規定されているが（1867年憲法50条、カナダ人権憲章4条1項）、カナダ選挙法は56.1条2項にて、総督による議会の解散がない限り、4年ごとに選挙が実施される旨を定めていることから、実質、カナダの選挙は4年に一度行われている。また、同項では、下院が解散されない限り、10月の第3月曜日に選挙が行われる旨を規定している（なお、前回総選挙は、2015年10月19日の月曜日に実施された）。選挙権及び被選挙権の年齢は共に18歳以上であり、議員に定年はない。

(2) 上　院

　上院議員は任命制であり、首相の助言に基づき総督により任命される（1867年憲法24条）。現在の定数は105名だが、同28条により上限は113名までとされている。下院と異なり、上院議員は人口比ではなく4つの領域（オンタリオ、ケベック、沿海諸州、西部諸州）に配分されており、オンタリオ州及びケベック州はそれぞれ24名、沿海諸州は、ノバスコーシア州が10名、ニューブランズウィック州が10名、プリンス・エドワード・アイランド州が4名、西部諸州は、マニトバ州、ブリティッシュ・コロンビア州、サスカチュワン州及

I　概要　127

びアルバータ州がそれぞれ6名を、上院議員の代表を持つ権利を有する（同22条）。これに加え、ニューファンドランド・ラブラドール州は6名、3つの準州がそれぞれ1名ずつ上院議員の代表を持つ権利がある（同22条）。

議員となる資格は同23条に明記されており、30歳以上のカナダ市民で、任命される州に居住することや一定の資産（4000ドル以上）を有することなどが掲げられている。定年は75歳（同29条2項）であり、定年まで身分保障がなされる。

写真1　連邦議会内

3　選挙制度の歴史／選挙権及び被選挙権

カナダの選挙制度のはじまりは、1867年憲法まで遡る。当時は選挙日や選挙期間が場所により異なっていたり、選挙方法が一部の州を除き記入ではなく口頭でなされていたりするなどしていたが、1874年の議会制定法により全国で統一された選挙制度が構築され、その後、複数回の改正を経て現在に至っている。例えば、選挙の曜日が月曜日に行われることは1929年の選挙法改正により定められ、2007年以降は、上述のとおり、10月の第3月曜日に選挙が行われることが明記された。また、選挙期間については、1997年の改正により現行の36日へと短縮された。なお、下限が36日であるのに対し、上限については規定がない。

選挙資格について、連邦レベルでは、女性は1918年まで、先住民（インディアン）は1960年まで投票できなかったり、日系カナダ人など一部の市民は一部の州で投票権を剥奪されたりしていた。手続き等を含め、これらの問題は制定法で解決してきており、権利としての投票権が憲法上明記されたのは1982年のことであった。そして、現在では人権憲章3条により、連邦の下院及び州議会の選挙権がカナダ国民へ保障されている。もっとも、3条の射程がレファレンダムについてまでは及ばないとする1993年の最高裁判決をはじめ、後述する居住要件についても下級審ではあるが合憲判断が下されている。

受刑者の選挙権が争われた事件で最高裁は、当時のカナダ選挙法が受刑者の選挙権を否定していたことに対し、1993年の判決で二度にわたり違憲判断を下した（二度目は、改正後、2年以上の禁固刑に処せられた受刑者の選挙権剥奪が争われた）。その他には、裁判官や精神病により財産等を管理されている者などの選挙権が制限されていたものの、最高裁はそれらの規制についても違憲判断を下した。

被選挙権については、連邦及び州の管轄により様々であるが、例えば、選挙の不正に関わる罪で有罪判決を受けた者の被選挙権を剥奪する州法につき、最高裁は選挙プロセスの清廉を理由に合憲判断を下した。

4 選挙規制

(1) 候補者以外の第三者による支出

2004年の最高裁判決では、第三者の支出制限の違憲性が争われた。カナダ選挙法350条などは一つの選挙区あたり3,000ドル、全国で15万ドルの選挙費用の支出制限を定めていた。これに対し、後に首相となるステファン・ハーパーが、当該規定が、表現の自由や結社の自由、投票権の侵害であると主張した。最高裁判所は、政治的な表現の自由は憲法上の保護が特に及ぶとしながらも、裕福な第三者による支出によって選挙の公平性が失われるため、第三者の広告に対する憲法上の保護は低くなるとし、当該規定は合憲であると判示した。

このような資金力に対する選挙規制は政党にも及んでいる。現在、企業、個人、その他団体による寄付の上限は年間1500ドルまでとされている。

(2) 少数政党

立候補に際して最低50名の候補者を擁立していないと政党としての資格を

認めないとしていた当時のカナダ選挙法 24 条 2 項などが違憲と判断された 2003 年の最高裁判決において、最高裁は、政府が述べた選挙過程の改善、選挙資金の仕組みの公正さ、連邦議会に多くの支持を得た政党を確保するという当該条項の諸目的に対して、50 名とする手段との間に関連性がないなどとする理由でそれぞれ正当化できないとした。

II 特徴

1 選挙制度の特徴

(1) 上院下限ルール

カナダの選挙制度の特徴として次の二点が挙げられよう。一つは、上記のとおり、選挙が行われるのは下院議員選挙のみであり、上院議員については総督が任命する点である。もう一つは、州は州が占める上院議員と同数以上の議席を下院において有することができるとする憲法上の要請である（1867 年憲法 51 条 A）。

第 51A 条「この法律における別段の規定にかかわらず、州は常に、庶民院において、その州を代表する上院議員の数よりも少なくない数の庶民院議員の代表を持つ権利がある。」

同条は「**上院下限ルール**」を定めている規定と呼ばれており、この規定により、連邦レベルにおいて、議員定数不均衡の問題、すなわち、一票の較差の問題は原則憲法問題とはならない（ただし、強い批判は見られる。）。

(2) 首相となる資格

首相は、下院で多数を占めた党の党首が、総督の任命により首相となる。もっとも、下院で過半数をとる政党がない場合は、総督が各政党の代表と協議し、下院で支持を得られそうな人を首相に任命することが習律となっている。なお、通常は下院議員が任命されるが、上院議員の首相任命が妨げられている

わけではない。

首相に任命された際に、その者が下院に議席がなくとも首相にはなれるが、その場合、習律上の要請として直ちに下院議員を辞職させ、補欠選挙で議席を獲得する必要がある。この点は国務大臣も同様である。

(3) 一票の較差

上述のように、議員定数については憲法上の要請により——国勢調査による区割りの見直しが10年に一度なされるものの——不均衡が生じざるを得ないため、議員定数不均衡を正面から憲法違反として争うことは困難である。加えて、最高裁は、州の選挙における1991年のレファレンス（勧告的意見）において、投票において重要なことは、単に均等な投票ではなく影響力のある投票であると述べた。すなわち、その地域の歴史やコミュニティの利益等を効果的に代表することが憲法上の要請であり、一人一票の原則は求められていないとしたのである。

コラム② 州議会

カナダのすべての州は一院制を採用し、選挙制度も連邦議会同様、小選挙区制度を採用している（だたし、2つの準州を除く）。州知事に該当するものは州首相（premier）と呼ばれている。議員となる資格は、例えばブリティッシュ・コロンビア州（BC州）を例に挙げると、18歳以上のカナダ国民であり、BC州に最低6か月以上居住していることとされている。州議会で多数を占める政党の党首が、総督に該当する副総督（Lieutenant Governor）の任命により州首相となる。

なお、公職兼任に関して、カナダでは連邦議会議員が州首相を兼ねることはできない。その他、州議会議員をはじめ、裁判官や検察官等を兼ねることも禁止されている。

2 先住民の選挙

カナダにおいて先住民の位置づけはその歴史的経緯からも極めて重要である。1867年憲法91条24号は、先住民の保護のため連邦議会に立法権限を付与しており、連邦議会は1876年に**インディアン法**を制定した。同法は部族の登録や保留地に関する規定を設けており、実質的な自治権を先住民に与えてい

る。先住民の政府は、首長（chief）及び評議員（councilors）によって構成されている。首長そして評議員の選挙については、①インディアン法及びインディアンバンド選挙規則に従って選挙する、②コミュニティ独自の規定に従い選挙する、③慣習を主として、グループ（band）独自の法令に従って選出する、④2015年4月より施行された、ファーストネイションズ選挙法及び同規則に従う、の4つの中から選択できる。

カナダ全土の先住民の4割弱にあたる約235の部族は①のインディアン法に従って選出している。なお、この方式に従う場合は、連邦政府内の先住民及び北方問題担当大臣の承認が必要である。そして、5割強の部族が②を、わずか5％ほどの部族が③の方式に従っている。④のファーストネイションズ選挙法は施行されたばかりであるため数値は明らかではないが、同法はインディアン法を改良したものであるため、今後同法に従って選挙を行う部族が増えてくるものと思われる。そこで、以下、同法とインディアン法との違いを簡単にみてみる。

表1　インディアン法とファーストネイションズ選挙法の主な違い

	インディアン法	ファーストネイションズ選挙法
任期	2年	4年
複数のバンドにおける投票日	規定なし	6つ以上のファーストネーションで共通の投票日を決定できる
選挙管理人	選挙管理人は、先住民担当大臣（連邦政府）の承認により、先住民評議会によって任命される。	選挙管理人は、先住民担当大臣により承認された訓練プログラムを修了しなければならない。選挙管理人は、先住民評議会により任命されるが、大臣の承認は必要ない。大臣は、評議会の定足数が足りない場合にのみ、選挙管理人を任命できる。
選挙期間	最低79日間	最低65日間
首長及び評議員となるための被選挙権	評議員の候補となる場合にのみ、先住民でなければならず、候補に選出される際に18歳以上でなければならない。	首長及び評議員となる場合には、必ず先住民でなければならず、候補に選出される際に18歳以上でなければならない。
期日前投票	規定なし	選挙管理人が、保留地内外において、投票日の5日から10日前の期間内に期日前投票日を設けることができる。

III 具体的制度

1 選挙方法

投票方法は、投票用紙に記載されている候補者の名前等の右横にある空欄に×印や✓等を記入するのみである。

図2 投票用紙

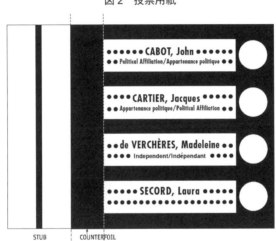

以下、通常の投票方法以外の選挙方法をみていく。
(1) **在外投票**
カナダ国外に住む18歳以上のカナダ国民は、在外投票者として申請することで、一定期間居住していた選挙区において、連邦議会選挙やレファレンダムなどにおいて、郵送による特別投票を行うことができる。もっとも、一部の例外を除き、国外に居住するようになってから5年を超えた場合にはこの限りではなく、この5年要件については人権憲章3条が規定する選挙権違反であると訴訟が提起された。第1審は当該5年要件は3条違反であるとしたのに対し、第2審は、選挙権と社会とのつながりを理由に当該要件は合憲であるとした。

2017年6月現在最高裁にて係争中である。

(2) 期日前投票

期日前投票は、投票日から7日〜10日前に実施される。カナダ選挙法は月曜日を投票日としているため、10日前の金曜日から7日前の月曜日までの4日間が期日前投票日となっている（時間は、午後12時から午後8時まで）。前回総選挙では、有権者全体の約20％が期日前投票を行い、期日前投票は今後も上昇するとみられている。

(3) 郵送での投票

選挙期間中、投票所で投票できない、または、それを望まない有権者は、郵送による投票も可能である。このような特別な投票規則は、カナダ選挙法11編にて定められている。この規則が適用される対象には、投票所での投票や期日前投票をできない者以外にもそれを望まない者も含まれているため、基本的に誰もが郵送による投票が可能となっている。

郵送による投票を希望する有権者は、選挙日より前の火曜日の午後6時までに登録していなければならず、自身の選挙区内から投票する者は、選挙当日の投票所が閉まる前までに選挙管理官が受け取るように、また、選挙区外から投票する者は、選挙当日の午後6時（東部時刻）までにオタワの連邦選挙庁へ郵送しておかなければならない。ひとたび郵送による投票が認められれば、その者は通常の投票または期日前投票を行うことはできない（軍属の者は除く）。

2 供託金

連邦議会選挙における供託金は1000ドルであり、選挙後1か月以内に返還に際しての手続きを行えば得票率に関係なく返還される。加えて、選挙にかかった費用についても税の控除や費用の償還を求めることができる。選挙費用の償還について、自身の選挙区において当選または有効な得票率が10％を超えた者は、自身の選挙費用の上限の15％が支払われる。もっとも、その金額は、実際にかかった選挙費用の60％までと定められていることから、その金額を上回った場合は差額を連邦選挙管理局へ返還しなければならない。

例えば、自身の選挙費用の上限が100000ドルであり、償還の要件を満たした場合、まず支払われる額は15％である15000ドルである。他方、実際にかかった経費が7100ドルであった場合、その60％にあたる4260ドルが償還される額の上限である。したがって、15000ドルから4260ドルを引いた10740

ドルを返還しなければならない。

3 選挙区割り

2017年4月現在の選挙区割りは以下の図の通りである。

図3 州および準州の議席数

(括弧内の数字は、前回選挙時の定数からの増加分を示している。)

州	議席数
ブリティッシュ・コロンビア	42議席（＋6議席）
アルバータ	34議席（＋6議席）
オンタリオ	121議席（＋15議席）
ケベック	78議席（＋3議席）
マニトバ	14議席
ニューブランズウィック	10議席
ニューファンドランド・ラブラドール	7議席
ノバスコシア	11議席
プリンス・エドワード・アイランド	4議席
サスカチュワン	14議席
ヌナブト、ノースウェスト、ユーコン	1議席ずつ

4 投票率

投票率は下記のとおり、近年では60％前後で推移している。2015年の前回選挙は後述のとおり注目度が高かったため、1997年選挙以降最も高い投票率を記録している。また、1993年以降、**保守党**と**自由党**の二つの政党が政権交代を繰り返しており、2006年以降、約10年続いた保守党政権から2015年選挙により自由党へと政権が戻った。

図4 連邦選挙における投票率の推移

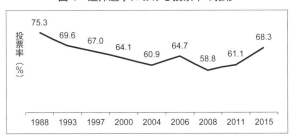

Ⅳ　最近の動向

1　上院の位置づけ

　憲法上、財政法案について下院に先議権があること（1867年憲法53条）と憲法改正について上院の決議がなくとも下院の決議によって改正できること（1982年憲法47条1項）の2つを除き、基本的には上院の権限は下院と同等である。したがって、上院が、下院で可決した法案を修正したり否決したりすることも当然法的に可能である（上院が修正した近時のものとして、尊厳死・安楽死法案が挙げられる）。もっとも、下院の法案を上院が可決することがほとんどであるため、上院の存在意義については特に廃止の観点から長らく議論がなされてきた。

　このことが最高裁で議論された2014年のレファレンスでは、上院について以下の点に関して、政府から最高裁へ勧告的意見も求められた。それらは、①連邦議会の権限で、上院議員に任期を設けることができるか、②連邦議会の権限で、州や準州での選挙で選出された者を上院議員に指名する間接的な指名枠組み（consultative election）を設けることができるか、③連邦議会の権限で、選出される州に一定の財産（4000ドル以上）を有することを規定する憲法上の規定を廃止することができるか、④上院を廃止する憲法改正には、1982年憲法38条が定める通常の憲法改正（上院及び下院及び7州の議会の同意、そして、これらの州の人口が全人口の50％以上を占めていること）で可能なのか、それとも1982年憲法41条が定める全員一致による憲法改正（上院及び下院及び全州の議会の同意）で可能なのか、であった。

　最高裁は、上院の憲法上の位置づけや憲法改正条項の性質などに鑑みて、①及び②については、1982年憲法38条による憲法改正が必要であるため連邦議会のみで行うことはできないとし、④については、1982年憲法41条が定める全員一致による憲法改正が必要であり、1982年憲法38条が定める通常の憲法改正による上院廃止は認められないと述べた。一方、③については、上院に関する憲法上の修正を連邦議会の権限で可能とする1982年憲法44条を根拠に、一部例外はあるものの、当該財産条項を連邦議会のみで廃止できるとした。

2 トルドー政権

前回選挙では、約 10 年ぶりに保守党から自由党へ政権交代が起こった。自由党党首であり現在の首相であるジャスティン・トルドーは、カナダで絶大なる人気を誇ったピエール・トルドー元首相の息子であることに加え、43 歳の若さで首相に就任したことやユニークな経歴を有することなどから多くの人気を集め、総選挙では自由党が過半数を超える議席を獲得し圧勝した。政策面でもリベラルなものが目立ち、大臣を男女同数としたり、先住民や移民のバックグラウンドを有する者を登用したりするなど多文化主義を前面に出している。その理由を問われた際の、「2015 年だから（Because it's 2015）」は世界中の注目を集めた。

トルドー政権及び自由党は、選挙改革を前回選挙の公約として掲げ、優先順位付き投票制度を推進してきた。優先順位付き投票制度とは、有権者が候補者にランク付けを行い、1 位の票を過半数以上獲得した候補者が当選し、もしも過半数を獲得した候補者がいなければ、最下位の候補者を除外した上で、最下位候補者を支持した有権者の 2 番目の票を振り分け、過半数を獲得する候補者が現れるまで同様に繰り返す投票制度である。もっとも比例代表制を主張する野党の抵抗もあり、トルドー首相は 2017 年 2 月、選挙制度改革の断念を発表した。

表 2　2015 年選挙による各党の議席の変動

政党名	議会解散時の議席 （2015 年 8 月 2 日）	第 42 回総選挙後の議席 （2015 年 10 月 19 日）
自由党	36	184
保守党	159	99
新民主党	95	44
ケベック連合	2	10
その他	12	1
空席	4	0
総計	308	338

コラム③　ケベック州におけるレファレンダム

　1995年、ケベック州にて、同州のカナダからの離脱の是非を問うレファレンダムが行われ、離脱反対派が50.6%、離脱賛成派が49.4%と、わずか1.2%の僅差で反対派が賛成派を上回るという結果に終わった。投票率は約95%と極めて高く、フランス系が賛成派に、英語系やマイノリティが反対派にまわるなど、州を二分する結果となった。この結果を受けて連邦政府は最高裁へレファレンスを求めた。最高裁は、1998年、ケベックが一方的に分離独立することは憲法に違反するが、憲法を改正すればケベックの分離独立は可能であると述べた（ただし、国際法上の問題は残るとした）。その上で、レファレンダムでの質問やその結果が明確である場合、そのような多数者の意思を連邦政府は尊重しなければならないとした。これを受けて連邦議会は、2000年に明確化法を制定し、ケベック州の独立の争点が明確であるかや明確な多数者の意思の表明という結果について、下院が意見を述べることを可能とした。95年のレファレンダム以降、ケベック州の独立の機運は見られないものの、近年、新民主党党首が同法の廃止を求めるなどこの問題をめぐってはカナダ政治においていまだ大きな課題である。

【参考文献】
- 初宿正典編『レクチャー比較憲法』（法律文化社、2014年）
- 松井茂記『『カナダの憲法——多文化主義の国のかたち』（岩波書店、2012年）
- 加藤普章『カナダ連邦政治——多様性と統一への模索』（東京大学出版会、2002年）

オーストラリア

はじめに

　オーストラリアは、1901年1月1日に、ニューサウスウェールズ州、ヴィクトリア州、クインズランド州、南オーストラリア州、タスマニア州、西オーストラリア州の六つの植民地が対等な立場で連邦を結成することで、大英帝国の海外自治領として発足した国家である。この新たに発足した国家の骨格を定めたのが、オーストラリア連邦憲法（以下、憲法）であり、いくつかの改正を伴いつつ、現行の憲法としても機能している。

　オーストラリアの選挙制度は、日本ではあまり注目されていないが、「義務投票制」や死票を激減させる「優先順位付き投票制」、政権から独立したオーストラリア選挙委員会の役割、政治的表現の自由（≒選挙運動の自由）における高等法院（オーストラリアの連邦最高裁判所）の活躍など、興味深い特徴を持っている。本章では、オーストラリアの統治システムを概観した上で、それぞれの特徴をみていくこととしよう。なお、本稿の対象は、連邦議会選挙とする。

I　概要

1　統治システムの概要

　オーストラリアの統治システムの根幹は、「**立憲君主制**」、「**議院内閣制**」、「**連邦制**」の3つである。もっとも、オーストラリアの統治システムについては、憲法に規定された事柄がそのまま実行されているわけではなく、「**憲法習律**」と呼ばれる実際の運用の蓄積によって、現実の統治が行われている（したがって、空文化している憲法条文が多く存在している）。それでは、統治システムの根幹である上記3点について簡単にみておこう。

図1　連邦統治制度の略図

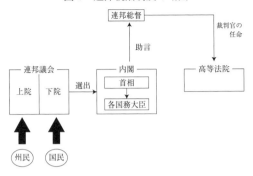

(1)　立憲君主制

　まず、連邦憲法上、オーストラリアの国王は英国女王が兼ねることになっており、オーストラリア国内には国王の代理として**総督**（慣例としてオーストラリア人が任命されることとなっている）が存在する「立憲君主制」が採用されている。この総督には、憲法上さまざまな権限（連邦議会の招集・開会・閉会・解散、行政執行権、閣僚の任命権、軍の指揮権、法案の承認権）が与えられており、憲法上、立法・行政に関して独裁的な権限を有しているように見える。しかし、実際には内閣の助言によってのみ権限を行使するという憲法習律が出来上がっている。ただし、①首相の任命、②議会解散の拒否、③首相の解任については、内閣の助言に反して権力を行使することができる。

(2)　議院内閣制

　オーストラリア連邦の立法権は、女王、連邦上院、連邦下院から構成される**連邦議会**に帰属している。連邦上院は州代表を確保することを目的として、各州から同数の12名、と二つの特別地域（北部準州と首都特別地域）から各2名の上院議員（計76名）を選出する仕組みになっている。連邦上院の任期は6年で、3年ごとに半数改選される。この任期は、選挙日より後の7月1日から起算される。また、連邦上院の選挙は任期満了前の1年以内に行われる。もっとも、実際の上院議員は州代表としての役割を果たしておらず、下院同様に政党色の強い動きをしている。これは、①連邦上院の選挙制度として比例代表制が導入されていること、②オーストラリアの政党制において、強力な党議拘束を伴う仕組みが発達していることなどを理由とする。なお、特別地域から選出される2名の任期は3年（通常の上院議員の半分、下院議員と同様）であり、

連邦下院選挙と同時に選挙が行われる。

他方、連邦下院の議席は2016年現在150であり、これは憲法24条によって「下院の定数は、できる限り、上院の定数の2倍に近づける」ことが要請されていることに由来する。なお、連邦結成時のもともとの6州には最低5議席が保障されており、残りを各州の人口に比例して配分する。連邦下院の任期は3年だが、首相の助言に基づき、総督が宣言することで**解散**が行われる。

オーストラリアの連邦上院は強力な権限を有することで知られている。歳入、支出、租税に関する法案（金銭法案とも呼ばれる）を提議し修正する権限は下院に限られているが、上院は下院に対して修正要求を何度でも出すことが可能であり、かつ、金銭法案に対する拒否権を持っているため、実質的には下院と同等の権限を有している（金銭法案以外の法案に対しては下院と同等の権限を有する）。したがって、下院と上院の党派構成が異なると、法案が成立し難くなる。後述するように両院で採用されている選挙制度の違いから上院と下院とでは議員構成が異なりや易いため、日本でいうところの「ねじれ国会」はオーストラリアにとってはむしろ常態化している現象である。ただし、オーストラリアでは、上院の採用する選挙制度の関係から、第一野党が上院で多数派になるわけではなく、少数政党が議席を伸ばし、与党が過半数を形成できない状態となることが大半である。なお、上院が2回続けて下院で可決された法案を否決した場合、上院も下院と同時に解散する仕組み（**両院同時解散**・憲法57条）を備えているが、実施されたのは過去7回のみである。もっとも、この仕組みを用いずとも両院同時選挙（下院選挙と上院の半数改選）が常態化している。

また、オーストラリアの連邦政府（州政府も同じ）は、下院議会選挙で過半数を獲得した政党のリーダー、政党が連合する場合は連合政党のリーダーが、首相となり、国務大臣を指名し（任命は総督）、内閣を組織する議院内閣制が採られている。しかし、内閣及び首相に関する憲法上の規定は存在しない。現在の議院内閣制も憲法習律によって支えられているのである。

(3) **連邦制**

オーストラリアは六つの植民地が対等に連邦を結成することで成立したものであり、この六つの州は上述のように連邦上院に同じ数の上院議員の議席を確保するなど、連邦制は憲法上も確固たる地位を占めている。もっとも、憲法51条は連邦議会の立法権限について限定列挙として約40項目を規定し、残り

を州の立法権限としているが、高等法院は1920年の判決で、憲法に明示されていない権限が暗黙に州の権限として理解されるわけではなく、憲法に明示されていない限り連邦優位に理解されると判示しているので、見かけ上の憲法規定ほど州の権限は強力ではないといわれている。

なお、1911年に連邦の首都として**首都特別地域**が指定され（1913年に現在の名称であるキャンベラと名付けられた）、1978年に**北部準州**が連邦政府から自治権を獲得している（図2を参照）。

図2　オーストラリアの地図

以上を整理しておくと、オーストラリアの統治システムの特徴は、名目的な存在である国王とその代理である総督が存在する立憲君主制であり、二院制でかつ下院の過半数を獲得した政党のリーダーが首相となる議院内閣制を採用しており、州の立法権限が当初よりも制限されているものの独自の権限をもつ六つの州と二つの特別地域（北部準州、首都特別地域）から構成される連邦制の国家である、といえるだろう。

2　選挙制度の概要

次にオーストラリアの選挙制度の概要と特徴についてまとめる。連邦議会選挙の仕組みについては、憲法及び**オーストラリア連邦選挙法**（以下、連邦選挙法）が主に規律し、高等法院を中心とした裁判所の判断も大きな影響を与えている。ここでも、連邦憲法上の規定の多くが、「議会が別に定めるまでの間」といった経過措置として規定されているため、現行制度の大半は連邦選挙法に

由来する。

　ここでは、オーストラリアの連邦議会選挙についての概要を簡単にまとめておきたい。まず、選挙の対象となるのは、連邦上院議員と連邦下院議員である。連邦上院議員は制度上は州の代表者を確保することを目的としており、建前としては連邦制を反映している。これに対して、連邦下院議員はオーストリア国民全体を代表する〔→Ⅰ**1**(2)〕。上院と下院では異なる選挙制度が採用されており、下院では小選挙区制をベースとする小選挙区優先順位付き投票制度（選択投票制）が、上院では比例代表制をベースとする優先順位付き比例代表制度（単記移譲式比例代表制）が採られている〔→Ⅳ**2 3**〕。また、オーストリアで選挙権と被選挙権を持つのは18歳以上のオーストリア国民である〔→Ⅲ**2**〕。アメリカなどと同様、有権者登録制度を採用しており、かつ、義務投票制を採っていることから、18歳以上のオーストリア国民にとって、有権者登録を行い、投票することが法的な義務となっている〔→Ⅳ**1**〕。なお、選挙の候補者及び政党〔→Ⅳ**6**〕による選挙運動は主に連邦選挙法によって規制されているが、この規制は黙示の権利として保障される政治的表現の自由との関係で問題となる〔→Ⅳ**4**〕。加えて、実際の選挙の運営をはじめ、選挙区割りや政治資金の監督などは、政府から独立した第三者機関であるオーストリア選挙委員会の責任で行われている〔→Ⅲ**2**、Ⅳ**3 5**〕。

3 オーストラリアの選挙の歴史

　近代選挙の原則の１つに数えられる**秘密投票**の仕組みは、実は1856年に世界に先駆けてオーストラリア（ヴィクトリア州と南オーストラリア州の選挙）で導入されたものである（連邦選挙での導入は1901年）。この時に導入されたのは、公的な選挙委員会が、形状や紙質、色などを統一した用紙に候補者名を印刷した公定の投票用紙を準備し、これ以外の私製の投票用紙による投票を禁止するというものであった。これは「**オーストラリア式投票制度**」ともいわれている。この仕組みが導入されるまで、イギリスやアメリカにおいても、投票者自身が用意した私製の投票用紙に支持する候補者名を記入して投票する仕組みが一般的であり、買収や威嚇などによる不正投票が容易に行われるという欠陥を持っていた。したがって、オーストラリア式投票制度の採用によって秘密投票が実現することとなったのである（それ以前の仕組みでは投票の秘密を守りようがなかったといわれている）。

西暦	オーストラリアにおける選挙権の歴史
1856年	・ヴィクトリア州、南オーストラリア州で秘密選挙が導入される ・南オーストラリア州で21歳以上の男子による普通選挙が導入される
1894年	・南オーストラリア州で21歳以上の女子の普通選挙が導入される(ニュージーランドに次いで世界で2番目) ・同じく南オーストラリア州で21歳徐の女子に被選挙権が付与される(世界初)
1902年	・連邦選挙で21歳以上の男女の普通選挙が導入される ・同時に先住民族の選挙権が剥奪される
1911年	・連邦選挙で有権者登録が義務となる
1924年	・連邦選挙で投票が義務となる
1962年	・先住民族の選挙権が回復される
1973年	・選挙権年齢が18歳に引き下げられる
1984年	・先住民族にも有権者登録が義務付けられる

　また、オーストラリアは、**普通選挙**に関しても先進的な国家である。まず、1856年には南オーストラリアで21歳以上の男子に対する普通選挙が導入され、同じく南オーストラリアで1894年には21歳以上の女子の普通選挙が導入される。これは隣国ニュージーランドに僅かに遅れて世界で二番目の採用だが、南オーストラリアでは被選挙権も併せて付与されたため女性に対する被選挙権の付与については世界初である。連邦レベルでは1902年に男女の普通選挙が導入された。こうした先進的な取り組みの背後で、1902年に最初に整備された連邦選挙法が、先住民族から投票権を剥奪したことも見逃してはならない。結局、先住民族の投票権が回復するのは、1962年まで待たなければならなかった。なお、1973年に普通選挙の対象が21歳以上から18歳以上に引き下げられている。選挙権年齢の引き下げは現在でも論点となっており、若者団体や一部の政党は選挙権年齢を17歳か16歳に引き下げるべきとの主張をしている。

II 特徴

1 選挙権と被選挙権

　オーストラリア憲法は、両院の議員は「人民によって直接選ばれる」(憲法7条、24条) と規定するものの、そこに言う人民の範囲などについて規定しておらず、この問題は議会の決定に委ねられている。そのため、現在では連邦選挙法により、18歳以上のオーストラリア国民が選挙権と被選挙権の両方を持つことになっている (連邦選挙法93条)。オーストラリアでは、日本のように選挙権年齢と被選挙権年齢が異なっていたり、下院と上院とで被選挙権年齢が異なっていたりすることはない。

　なお、オーストラリア国民以外では、1984年の選挙法改正以前に有権者登録を行ったイギリス国民のみが選挙権を有する (連邦選挙法93条)。これは、植民地時代から続いたイギリス国民を優遇する制度の名残である。1983年の連邦選挙法改正によってオーストラリア国籍を持たないイギリス国民に選挙権を付与する措置を取りやめたものの、それ以前に有権者登録をした者についてはオーストラリアでの選挙権を剥奪しなかったので、現在でも一部のイギリス国民がオーストラリアでの選挙権を有しているのである。この改正以後は、オーストラリア国籍が選挙権の根拠となっている。したがって、オーストラリアでは永住者であっても選挙権が付与されることはない。ちなみに隣国ニュージーランドでは、1975年以来、1年以上継続して居住していれば、永住者にも選挙権が付与される。

　選挙権に関する論点のうち、近年注目されているのが、受刑者の選挙権である。1902年から2006年までの間、連邦選挙法93条(8)(b)により、3年以上の懲役刑を受けた受刑者は選挙権を制限されることになっていたが、2006年に、犯した罪の種類や懲役の長さに関わらず、すべての受刑者の選挙権を制限する連邦選挙法の改正が行われた。これに対して、高等法院は2007年の判決で、長期間の懲役刑に基づく選挙権の制限は正当だが、短期間の懲役刑に基づく選挙権の制限は恣意的であり、刑事罰として比例性を欠いているので、憲法7条及び24条に反し無効であると判断した。この判決の後、再び法改正が行われ

て以前と同様、3年以上の懲役を科せられた受刑者は投票することができないようになっている。

> **コラム　黙示の権利としての政治的表現の自由**
>
> 　オーストラリアの連邦憲法は「人権憲章」を持っておらず、憲法上明文で保障されているのは、財産権、陪審に関する権利、政教分離原則と信教の自由のみである。
> 　これに対して、明示的には規定されていないものの、憲法上の関連する規定の存在から黙示的に保障されている権利があるという解釈が1990年代前半以降、高等法院によって確立される。この代表例が「政治的表現の自由」である。高等法院は1992年に下した2つの重要な判決の中で、憲法によって確立されている代表民主制を支えるためには、政治的表現の自由が必要であるとし、連邦の上院および下院は「人民によって直接選ばれる」と規定する憲法7条および24条等を根拠にこの自由を容認した。なお、この権利は、立法府もしくは行政府が不当にこの自由を侵害した場合に、当該立法もしくは行為を無効にするものである。

2　顕著な特徴

　オーストラリアの選挙制度で一般に有名なのは、「**義務投票制度**」である。義務投票制度について詳しくは後述するが、これは日本や本書で紹介される他国の制度にはみられない特徴であり、正当な理由なく投票に出向かなければ、最大50豪＄の罰金を支払わなければならない。

　次に、あまり知られてはいないが、オーストラリアの選挙制度の際立った特徴として、1919年に導入された「**優先順位付き投票制度**」が挙げられる。本書で取り上げられている各国の選挙制度をざっと見ればわかるように、多くの国では日本と異なり、候補者名が記入された投票用紙にチェックを付けるという方法で投票が行われている。オーストラリアの「優先順位付き投票制度」はさらに特殊で、投票用紙に記載された各候補者に投票者の選好順に順位を付けて、投票する仕組みとなっている。例えば、候補者が6人だとすると、当選して欲しい順に「1、2、3、4、5、6」と順位を付けるのである。これについても、詳しくは後述する。

また、オーストラリアの選挙制度は、1983年の連邦選挙法改正で設置された独立行政機関である**オーストラリア選挙委員会**（連邦選挙法6条）によって公正かつ非党派的に運営されており、選挙区の再区割りや政治資金規正の監督も同委員会の責任で行われる。この委員会は、委員長と選挙事務局長そして非司法系の委員の三名から構成される。委員長は、非常勤職であり、連邦裁判所長官が推薦する3人の現職若しくは退職した裁判官のリストの中から任命される。選挙事務局長は常勤職であり、委員会の構成員であると同時に選挙事務局の首席職員でもある。選挙事務局長の下に選挙事務局次長が置かれ、さらにその下に各部局や州支部、連邦下院の150の選挙区ごとに選挙区支部が置かれており、選挙事務局長が選挙実務に関する全体的なリーダーシップを採ることになっている。もう一人の委員は非常勤職であり、非司法系分野出身の人物が任命される。選挙を専門とする大学教授が任命されたこともあったが、公務員経験者が任命されることが多く、現在はオーストラリア統計局長官が任命されている。なお、委員の任命は総督によって行われる。

3　郵便投票等の充実

　オーストラリア選挙制度の特徴として事前投票、不在者投票、郵便投票の充実が挙げられる。広大な国土と国土に対する人口の少なさ、さらに義務投票制度を理由にこうした仕組みが発達したといわれている。以下の理由があるときに、郵便投票等の手続を採ることが可能である。①投票日に有権者登録をしている州に不在、②最寄りの投票所から8キロ以上離れている、③病気や出産の予定があったり、老齢である、④仕事の性質上投票日に投票することが難しい、⑤宗教上の理由（主に安息日）等（連邦選挙法別表2）。郵便投票を行った場合、投票日もしくはそれ以前に投函されており、かつ投票日から13日以内に届けば有効となる。なお、在外国民は転居前に居住していた選挙の選挙委員会に申請を行えば、郵便投票ないし大使館での投票が可能である（連邦選挙法15篇）。ただし、在外国民は、6年以内に再びオーストラリアに居住する意思がなければ、有権者登録名簿から排除される（連邦選挙法94条、94条A）。また、先住民族の居留地や病院、刑務所等の投票に不便な場所には移動型の投票所が巡回する仕組みがあり、巡回投票所での投票が可能である。

III　具体的制度

1　「義務投票」制度

　具体的な連邦議会選挙の仕組みについて紹介する前に、「義務投票」制度について、やや詳しくみておこう。オーストラリアでは、18歳以上の国民は、法律上、有権者登録をする義務と投票所に行く義務がある（連邦選挙法101条及び245条）。一般的なプロセスでは、17歳になると仮登録を行い、18歳になると投票が可能となると同時に義務となるのである。まず、有権者登録が義務となったのが1911年であり、「義務投票」制度が連邦議会の選挙で初めて導入されたのは1924年である。義務投票導入後それまで58％だった投票率は90％を超え、現在では95％超の投票率を有している。また、先住民族（とトレス海峡諸島民）に有権者登録と投票が義務化されたのは1984年である（1962年段階では義務ではなかった）。なお、オーストラリア以外に義務投票制を採用している国は20国近く存在し、中には、オーストラリアよりも厳しい罰が課される場合もある。

　この「義務」の範囲については、オーストラリアの学者の間でも争いがあるようである。ある論者らは、「法的な義務」になるのは、①有権者登録を行うこと、②投票所に出向いて、有権者登録名簿と照合を受け、投票用紙を受け取ること、③投票所に来られない場合に郵便投票等の仕組みを利用して投票を行うこと、のみであり、投票用紙を投票箱に入れることそれ自体が義務ではないという。しかし一般的には、連邦選挙法が投票用紙を持ち帰ることを禁止していること（連邦選挙法339条）などをも根拠にして、投票を行うことそれ自体も「法的な義務」であると考えられている。この場合、投票者は投票所に出向き、有権者登録名簿との照合を受け、投票用紙を受け取って投票ブースに向かい、投票用紙にチェック（順位）を付け、投票箱に投票用紙を入れることが「法的義務」なのである。もっとも、秘密投票の原則があるため、「白紙投票」を行う自由は許容されており、各投票者が本当に投票用紙を投じたかを確認することは出来ないので、義務投票違反として20豪＄の罰金を科せられるのは、投票所で有権者登録名簿との照合を受けなかったか、郵便投票等の手続きを取

らなかった場合のみである。

　オーストラリア選挙委員会は選挙後に投票を怠った者をチェックし、各選挙区の選挙管理人によって投票に行かなかった有権者に通知がおこなわれ、有権者はそれに従って罰金を支払うことになる。この通知を無視し、支払いを怠ると、再度通知が発せられ罰金が 50 豪 $ に増額される。もっとも、選挙を棄権した「正当かつ十分な理由」が存在すれば罰金は免除される。この「正当かつ十分な理由」については、1926 年の高等法院判決で、全ての候補者の意見に反対している等の理由は正当な理由として不十分とされており、その後、候補者を選好する十分な知識をもっていない等の理由も退けられている。

　なお、2013 年のある高等法院判決では、投票は責務ではなく権利であり、オーストラリア国民は投票するかしないかの選択肢を持つべきであるとする原告の主張が退けられており、義務投票制は司法の領域でも是認されている。

　義務投票制に関する近年の動向として、有権者登録制度の改革が挙げられる。2012 年に「自動有権者登録を可能にする法改正」が行われ、2013 年から効力を有している。この改正によって、オーストラリア選挙委員会は、他の政府機関の取集した情報を利用して、同委員会が選挙人であると考える人物を有権者として名簿に登録し、当該人物の情報をアップデートする権限が与えられた。登録後、オーストラリア選挙委員会は当該人物に登録した情報に誤りがないかを確認する手続きも規定されているが、学説等からはプライバシー保護の観点からこの仕組みの問題性が指摘されている。なお、この自動登録制度によって、2013 年の選挙以降、有権者登録名簿に登録されていない人物が、10%から 6% に減少したとされている。

義務投票制を採用する主な国
　アフガニスタン、オーストリア、ベルギー、ボリビア、ブラジル、キプロス、ドミニカ共和国、エジプト、ギリシャ、グラテマラ、ホンジュラス、リヒテンシュタイン、ルクセンブルグ、パナマ、フィリピン、シンガポール、スイス（一部の州）、ウルグアイ、ベネズエラなど
　＊罰則の重さや適用の厳格さは各国によって異なり、オーストラリアのように厳格に罰金を適用する国もあれば、同じく罰金が科されるものの比較的適用が緩いとされるブラジル、棄権の頻度によっては選挙権が一定期間停止されるベルギーなど、様々である。
　＊なお、オーストラリアのように義務投票制の根拠が法律レベルである国とベルギーのように憲法レベルで定められている国という違いもある。
　＊さらに法的な根拠はないものの投票が事実上の義務となっている北朝鮮のような例も存在する。

2 連邦議会選挙

　オーストラリアにおける議会選挙では、連邦と州を問わず優先順位を付ける形での投票が一般的になっている。上述したように、オーストラリアでは日本と違って投票用紙に候補者の氏名がすべて記載されている。したがって、投票者は、記載されている候補者の氏名の横に、1、2、3……と順位を付けて投票するのである。

　なお、優先順位を記入する選挙制度は、一般的な「選挙制度」の分類に従うと、多数代表制の一種である「選択投票制」と比例代表制の一種である「単記移譲式比例代表制」の2種類が存在し、オーストラリアでは連邦下院の選挙では「選択投票制」が採用されており、連邦上院では「単記移譲式比例代表制」が採用されている。そのため、下院議員選挙でも上院議員選挙でも投票者は優先順位を付けて投票するが、下院と上院で異なる「選挙制度」が採られている点には注意が必要である。本章では、オーストラリアでの一般的な呼称に従って、「選択投票制」が採用されている連邦下院の選挙制度を**小選挙区優先順位付き投票制度**、「単記移譲式比例代表制」を採用する連邦上院の制度を、**優先順位付き比例代表制度**と呼ぶ。それでは、それぞれどのような仕組みになっているのか具体的に見ていこう。

(1) 連邦下院──小選挙区優先順位付き投票制度

　まずは、連邦下院選挙についてである。現在の連邦下院は定数が150名であり、小選挙区を前提とした優先順位付き投票制度が採用されているため、150の選挙区が存在する。この区割りは、連邦結成時の6つの州に最低5議席を保障する他は、各州の人口に応じて州に配分され、その後、各州内でさらに区割りが行われる（区割りの方法については後述する）。なお、2016年時点ではニューサウスウェールズ州に47議席、ヴィクトリア州に37議席、クインズランド州に30議席、西オーストラリア州に16議席、南オーストラリア州に11議席、タスマニア州に5議席、首都特別地域に2議席、北部準州に2議席が配分されている。

　投票者は図3の投票用紙のように、記載されている候補者のすべてに1、2、3……と順位を付ける（連邦選挙法240条）。

　票をカウントする際には、まず「1」と順位付けられた候補者への投票としてカウントする。そして、ある候補者が過半数以上「1」と順位付けられた票

を獲得すると当選となる。過半数を獲得する候補者がいなければ、「1」と順位付けられた数が最も少ない候補者の票を取り崩して、その票で「2」と順位付けられた候補者に票を移譲する。この手続きを、過半数を獲得する候補者が現れるまで繰り返し、最終的に過半数を獲得した候補者が当選することとなる。そのため、最初の集計の際には2位もしくは3位だった候補者が逆転して当選することも起こる（カウントのイメージは図4を参照）。したがって、第2位以下の選好も重要になり、各候補者や政党は推奨投票順の案内（How to Vote Cards　図5）を作成して配布し、2位以下をどのように投票して欲しいかを訴えるのである。How to Vote Cards の配布はオーストラリアの選挙運動の日常的風景である。

図3　連邦下院の投票用紙

　この投票方法は、当選するために相対多数ではなく絶対多数を必要とする制度であり、小選挙区2回投票制と原理的には同じであるが、改めて第2回目の投票を行うのは候補者や投票者の負担が大きいので、2回目の投票も1回目の投票で済ませてしまう仕組みであるといえるだろう。ただし、フランスで採用されている小選挙区2回投票制の核心は有権者が1回目の投票結果を受けて再度投票することであるとする見解もあり、完全な代替物とみることは難しい。また、当選のために絶対多数を要求しているため一般的な多数代表制（とりわけ、単純小選挙区制）と比べ、死票の少ない仕組みといえる。

図4　下院選挙のカウント方法

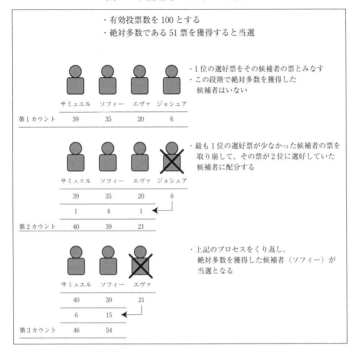

図5　推奨投票順の案内（How to Vote Cards）

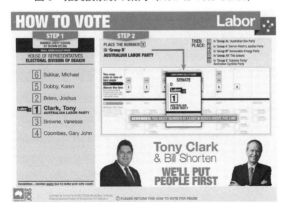

(2) 連邦上院 ── 優先順位付き比例代表制度

次に連邦上院議員選挙についてである。連邦上院は、六つの州から各12名、二つの特別地域から各2名を比例代表で選出する仕組みを採用している。なお、比例代表制を前提とした優先順位付き投票制度が導入されたのは、1948年のことである。上院議員選挙に際して、投票者は投票用紙の太線の上部（政党）もしくは下部（候補者）のどちらかに順位を付けて投票する（図6・7）。

図6　連邦上院の投票用紙（候補者個人への投票）

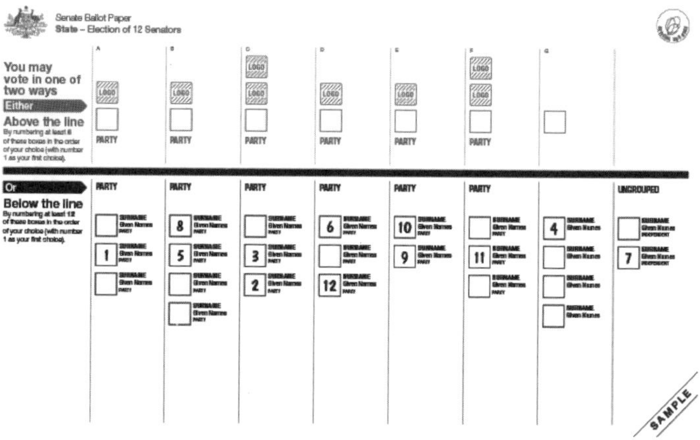

図7　連邦上院の投票用紙（政党への投票）

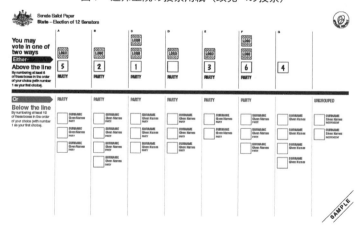

かつては、上部（政党）への投票は支持する政党を一つだけ選択する制度であった。これはグループ投票チケット制度と呼ばれるものであり、数十人にも及ぶ候補者すべてに順位を付けることが投票者にとって負担であるため、支持政党にのみ投票し、政党があらかじめ全候補者の順位を選挙委員会に登録しておき、それに従って票を配分するという仕組みである。この仕組みは、全候補者への順位付けを行う投票方法の例外として導入されたものであったが、この方法が主流（全投票者の 90% ともいわれる）となってしまっていた。そのため、ほとんどの投票者が自身の投票がどのように作用するのか理解していない、などと指摘されていたところであり、2016 年 3 月に選挙制度が改正されグループ投票チケット制度の見直しが行われた。

新たな選挙制度では、グループ投票チケットの制度が廃止されている。その代わり、原則として全候補者に順位を付ける仕組みも廃止し、少なくとも 1 位から 12 位までを記入する方法となっている（連邦選挙法 239 条 1 項）。なお、グループ（政党）への投票制度も維持されており、この場合グループ投票チケット制度のように一つの政党を選ぶのではなく、各政党に少なくとも 1 位から 6 位までの順位を付けることとなった（連邦選挙法 239 条 2 項）。したがって、投票者は、候補者に対して少なくとも 12 位まで順位をつけるか、政党に対して少なくとも 6 位まで順位を付けるかを選択して投票することとなる（いずれも 13 位以下、7 位以下の順位を付けることも可能）。

候補者に順位を付けて投票した場合、1 位から 6 位まで順位が付けられていれば有効票とみなし、順位が連続して記入されていない場合又は同一の順位が記入されている票については、そこまでの順位のみを有効なものとしてカウントする。よって、「1、2、3、4、5、6」と記入されている票は有効であり、「1、2、3、4、5、6、7、8、9、10̇、10̇」と記入されているものは 9 位まで有効となるが、「1、2、3、4̇、4̇、5、6」と記入されているものは 6 位まで有効な順位付けを行っていないので無効となる。これは、州を 1 選挙区とするため候補者が膨大な人数となり、大量の順位付けをしなければならなくなり、完全な順位付けを行っているもののみを有効とすると多くの投票が無効票となってしまうからである。

政党への投票は、1 位とされた政党の候補者に対して、投票用紙に記載されている順に選好順位が振られることとなる。2 位とされた政党の候補者は、1 位とされた政党の候補者の最後の順位の次の順位から振られることとなり、3

Ⅲ　具体的制度　155

位以下も同様である（図7）。なお、候補者に対する順位と政党に対する順位を両方記入した場合、候補者に対する順位のみをカウントすることとなっている。なお、政党に投票した場合には、一つでも政党に対する順位を付けていれば有効とする救済措置がある（連邦選挙法269条(1)(b)）。

それでは、以上のようにして投票された票の集計方法について説明しよう。オーストラリアの連邦上院選挙においてはこの点が非常に複雑である。まず、第一集計では、連邦下院選挙と同様、「1」と順位付けられた票を候補者の獲得した票と読み替えて、その数を集計する。そして、【有効投票総数÷（選挙区の選出人数＋1）＋1】を**当選基数**（ドループ式配分基数）として、当選基数を超える票を獲得した候補者が当選となる。選挙区の選出人数全てがこの段階で、決まることはほぼあり得ないので、以降の集計では、当選者の**余剰票**（総獲得票数－当選基数）を他の候補者に移譲する。第二集計では、当選者の総獲得票全ての第2位を集計し、それぞれの票数に【余剰票÷当選者の得票数＝**移譲価値**】を乗じた数を移譲する。第三集計以降では、票の移譲を受けて当選基数を上回った当選者の余剰票の移譲も計算することになる。この場合、当該当選者が獲得していたもともとの票の第2位と、移譲を受けた票（移譲価値を乗じる前の票）の第3位（場合によっては第4位以下）を全て集計し、それぞれに移譲価値を乗じた数を移譲する。このような方法は**包括グレゴリー法**と呼ばれる。当選者が全て確定するまでこの手続きを繰り返すが、途中で余剰票がなくなることがある。この場合は、第1位票が最も少ない候補者を落選者とし、落選者の第1票（及び他の落選者から移譲を受けていた票）に移譲価値1を乗じた数を次の順位の候補者に移譲する。なお、落選者が余剰票の移譲を受けている場合、移譲を受けた際の移譲価値を持つ票として次の順位の候補者に移譲する。落選者の票を取り崩して移譲した結果当選基数を上回る候補者が出れば当選となり、再び、包括グレゴリー法に従って余剰票を移譲する。この手続きを繰り返して、定数に達する当選者を確定させる。このような集計方法を採るため連邦上院選挙の当選者が確定するまでに1ヶ月近くの時間を要することも少なくない。また、票の移譲に関する政党間の駆け引きによって少数政党も議席を獲得することが十分可能な制度となっており、結果として、二大政党のどちらも連邦上院で過半数を形成することが困難になっている。

3 オーストラリア選挙委員会による選挙区割り

(1) 一票の較差

　州を1選挙区として、各州に同数の議員を配分する連邦上院はともかく、六つの州に最低5議席を保障しつつも、残りの議席については人口に応じて議席を配分することとされている連邦下院では、一票の較差の問題が生じ得る。いわゆる「**一票の価値の平等**」の問題である。オーストラリアでは、まず、1975年に高等法院でこの問題が争われたが、高等法院はオーストラリア憲法は「一票の価値の平等」の原則を要求していないと判断している。この時、憲法上の根拠としては、憲法24条の連邦下院は「人民によって直接選ばれる」、という規定が持ち出され、アメリカ合衆国憲法1条2節の同様の規定とこの規定をパラレルに捉えて（この点について詳しくはアメリカの章を参照）、オーストラリアでも「一票の価値の平等」が憲法上要求されていると主張されたが、高等法院でこの主張を認めたのは1人の裁判官のみであり、残り6人の裁判官によってこの主張は退けられた。黙示の権利として政治的表現の自由が認められた後（コラム参照）、1996年にも高等法院で「一票の価値の平等」が争われたが、高等法院は再度この主張を退けている。

　ただし法律上で一定の較差の是正が要請されており、また不偏不党な第三者機関であるオーストラリア選挙委員会によって頻繁に再区割りが行われているため一票の較差はおよそ2.3倍以下に抑えられている。

(2) 選挙区割り

　小選挙区の仕組みを前提とするオーストラリアの連邦下院選挙では、この仕組みを採用する他国と同じく、選挙区の境界を変更して人口を調整し再区割りを行う。オーストラリアの（再）区割りにおいて特徴的なのは、議会以外の独立した第三者機関であるオーストラリア選挙委員会の責任で、新たな区割り案の作成と決定が行われていることである。

　この再区割りはすべてのオーストラリア国民が議会において等しい代表を享受することを保障するため、①人口の変化によって州もしくは特別地域から選出される下院議員の数が変化したとき、②州又は特別地域でその3分の1を超える選挙区が連続する2か月を超えて選挙区あたりの平均有権者数から10%を超える乖離が生じているとき（したがって、毎月末に週ないし準州ごとに各選挙区の平均有権者平均値を算出し、その平均値と各選挙区の偏差を官報で記載

Ⅲ　具体的制度　157

しなければならない)、③直近の再区割りから7年が経過したときに行われる。選挙事務局長が再区割りの必要性を判断して、実際には各州に設置されることになる**再区割り委員会**によって区割り案が作成される。作成された区割り案に対しては、一定期間自由に文章で異議を提出することができ、再区割り委員会のメンバーにオーストラリア選挙委員会の委員長及び非司法系の委員を加えた**拡大選挙委員会**によって、この異議について検討される。そして、新たな選挙区割りは拡大選挙委員会が連邦官報に掲載することで最終的に決定する(連邦選挙法3篇、4篇)。

政党等は文章によるコメントを提出することが可能だが、区割りの決定について干渉することは出来ず、議会も再区割り委員会、拡大選挙委員会の決定に関与することはできないのである。

4 選挙運動規制と政治的表現の自由

オーストラリア憲法には、表現の自由を定めた人権規定は存在しないが、憲法7条及び24条、64条などを根拠に**黙示の権利**として**政治的表現の自由**が高等法院の判例によって認められている。1997年の判決以来、黙示的な政治的表現の自由は、「個人の［積極的な］権利」としてではなく、「立法権ないし行政権の行使によって保護された自由の制限が起こらないようにすること」を意味すると理解されている。ここでは、選挙運動に関する法規制と政治的表現の自由の関係について紹介する。なお、オーストラリアの憲法学説では、この自由に関連する政治的表現の規制類型として、①**表現手段の規制**、②**表現内容の規制**、③**表現能力の規制**の3つが挙げられることが多い。

(1) 政治的表現の手段規制

オーストラリアにおける代表的な政治的表現の手段規制としては、「**報道管制期間**」が挙げられる。これは、投票日(土曜日)前の水曜日から、投票が終了するまでの間の期間を指し、その期間中はラジオ局やテレビ局で選挙に関する宣伝の放送が禁止されるという規制である(放送法別表2)。この他にも、全ての道路、建物、自動車、船舶、野外掲示板などに選挙に関する事柄を直接描写すること(1,000豪＄の罰金)や、投票ブース内でHow to vote cardsを放置すること(500豪＄の罰金)、投票ブースのエントランスの6メートル以内で投票の勧誘をすること(500豪＄の罰金)、選挙スタッフらが投票ブース内で政治的なバッジやエンブレムを着用すること(1,000豪＄の罰金)が禁止されている

（連邦選挙法 334 条、335 条、340 条、341 条）。

　高等法院によると、手段の規制は内容の規制よりも正当化されやすく、上記の規制も妥当な規制であると判断されている。なお、近時の問題として、「報道管制期間」中に報道規制を受けるのがラジオもしくはテレビといった伝統的メディア（放送ライセンスが必要なメディア）に限られており、インターネットなどの新たなメディアはこの規制に服さないという問題が生じている。とりわけ、インターネットでは、多くの場合にサーバーがオーストラリアの国外にあるため、この規制の対象をどのようにするかについては複雑な事情がある。

(2)　政治的表現の内容規制

　オーストラリアにおける政治的表現の内容規制は、さらに 3 つのサブカテゴリーに分けられる。それは、①**政治的表現者の身元確認**（連邦選挙法 328 条、328 条 A、331 条）、②**投票手続を誤認させる表現の禁止**（同 329 条）、③**候補者及びその政策についての誤った表現の禁止**（同 351 条、旧 350 条）である。

　①政治的表現者の身元確認は、政治的表現を行う者に氏名と住所の提示を要求するものである。なお、罰則は 1,000 豪＄（法人の場合は 5,000 豪＄）以下の罰金である。この要求は、政治的表現の自由に「委縮効果」を与えるともいわれるが、投票者の誤解を防ぐという正当な目的をもち、この目的を達成するために採用された合理的に適切な手段であるため、合憲だと考えられている。

　②投票手続きを誤認させる表現の禁止は、1981 年の高等法院判決で、その意味するところは、法律で選択されている投票形式への誤認を与える表現の禁止のみを指し、誰に投票すべきかなどに関する投票者の判断形成に誤認を与えるもの意味しない、と判断されている。こうした趣旨の規制であれば、投票システムの一貫性や有用性を維持するという正当な目的を持ち、この目的を達成するために採用された合理的に適切な手段であるため、黙示的な表現の自由が認められている現在でも合憲だと考えられている。なお、罰則は 1,000 豪＄以下の罰金もしくは、6 か月以下の拘禁、あるいはその両方である（法人が行った場合は 5,000 豪＄以下の罰金のみ）。

　③候補者及びその政策についての誤った表現の禁止は、上記二つと比べて論争的である。ここでは、「虚偽表現、不合理な表現、感情的な表現」も、「真実の表現、合理的な表現、客観的な表現」と同じく保護されるべきか、が問題となる。具体的には、名誉毀損に関して高等法院で争われている。名誉毀損についてのニューサウスウェールズ州法に関する 1997 年の判決で高等法院は、例

外なく、虚偽による名誉毀損を規制することは、黙示的な政治的表現の自由を侵害し、表現者が悪意でなく、その表現を為している間の表現者の行動が合理的である場合は、当該表現が後に虚偽であると明らかとなったとしても名誉毀損に当たらないと述べている。さらに高等法院は 2002 年の判決で、誤った表現、先入観に基づいた表現、不用意な表現、不合理な表現は、当該表現が虚偽であると知りながらなされたか、真実か虚偽であるかを確認することなく行われたのでない限り、悪意を構成せず、悪意の証明にならないと判断した。この判決によって、「候補者の個人的性格ないし行動に関するあらゆる虚偽又は中傷的な表現」を禁止し、罰則を科す連邦選挙法旧 350 条が間接的に無効とされ、現在は、連邦選挙法 351 条によってこの種の規制がなされている。なお、この規制についての罰則は、1,000 豪 $（法人の場合は 5,000 豪 $）以下の罰金である。

(3) 政治的表現能力の規制

　政治的表現を行う能力に関する制限としては、1991 年に制定された「政治的報道および政治的開示請求法」に基づき、選挙期間中にテレビまたはラジオでの政治的宣伝の放送を禁止する規制が有名である。この法律によると、選挙期間中は一律に自由な政治的宣伝の放送が禁止される一方で、政治的宣伝の放送が許される「**自由時間**」が設定される。この「自由時間」内の放送時間の割合は、選挙前の議会の議席数に応じてその 90％ を政党に配分し、残りの 10％ を無所属の候補者及び議会に議席を持たない政党に配分する。そのため、環境団体や労働組合といった第三者団体などは選挙期間中、政治的宣伝を放送することができない。

　この法律による規制は、僅か 1 年後の 1992 年の高等法院判決で、「自由時間」は、「議会に議席を持つ既存の政党を優遇し」、政治過程に参加することを望む、新たな候補者や政党、第三者団体や政治的信条を有する個人などの政治過程への参加の機会を否定し、かれらの「政治的表現の自由を歪曲」するため、無効とされた。しかし、学説からは、自由な政治的宣伝放送を禁止する代わりに「自由時間」を設定するという仕組みは、新たな候補者や第三者団体に不平等にならないように設計されていれば違憲とならなかった可能性が残されており、選挙のコストとして、政治的宣伝の放送の占める割合が増大する現在の傾向に対する処方箋として再考の余地があるとの指摘もある。

5 政治資金の規正

　オーストラリアの政治資金制度についても主として連邦選挙法に規定されている。オーストラリアの政治資金制度の主要な特徴は、政党に対する公費補助（選挙運動費用補助）及び政治資金の開示・報告義務であり、規制的な規定は少なく、公開による透明性の確保及び監査による適正化に力点が置かれている。そのため、寄付の量的制限はなく、質的制限についても僅かしか規定されておらず、政治資金の支出に関する制限もない。ただし、10,000 豪 $ 以上の寄付は公開しなければならない。

　まず、公費補助の仕組みは、寄付等の私的資金に対する依存を減少されることなどを目的として導入されたものである。そのため、導入当初は実際に支出した金額を上限として支給していた。現在では、より迅速な支給を行うため、実際の支出金額に関わらず獲得投票数に応じて支給されている。第 1 位の選好票を 4% 以上獲得することを条件（連邦選挙法 297 条）に、第 1 位の選好票の得票数に 1 票当たりのレートを掛けた金額が支給されている。1 票当たりのレートは、1.50 豪ドルを基準に、消費者物価指数を反映したものとなっている（連邦選挙法 294 条及び 321 条）。

　次に、公費補助と共に導入された政治資金の開示・報告義務は、政治資金の透明性を確保するため、政党や候補者に対し、その資金の収支等に関する報告書の提出を求めている。候補者や政党などが提出しなければならない報告書は**年次報告書**（一会計年度ごとに提出する）と**選挙報告書**（選挙後に提出する）の 2 つであり、不提出や記入漏れ等の報告義務違反については、罰則が設けられている（連邦選挙法 315 条）。提出された報告書はオーストラリア選挙委員会の部局で記入漏れ等の不備の有無がチェックされ、必要に応じて修正が指示される。そして、最終的に提出された報告書は一般市民が検索や分析を行いやすい形で公開され、オーストラリア選挙委員会の HP でも公開される。

　上述のとおり、オーストラリア選挙委員会は報告書の提出に関して監査を行う権限を有している。まず、記入漏れや記述の正確さ等を調査する通常監査が行われる。この通常監査で問題が発覚した場合、あるいはオーストラリア選挙委員会もしくは議会に選挙法違反の指摘があり、かつその指摘に十分な理由がある場合にはより強力な選挙法違反等に関する調査が行われる。この調査では令状に基づく土地や建物に立ち入り文書等の証拠を押収することも可能であ

る。もっとも深刻な選挙法違反が発覚した場合にはオーストラリア連邦警察に捜査が引き継がれる。

6 政党の役割

　オーストラリアでは**政党登録制**が採られており、その登録適格は、連邦議会議員を有する政党であるか、構成員が 500 人以上いる政党であり、かつ、政党の目的を規定した規約文書に基づいて設立されたことである（連邦選挙法 123 条）。この適格要件を満たした政党はオーストラリア選挙委員会に政党登録を申請することができる。オーストラリア選挙委員会に登録された政党は、①投票用紙への政党名の印刷、②連邦議会選挙の得票に応じた公費補助の受領、③選挙人名簿の定期更新版や選挙に関する情報等を入手できる、といった便益を享受できる。他方で、❶代理人を任命し、❷財政状況についての報告書を毎年提出し、❸報告書の内容についてオーストラリア選挙委員会の監査を受けるなどの義務も負うことになる。

　オーストラリアには現在 50 を超える政党が存在しているが、実際には**労働党**と 1996 年以降**保守系連合**（自由党、自由国民党、国民党、地方自由党）の中核となっている自由党の 2 大政党を主軸とした政治運営が為されている。労働党は、労働組合を母体としていることもあり当初は労働者保護を優先する性格が強かったが、現在では、多文化主義政策の促進、先住民族の権利の尊重、セクシャル・マイノリティーの権利拡大などを掲げており、大都市の知識人からの支持も集めている。労働者階級と合わせて、この 2 つが主要な支持層となっていたが、1990 年代半ば以降、一部の労働者からの支持を自由党に奪われている。一方の自由党は、先住民族との和解の拒否、多文化主義政策・難民政策への消極性などを通して保守層の支持を集めている。この他に民主党や緑の党、国民党などといった有力な少数政党が存在し、主に上院選挙で議席を伸ばし、下院に対する「チェック・アンド・バランス」の役割を果たしている。

IV　最近の動向

　オーストラリアの選挙制度に関する近時の動向としては、①連邦上院選挙の制度改革、②選挙権年齢の引き下げ、③自動有権者登録システムとプライバシーの関係、④インターネットメディアを利用した選挙運動の規制などが挙げられるが、何れも各制度を紹介した際に説明を加えたので、ここでは繰り返さない。最後に、直近に行われた 2016 年の連邦選挙の動向について若干触れておくことにする。

　2016 年 7 月 2 日に実施された連邦議会選挙は、憲法 57 条に規定される**両院同時解散制度**に基づき行われた。したがって、この選挙における上院議員選挙は通常行われる半数改選ではなく、全メンバーの選び直しである。なお、1901 年以来、この仕組みが用いられたのは今回を含めて 7 回目である。

　この選挙の結果、下院では保守連合が前回の選挙から 16 議席を失ったものの、76 議席を獲得し過半数を超えることとなった。なお、議席の内訳は、自由党・45 議席、自由国民党・21 議席、国民党・10 議席、地方自由党・1 議席で保守連合で合わせて 76 議席、労働党・69 議席、緑の党 1 議席、その他・4 議席である。上院選挙は上述したようにグループ投票チケット制度を廃して行われた最初の選挙になる。その結果は、自由党・24 議席、国民党・5 議席、地方自由党・1 議席で保守連合で合計 30 議席、労働党・26 議席、緑の党・9 議席、ワン・ネーション党・4 議席である。

　保守連合が継続して政権を担うこととなったが、労働党との議席数は僅差であり、保守連合のリーダーであるターンブル首相には、政権運営の難しいかじ取りが求められている。

【参考文献】
①竹田いさみ、森健、永野隆行編著『オーストラリア入門第 2 版』（東京大学出版会、2007 年）
②山田邦夫「諸外国の憲法事情 3 オーストラリア」（国立国会図書館、2003 年）
③松尾和成「オーストラリア連邦議会下院選挙区の較差是正制度」レファレ

ンス 52 巻 10 号（2007 年）49 頁以下、武田美智代「オーストラリア連邦選挙法の改正——政治資金制度改革」外国の立法 243 号（2010 年）177 頁以下、木村志穂「オーストラリア選挙員会の政治資金監督機能」レファレンス 60 巻 2 号（2010 年）4 頁以下

④Graeme Orr, The Law of Politics: Elections, Parties and Money in Australia（Federation Press, 2010）; Joo-Cheong, Brian Costar and Graeme Orr（eds）, Electoral Democracy: Australian Prospects（Melbourne University Press, 2011）; George Williams, Sean Brennan and Andrew Lynch, Australian Constitutional Law & Theory 6th eds.（Federation Press, 2014）

はじめに──中国に選挙なんてあるの？

　本書は、中国についてではなく、選挙（制度）について解説するものである。おそらく、本書を手にとるのは、その多くが憲法や政治に関心をもつ人たちであろう。その中で、少なくない人たちが、「中国に選挙なんてあるの？」といった素朴な疑問を抱いていることは容易に想像しうる。まず、この問いに対する解答を示せば、「ある」ということになる。

　それでは、なぜ、中国に対してはこのような問いが投げかけられるのか。なぜ、中国は異質なイメージをもたれるのか。本書所収の他の9カ国と比較した場合、中国はいくつかの他の国々にはない「顔」をもっている。第一は、社会主義国という顔である。経済面では市場経済的政策を大胆に取り入れてはいるが、社会主義の看板を下ろしたわけではなく、社会主義はいまなお中国の「国体」として憲法に明定されている。第二は、発展途上国という顔である。経済建設最優先の諸政策は、多くの点でかつての東南アジアやラテンアメリカの「開発独裁」体制と近似している。第三は、伝統という顔である。しばしば、中国は「人治」の国と称される。近年、中国政府・共産党は、「中華民族の偉大な復興」をスローガンとして掲げる等、伝統を前面に推し出している。

　こうした中国のいくつかの特徴的な「顔」が、中国の選挙制度およびその運用に色濃く反映されている。以下では、その点を意識しつつ、中国の選挙制度を概観する。なお、本章でいう「中国」とは、1949年10月に成立した「中華人民共和国」を指す。また、中国の法律は、名称の冒頭に通常「中華人民共和国」と冠されているが、本文では省略する。

I 概要——人民代表大会制度と中国共産党の指導

1 人民主権と「民主集中制の原則」

　統治システムについては、1982年12月に制定・公布・施行された憲法がその原則および組織の大枠を、各種の組織法がその具体的内容を規定している。

　まず、選挙（制度）を概説する前提となる中国の統治システムの大原則を憲法の条文で確認しておこう（現行中国憲法の邦訳は、石塚迅『中国における言論の自由——その法思想、法理論および法制度——』（明石書店、2004年）234～268頁、初宿正典・辻村みよ子編『新解説世界憲法集（第4版）』（三省堂、2017年）375～395頁、土屋英雄『現代中国の憲法集——解説と全訳、関係法令一覧、年表—」（尚学社、2005年）76～134頁等を参照）。

第1条：中華人民共和国は、労働者階級の指導する、労農同盟を基礎とした人民民主主義独裁の社会主義国家である。
　社会主義制度は、中華人民共和国の根本制度である。いかなる組織または個人による社会主義の破壊も、これを禁止する。
第2条：中華人民共和国のすべての権力は、人民に属する。
　人民が国家権力を行使する機関は、全国人民代表大会および地方各クラス人民代表大会である。
　人民は、法律の規定に基づき、各種の方途と形式を通じて、国家事務を管理し、経済および文化事業を管理し、社会事務を管理する。
第3条：中華人民共和国の国家機構は、民主集中制の原則を実行する。
　全国人民代表大会および地方各クラス人民代表大会は、すべて民主的な選挙により選出され、人民に対して責任を負い、人民の監督を受ける。
　国家の行政機関、裁判機関、検察機関は、すべて人民代表大会により選出され、それに対して責任を負い、その監督を受ける。
　中央と地方の国家機構の職権の区分は、中央の統一的な指導の下で、地方の自主性と積極性を十分に発揮させるという原則に従う。

中国では、「労働者階級の指導する、労農同盟を基礎とした人民民主主義独裁の社会主義国家」が国体（国家の性質）であり、**人民代表大会制度**が政体（政治権力の組織構造）であると説明される。**民主集中制**は政体の配置・運営の原則である。主権者である人民を代表する人民代表大会に国家権力を集中する原理・制度を採用するのが、中国の統治システムの特色である。

具体的にいえば、統治システムの原理・原則として次の三つの点が重要である（なお、人民代表大会制度については、選挙制度と直接に関係するため、**2**でやや詳しく説明する）。

第一は、理念として**人民主権**が宣言されていることである。中国憲法が規定する統治システム（人民代表大会制度および民主集中制の原則）の思想的源流をたどれば、ソビエト連邦（ソ連）憲法のそれに、さらには、1793年フランス憲法（ジャコバン憲法）へと行き着く。中国憲法には、上記3条2項をはじめ、「全国人民代表大会代表は、選挙母体および人民と密接な関係を保持し、人民の意見と要求を聴取し反映させ、人民への奉仕に努めなければならない」（憲法76条2項）、「全国人民代表大会代表は、選挙母体の監督を受ける。選挙母体は、法律が規定する手続に基づき、その選出した代表を罷免する権限を有する」（憲法77条）等、代表が選挙民に法的に拘束されるといういわゆる命令委任的な規定が随所にみられる。

第二は、憲法原理上、三権分立が否定されていることである。民主集中制の原則の表れの一つである。人民主権を体現する人民代表大会は、単なる立法機関ではなく、行政機関（人民政府）、裁判機関（人民法院）、検察機関（人民検察院）を選出し、その活動を監督するという全権的な国家権力機関である（憲法3条3項、57条）。憲法は、裁判機関（人民法院）に違憲立法審査権を付与していない。現行憲法上、憲法実施の監督権限は全国人民代表大会およびその常務委員会に、憲法の解釈権限は全国人民代表大会常務委員会にそれぞれ付与されている（憲法62条2項、67条1号）。中国では、選挙に関連した憲法訴訟を提起する方法はないのである。

第三は、これも民主集中制の原則の一つの側面であるが、地方自治が否定されていることである。3条4項で述べられているように、地方は中央の統一的指導に服する。省、市、県等、それぞれの地方には、人民代表大会と人民政府が設けられているが、これらは憲法上、**地方国家権力機関**と**地方国家行政機関**と規定される（憲法96条1項、105条1項）。地方は、中央（国家）の一部分

にすぎないのである。

図1　中国の統治システム（国家機構）

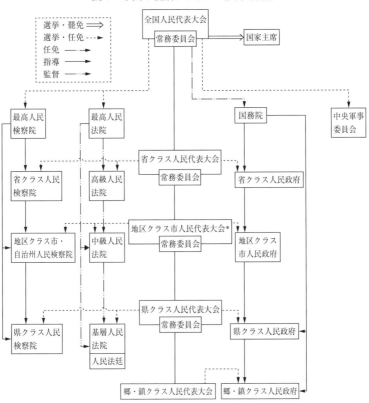

＊高見澤磨・鈴木賢・宇田川幸則『現代中国法入門（第7版）』（有斐閣、2016年）86頁より引用。

2　人民代表大会制度

(1)　総　説

　しばしば、日本でも、「中国では、今日から日本の国会にあたる全人代が開催され…」といったニュース報道を見聞きする。すでに述べたように、中国の全国人民代表大会は、人民主権を基礎とする最高国家権力機関なのであるから、「国会にあたる」という表現は、完全に正確であるとはいえず、時として日本の視聴者の誤解を招く表現である。また、後で明らかになるように、人民代表大会は、「人民」の「代表大会」ではなく「人民代表」の「大会」なので

あるから、「人大」という略称を用いるべきである。「人代」は日本のメディアと権威ある中国政治研究者によって定着してしまった誤略である。

　中国は、1949年10月に毛沢東中国共産党中央委員会主席が建国を宣言することにより成立したが、その後しばらくの間は、日中戦争・国共内戦の傷跡からの復興、土地改革や反革命鎮圧運動等の急進的な社会改革を優先させ、憲法を制定することなく、臨時憲法的位置づけの「中国人民政治協商会議共同綱領」（1949年9月採択）で事態に対応してきた。憲法制定の動きは、1953年から本格化する。憲法起草作業が進行する中で、1953年3月に「全国人民代表大会と地方各クラス人民代表大会選挙法」が先行して採択され、同法に基づいて地方各クラス人民代表大会と全国人民代表大会の選挙が順次実施され、それによって選出・組織された全国人民代表大会代表によって1954年9月に憲法が採択された（1954年憲法）。全国人民代表大会は憲法制定会議としての役割も担ったのである。

　憲法は、その後、1975年、1978年、1982年に全面改正され、1982年憲法が、現行憲法として、数次の部分改正を経て今日までその効力を維持している。その間、人民主権、人民代表大会制度、民主集中制という中国憲法の根幹を支える原理・原則と制度は、条文の文章表現、人民代表大会の権限について多少の変化はあるものの、基本的部分においては堅持されている。

　選挙制度の特徴に話を進める前に、人民代表大会の組織と権限について簡単に言及しておきたい。全国人民代表大会および地方各クラス人民代表大会の組織と権限については、憲法の他、「全国人民代表大会と地方各クラス人民代表大会選挙法（選挙法）」（1979年7月全面改正、以降数次の部分改正）、「全国人民代表大会組織法（全国人大組織法）」（1982年12月公布）、「地方各クラス人民代表大会と地方各クラス人民政府組織法（地方組織法）」（1979年7月公布、以降数次の部分改正）、「全国人民代表大会と地方各クラス人民代表大会代表法（代表法）」（1992年4月公布、以降数次の部分改正）等に規定がある。

(2) 全国人民代表大会の組織と権限

　全国人民代表大会は、すでに強調してきたように、最高国家権力機関として、憲法の改正、憲法の実施の監督、基本的法律の制定・改正、予算の審査・承認、戦争と平和の問題の決定等、広範な権限を有している。国家主席、最高人民法院院長、最高人民検察院検察長、中央軍事委員会主席の「選挙」・罷免、および国務院総理の人選の決定等も全国人民代表大会の職権である（憲法62

条、63 条）。

　全国人民代表大会の代表の任期は 5 年で（憲法 60 条 1 項）、自律的なものも含め「解散」はない。定数は 3000 名を超えないとされている（選挙法 15 条 2 項）。全国人民代表大会の代表は、省、自治区、直轄市の人民代表大会および人民解放軍の選挙によって選出される（憲法 59 条 1 項、選挙法 15 条 1 項）。つまり、全国人民代表大会の代表は、国民の直接選挙によって選出されるわけではない。それぞれの省、自治区、直轄市の人口に比例して具体的な代表定数が割り当てられる（選挙法 16 条 1 項）。例えば、2013 年 2 月 27 日に発表された第 12 期全国人民代表大会代表名簿では、代表の総数は 2987 名であり、北京市（直轄市）55 名、天津市（直轄市）43 名、河北省 126 名…等となっている。中国人民解放軍には 268 名もの代表が割り当てられている。代表は、専任職ではなく、もとの職は離れない（憲法 76 条 1 項参照、代表法 5 条 3 項）。国家主席、国務院総理、最高人民法院院長、軍の幹部、各省のトップ等は、例外なく全国人民代表大会の代表でもある。

図 2　第 12 期全国人民代表大会代表定数（2013 年 2 月 27 日確定）

代表総数 2987 名	
北京市　55 名	広東省　160 名
天津市　43 名	広西チワン族自治区　90 名
河北省　126 名	海南省　25 名
山西省　70 名	重慶市　61 名
内モンゴル自治区　58 名	四川省　148 名
遼寧省　102 名	貴州省　73 名
吉林省　65 名	雲南省　91 名
黒竜江省　93 名	チベット自治区　20 名
上海市　59 名	陝西省　70 名
江蘇省　150 名	甘粛省　54 名
浙江省　96 名	青海省　22 名
安徽省　113 名	寧夏回族自治区　21 名
福建省　68 名	新疆ウイグル自治区　60 名
江西省　81 名	香港特別行政区　36 名
山東省　175 名	マカオ特別行政区　12 名
河南省　172 名	台湾省　13 名
湖北省　118 名	中国人民解放軍　268 名
湖南省　119 名	

＊筆者作成。

　全国人民代表大会は、毎年 1 回会議を開催する（憲法 61 条 1 項）。会議は、例年、3 月頃に 2 週間ほど開かれる。これではとても十分な活動をなしえないので、その下に、常設機関としての全国人民代表大会常務委員会が設けられている。全国人民代表大会常務委員会は、全国人民代表大会によって「選挙」さ

れた委員長、副委員長若干名、秘書長、委員若干名から構成される（憲法65条1項、3項）。通常は、150人から200人の規模となる。全国人民代表大会の代表と異なり、委員は、行政機関、裁判機関、検察機関との兼職を禁じられており（同65条4項）、政治活動に専念することを期待されている。現行憲法は、以前の憲法と比べて、全国人民代表大会常務委員会の権限を拡大・強化した。憲法の解釈、基本的法律以外の法律の制定・改正、法律の解釈、他の国家機関の活動の監督、条約の批准の決定、緊急状態に入ることの決定等が全国人民代表大会常務委員会の職権となっている（同67条）。

(3) 地方人民代表大会の組織と権限

中国において、中央と地方が指導被指導のヒエラルキーの関係となっていることは、すでに述べたが、具体的には、地方は、全国→省・自治区・直轄市（省クラス）→自治州・県・自治県・市（県クラス）→郷・民族郷・鎮（郷・鎮クラス）に区分される。直轄市および比較的大きい市は区を設けている（憲法30条）。さらに、憲法には明文の規定がないものの、現在、ほとんどの地域で省クラスと県クラスの間に地区クラスの市が設置されており、行政区画のクラスが一つ増えている。市の下に県があったり、クラス（級）の異なる市があったり、と中国の行政区域はかなり複雑なのであるが、ここでは詳細には立ち入らない。

地方では、省、直轄市、県、市、区、郷、民族郷、鎮は、それぞれ人民代表大会および人民政府を設けている（憲法95条1項）。「自治区、自治州、自治県は、自治機関を設ける」（同条2項）とされ、若干位置づけは異なっているが、自治機関はやはり人民代表大会および人民政府である（同112条）。県クラス以上の人民代表大会には常務委員会が設けられている（同96条2項）。地方各クラス人民代表大会の代表の任期は5年である（同98条）。かつて、郷、民族郷、鎮の人民代表大会の代表については任期3年であったが、2004年3月の憲法部分改正で、一律5年に統一された。地方各クラス人民代表大会は、当該区域内における経済・社会発展計画や予算を審査・承認する（同99条1項、2項）。さらに、省クラス、省・自治区の人民政府所在の都市、国務院が指定した比較的大きな市の人民代表大会およびその常務委員会は、憲法、法律、行政法規に抵触しないという前提の下で、地方的法規を制定することができる（同100条、地方組織法7条2項）。地方各クラス人民代表大会は、それぞれ同じクラスの人民政府の正副の長を「選挙」・罷免する権限を有する（憲法

101条)。

3 中国共産党の指導

「中国は共産党の一党独裁の国である」というイメージを多くの日本人が抱いている。中国の選挙制度を概観するにあたって、**中国共産党**(以下、共産党と略称)の問題に言及しないわけにはいかない。

中国憲法では、前文においてのみ「中国共産党」という語が登場する。とりわけ、「中国の各民族人民は、引き続き共産党の指導の下で、マルクス・レーニン主義、毛沢東思想、鄧小平理論および「三つの代表」重要思想(中国共産党が、中国の①先進的生産力の発展の要求、②先進的文化の前進の方向、③最も広範な人民の根本的利益、を代表するという理論)に導かれて、人民民主主義独裁を堅持し、社会主義の道を堅持し」というくだりは、中国では、「四つの基本原則」と呼ばれる。それは、憲法の指導思想であり、その堅持は全公民の法的義務とされている。①社会主義の道、②人民民主主義独裁、③共産党の指導、④マルクス・レーニン主義云々という「四つの基本原則」の中核は、「共産党の指導」である。このことは、共産党が、他の三つの基本原則の内容、さらには憲法の全条項の解釈権を掌握することを意味する。共産党が、実質的に超憲法的存在となり、中国における立憲主義の確立を妨げていることは、中国内外の多くの研究者が指摘しており、これまで様々な政治体制改革案も提起されてきた。ここでそれらを紹介・検討するのは本書の目的とややずれるので、選挙制度と関連する次の二つの点のみを指摘する。

まず、共産党の組織も民主集中制である。中央に党中央委員会があり、各地方にそれぞれ各クラス党委員会がある。下級組織は上級組織に服従する。各クラス党委員会はそれぞれ同じクラスの地方国家機関を指導する。このように、共産党が国家機関に優位するという構図なので、例えば、一つの省でいえば、その省の党委員会書記が同じ省の省長よりも共産党内の序列が高いことがほとんどである。ただし、近年、法治の推進という観点から、党委員会書記も国家機関において無役であることは望ましいことではないとされ、同じクラスの人民代表大会常務委員会の主任のポストに就いていることが多い。

また、中央および地方の各国家機関(人民代表大会、人民政府、人民法院)、国有企業等の企業組織、文化組織等のいわば非党組織内には、党グループ(党組)が設けられる。党委員会が「外から」の指導であるとすれば、党グループ

はいわば「内から」の指導である。党グループの活動は明らかにされていない部分が多いが、主として、その所属組織について、活動の報告、人事、政治思想工作、日常的な業務の指導等を行っているといわれる。

　共産党は、このように特別な地位にある**執政党**である。実は、細かいことをいえば、中国には、共産党以外にも**民主党派**と呼ばれる八つのミニ政党がある。しかしながら、これらは、中華人民共和国成立以前に誕生し、共産党の政権奪取に協力した政治団体である。「共産党の指導」を受け入れ、社会主義の建設に協力する**参政党**にすぎない。党員数だけとってみても、8700万人を超える中国共産党に対して、民主党派の中で最も規模が大きい中国民主同盟でも24万人強である。中国の「多党合作」（憲法前文）は、私たちが通常イメージする複数政党制とはまったく異なるものである。なお、中国憲法では、結社の自由が規定されているが（同35条）、以上述べたように共産党の指導的地位を憲法が明記していることから、公民は、共産党や八つの民主党派に加入する自由はあっても、新しく政党を結成する自由は認められていない、というのが支配的学説である。

　こうした「共産党の指導」は、選挙制度の設計や実際の選挙の実施にも当然強く影響を及ぼしてくることになる。

II　選挙権、選挙制度、選挙方法の特徴

1　選挙の原則と実際

　まず、**普通・平等・秘密・自由・直接選挙**という近代選挙の五原則が、中国の憲法や法律にどのように宣言・反映されているかを確認することを通じて、中国の選挙権、選挙制度、選挙方法の特徴をみていくことにしたい。

(1)　**普通選挙**

　中国憲法は、34条において、「中華人民共和国の満18歳の年齢に達した公民は、民族、種族、性別、職業、出身家庭、宗教信仰、教育程度、財産状況、居住期間を問わず、すべて選挙権および被選挙権を有する。ただし、法律に基

づき政治的権利を剥奪された者は除く」と規定し、普通選挙を宣明する。「中華人民共和国の公民」とは「中華人民共和国の国籍を有する者」である（憲法33条1項）。かつて、1953年選挙法では、階級所属によって選挙権・被選挙権が制限されていた。例えば、地主階級に属する者は選挙権をもたなかった。現行の1979年選挙法は、選挙権・被選挙権をもたない（あるいは行使できない）者として、次の二つの場合を定めている。一つは、法律に基づき政治的権利を剥奪された者である（選挙法3条2項）。刑法（1979年7月公布、以降数次の部分改正）は、附加刑として政治的権利の剥奪を定めており（同34条）、その内容の一つが「選挙権と被選挙権」である（同54条）。もう一つは、精神病患者である。該当する者は、選挙委員会（後述）の確認を経て、選挙民名簿に登載されない（選挙法26条2項）。

(2) 平等選挙

平等選挙について、中国憲法は、33条2項で「中華人民共和国の公民は、法律の前に一律に平等である」と語るのみであるが、選挙法は「各選挙民は、1回の選挙において、1票の投票権のみを有する」と投票資格の平等を明記している（選挙法4条）。

ただし、**投票価値**という点に着目すれば、法制度上、さらには実際の運用上、様々な不均衡が存在している。漢民族と少数民族の代表1人あたりの人口数の不均衡、都市と農村の代表1人あたりの人口数の不均衡、行政区域間および行政区域内選挙区間における定数不均衡、人民解放軍の優遇的な定数配分等である。これらについては、「Ⅲ　人民代表大会代表の選挙」の中で詳述する。

(3) 秘密選挙

秘密選挙については、中国憲法には特段の規定はないものの、選挙法39条1項が、「全国および地方各クラス人民代表大会の選挙は、一律に、無記名投票の方法を採用し、選挙の際には、秘密投票所を設置しなければならない」と規定している。かつて、1953年選挙法では、郷、鎮、区等、末端の人民代表大会代表の選挙においては、挙手による投票方法も認められていた。現在、法文上は、無記名秘密投票が原則となったが、実際には、依然として投票の秘密が守られていないような状況が数多く報告されている。

(4) 自由選挙（任意投票）

自由選挙（任意投票）については、中国憲法には特段の規定はないものの、選挙法35条2文が、「いかなる組織または個人も、いかなる方法によっても、

選挙民または代表が選挙権を自由に行使することに干渉してはならない」と規定している。「選挙民および代表が選挙権および被選挙権を自由に行使することを保障するために」、選挙を破壊する各種の行為（買収、暴力、威嚇、文書偽造等）を行った者には、行政罰さらには刑事罰が科される（選挙法57条）。また、選挙法40条は、選挙民は、候補者に対して、賛成票を投じてもよいし、反対票を投じてもよいし、その他の選挙民に投票してもよいし、棄権してもよい、と規定している。法文上棄権の自由が明記されているとはいえ、いずれの選挙も「上からの動員」という色彩が強く、投票率は公式発表で軒並み90％を超える。職場を一つの選挙区とすることが可能であったり（同24条1項2文）、選挙大会を開催しての選挙や移動投票箱での投票が可能であったり（同37条）と、実際に棄権しにくい状況もあるのだろう。また、3人を超えない範囲であれば代理投票が認められており（同41条）、これも投票率を引き上げる要因の一つであるといわれる。

(5) **直接選挙**

中国の選挙制度の最大の特徴は、この直接選挙の点にあるといってよい。

実は、中国では、すべてのクラスの人民代表大会代表が直接選挙で選出されるわけではない。直接選挙が行われるのは、末端の郷・鎮クラスとその一つ上の県クラスの人民代表大会代表までである。地区クラスと省クラスの人民代表大会代表、および全国人民代表大会代表については、その一クラス下の人民代表大会がそれぞれ選挙する（憲法59条1項1文、97条、選挙法2条）。つまり、直接選挙と間接選挙を併用した選挙制度なのである。1953年選挙法では、最末端の郷・鎮クラスの人民代表大会代表のみ直接選挙で選出していたので、現行選挙法では、直接選挙の範囲が少し拡大したことになる。5年に一度、下級の人民代表大会から順次選挙（直接・間接）を行っていき、全国人民代表大会の任期満了2カ月前に全国人民代表大会代表の選挙が完了されていなければならない（憲法60条2項）。

図3 直接選挙と間接選挙の併用

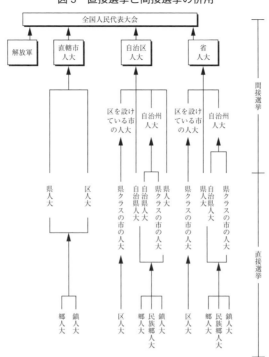

＊毛里和子『現代中国政治－グローバル・パワーの肖像－（第3版）』（名古屋大学出版会、2012年）134頁の図を修正。

2 公民が直接に選挙できる範囲

　以上、中国の選挙権、選挙制度、選挙方法の特徴をみてきた。まとめれば、中国において、公民が直接に選挙権を行使しうるのは、権力機関である人民代表大会のうち、末端の郷・鎮クラスとその一つ上の県クラスの人民代表大会の代表の選出においてのみである。全国人民代表大会を含む、より上位の人民代表大会の代表は間接選挙で選出される。また、国家元首である国家主席、中央の国家行政機関の総理（国務院総理）は全国人民代表大会が、地方の国家行政機関の長（省長、市長、県長、区長、郷長、鎮長等）は同じクラスの人民代表大会が、それぞれ「選挙」する。

　中央と地方における行政機関のトップの選出については、中国では選挙制度

Ⅱ　選挙権、選挙制度、選挙方法の特徴　177

というよりも統治システムの論点として扱われることが多いので、本章でもこれ以上の言及は控えたい。中国は、日本と同じ漢字使用国であり、行政機関や裁判機関の選出にも「選挙」という漢字が用いられているので、日本の研究者・メディアはしばしば困惑する。

本章では、以下、人民主権を体現する（ことが少なくとも憲法上は予定されている）「民意」機関としての人民代表大会の代表の選挙に絞り、いくつかの具体的制度についてより掘り下げて検討する。

III 人民代表大会代表の選挙
——特徴と具体的制度

1 直接選挙と間接選挙の併用

すでに概説したように、中国では、人民主権と民主集中制の原則の下、いわば下から上への積み上げ式で人民代表大会代表の選挙が実施される。郷・鎮クラス、県クラスが選挙民による直接選挙、地区クラス、省クラス、全国がそれぞれ一クラス下の人民代表大会による間接選挙である。全国人民代表大会の場合、このほか、人民解放軍、香港特別行政区、マカオ特別行政区からも一定数の代表が選出される（選挙法 15 条 1 項、3 項）。人民解放軍、香港とマカオの代表の選出については、別途、法律・法規がそれらを定めている。

人民代表大会代表と選挙民は、**命令委任**の関係にたつ。すなわち、間接選挙で選出されている人民代表大会代表は選挙母体（一クラス下の人民代表大会）の監督を、直接選挙で選出されている人民代表大会代表は選挙民の監督をそれぞれ受け、さらに、選挙母体と選挙民は、自らが選出した代表を罷免する権限を有している（憲法 77 条、102 条、選挙法 48 条）。なお、罷免の具体的な手続については、選挙法が比較的詳細に規定している（選挙法 49 条～52 条）。

間接選挙をも採用している理由として、政府指導者や法学者たちから挙げられるのが、経済・文化・交通等の面での制約、国民の教育・知識水準の低さ、大規模な直接選挙を行った経験の欠如等である。つまり、現行の直接選挙と間

接選挙の併用制は過渡的な制度であるという位置づけなのである。近年、一部の法学者が、直接選挙の範囲の拡大を主張しているものの、中国政府・共産党が選挙制度の改革に乗り出す兆しはみえていない。

　選挙民からすれば、全国人民代表大会代表は、二重あるいは三重の間接選挙で選出されているわけである。加えていえば、間接選挙の場合、代表候補者は、当該クラスの人民代表大会の代表には限られない（選挙法 32 条）。本来、積み上げられていくはずの「民意」は、希釈あるいは切断されてしまっている。「民意」のかわりに貫徹されるのは、「共産党の指導」である。

2　代表定数の配分

(1)　人口比例の原則

　全国人民代表大会の代表の定数が 3000 名を超えないということはすでに述べたが、地方各クラス人民代表大会の代表定数についても、選挙法は、それぞれのクラスごとにその大枠を定めている（選挙法 11 条）。例えば、省クラスについていえば、選挙法 11 条 1 項 1 号が、「省、自治区、直轄市の代表定数の基数は 350 名とし、省、自治区は 15 万人ごとに 1 名の代表を、直轄市は 2 万 5000 人ごとに 1 名の代表を増やしてもよい。ただし、代表の総定数は、1000 名を超えない」と規定している。間接選挙によって選出される全国、省クラス、地区クラスの人民代表大会については、人口に比例して、その選挙母体、すなわち一クラス下の人民代表大会に具体的な代表定数が配分される（同 16 条）。わかりにくいが、間接選挙が絡む場合には、当該人民代表大会そのものの定数と、一クラス上の人民代表大会の代表を選出する定数があるということである。例えば、北京市（直轄市）についていえば、選挙法 11 条の計算方法に基づいて、北京市第 14 期人民代表大会代表（2013 年 1 月～）の総数は 771 名である。その内訳は、東城区 69 名、西城区 88 名、朝陽区 100 名、海淀区 100 名…等と、人口比例で配分されている（2012 年 11 月公表）。そして、北京市人民代表大会から選出される第 12 期全国人民代表大会の代表は、55 名である。

(2)　いくつかの優遇

　選挙法は、いくつかのカテゴリーに属する人々に配慮を加えるよう要請している。例えば、女性については、選挙法 6 条 1 項 1 文が、「…適当な数の女性代表をもち、女性代表の比率を徐々に高めていかなければならない」と規定し

ている。具体的な割当規定はないが、結果として、全国人民代表大会では、1980 年代以降、毎期、20％（600 人）超の女性代表が選出されている。

　より特徴的なのが、少数民族の優遇である。中国には、漢民族のほかに、55 の少数民族が存在している。人口でいえば、漢民族が 91.5％ 程度で、55 の少数民族合わせて 8.5％ 程度である。憲法は、中国が統一した多民族国家であることを謳い、各民族の平等、少数民族の権利利益の擁護を強調する（憲法前文、4 条）。その一環として、「各少数民族は、すべて適当数の代表をもたなければならない」と規定する（憲法 59 条 1 項 2 文）。憲法の規定を受けて、選挙法は具体的な規定を設けている。すなわち、地域内に集居する同一の少数民族の総人口が、地域内の総人口の 15％ に満たない場合、少数民族の代表 1 人あたりの人口数を、当該地域の人民代表大会の代表 1 人あたりの人口数の 2 分の 1 まで少なくすることができる（選挙法 18 条 3 項）。また、人口がとりわけ少ない少数民族でも、最低 1 人の代表を全国人民代表大会へ選出しなければならない（同 17 条）。この結果、1980 年代以降、全国人民代表大会における少数民族の代表は 13％ から 15％ 程度で推移している。

　加えて、2010 年 3 月の選挙法部分改正までは、都市住民への優遇も法的に存在した。すなわち、省・自治区の人民代表大会代表の定数、省・自治区・直轄市が選出する全国人民代表大会代表の定数等について、原則として、農村の代表 1 人あたりの人口は、都市の代表 1 人あたりの人口の 4 倍とされていた。農村住民の一票の法的価値は都市住民の 4 分の 1 にすぎなかったのである。農民人口が多い中国において、労働者階級の指導的地位を確保・保障するために必要な（またはやむをえない）措置であると説明されていたが、こうした正当化根拠に疑問を提示する憲法学者も少なくなかった。現在、都市と農村の法的な一票の較差は、上述の選挙法 11 条 1 項 1 号にわずかに痕跡を残すのみとなった。

図4　都市と農村の1票の格差の変遷

	全国人大レベル	省、自治区人大レベル	自治州、県、自治県人大レベル
1953年選挙法	各省は人口80万人ごとに1代表、中央管轄市や省の管轄する人口50万人以上の工業都市は10万人ごとに1代表（第20条）	いずれも一定の人口比率を基礎としながら、都市と農村との間に格差を認めている（第9条、第11条、第14条、第16条）	
1979年選挙法	1：8（第14条）	1：5（第12条）	1：4（第10条）
1982年修正後	1：8（第14条）	1：5（第12条）	1：4〜1：1（第10条）
1995年修正後	1：4（第14条、第16条）		1：4〜1：1（第12条）
2010年修正後	1：1（人口数に比例して配分）（第14条、第16条）		

＊林来梵『中国における主権・代表と選挙』（晃洋書房、1996年）154頁の表を修正。

(3)　選挙区の区割り

　直接選挙による人民代表大会代表の選挙においては、選挙区の区割りが必要となるが、これについては、直接選挙による人民代表大会の選挙を主宰する選挙委員会（後述）が行う（選挙法8条2項、10条）。選挙区は、居住状況に基づいて区分し、職場等で一つの選挙区としてもよい（同24条1項）。実際に、今日でも、大学や国有企業が一つの選挙区を構成していることも多い。選挙区の大小によって、1選挙区につき1名から3名の代表を選出する（同24条2項）。各選挙区の代表1人あたりの人口数は大体同じにしなければならない（同25条）。

　以上みたように、代表定数の配分については、法制度上、様々な不均衡が存在している。加えて、選挙法が人口比例を一応標榜している行政区域間、行政区域内部の選挙区間でも実際には小さくない不均衡が存在することが予想しうる。再度確認しておきたいことは、これら不均衡について、中国では、司法の場で争うことができないということである。

3　代表候補者の選抜と代表の選出

(1)　直接選挙の流れ

　実際の直接選挙の流れは、選挙法によれば次のようになっている。

①選挙委員会の成立。
②選挙委員会による選挙区区割り、定数配分の決定。
③選挙民登録（26条）。
・疑義がある場合、選挙委員会への申立、さらには人民法院への提訴が可能（28条）。
④選挙民名簿の公布（投票日の20日前までに）（27条）。
⑤代表候補者の推薦（29条）。
⑥選挙委員会による代表候補者（初歩）の名簿のとりまとめ・公布（選挙日の15日前までに）（31条1項2文）。
⑦選挙民グループによる代表候補者名簿の討論・協商・確定。
⑧比較的多数の選挙民の意見に基づき、選挙委員会が正式な代表候補者（最終）の名簿を確定・公布（選挙日の7日前までに）（31条1項3文）。
・なお、意見が一致しない場合は予備選挙を実施。
⑨選挙委員会による正式代表候補者の状況（プロフィール）の紹介（33条）。
⑩投票
・選挙区の選挙民全体の過半数が投票に参加することで選挙は有効。代表候補者は投票に参加した選挙民の過半数の票を得れば当選（44条1項）。
⑪選挙委員会による選挙結果の確定・公布（45条）。

選挙風景1

（中岡まり氏提供）

選挙風景2

（中岡まり氏提供）

投票用紙（選票）

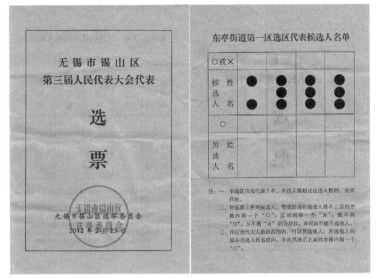

（出典）中国選挙観察（2012）之十七：提前一天把選票発給選民帯回家是依的哪国（http://blog.163.com）（ただし、現在は削除されている）

(2) 代表候補者の絞り込み

なんといっても、最大の特徴は、代表候補者の絞り込みにある。

かつて、1953年選挙法では、すべての選挙において代表候補者は定数と同数でなければならないとされていた（**等額選挙**）。信任投票である。1979年選挙法は、これをあらため、「差額選挙を実施する」とした。すなわち、「代表候補者の人数は、選出されるべき代表の定数よりも多くなければならない」（30条1項）。とはいっても、この「差額選挙」は、私たちが通常イメージする自由な立候補による競争選挙とは、その内容が大きく異なる。まず、代表候補者の人数に上限がある。直接選挙によって選出される人民代表大会代表の場合は、定数の1と3分の1（1.33…）から2倍、間接選挙によって選出される人民代表大会代表の場合は、定数の1と5分の1（1.2）から1と2分の1（1.5）倍である（30条2項）。

代表候補者の推薦には、2種類の方法があり、一つは、各政党・人民団体による単独推薦、もう一つは、選挙民10名以上の連名による推薦である。もし、立候補がしたければ、推薦者10人を自ら集めることになる。推薦による代表

Ⅲ 人民代表大会代表の選挙 | 183

候補者がでそろった後、選挙民グループによる討論・協商（間接選挙では、人民代表大会代表全体による醸成・討論）を通じて、正式な代表候補者の名簿が作成される。もし、上述の差額選挙の範囲を超える代表候補者が推薦されていれば、この過程で圧縮されることになるし、中国政府・共産党にとって都合の悪い代表候補者もこの過程ではじき飛ばされることになる。討論・協商（醸成・討論）、「比較的多数の選挙民の意見に基づく」というのはきわめて不透明な手続過程である。「意見が一致しない場合は予備選挙を実施する」とされているが、実際にはほとんどの地域で予備選挙は行われていない。

そして、最終的な代表候補者名簿の公布に至って、初めて選挙民は自らの選挙区にどういう代表候補者がいるのかを知るのである。代表候補者による積極的な選挙活動のようなものはほとんどない。選挙委員会が、代表候補者の氏名、年齢、民族、所属階級等、簡単なプロフィールを選挙民に紹介するだけである。「投票日は、代表候補者の紹介を停止しなければならない」（選挙法33条）というのが、選挙運動の規制に関する唯一の明文規定である。

なお、間接選挙では、人民代表大会常務委員会が当該クラスの人民代表大会の選挙を主宰する（選挙法8条1項）。選挙区区割りや選挙民登録は、間接選挙には存在しないが、代表候補者の推薦・確定の手続（⑤以下）は、直接選挙のそれとほぼ同様である。「人民代表大会全体による醸成・討論」は、直接選挙の場合以上に不透明であるといわれる。

実は、投票において、正式代表候補者以外の候補、いわゆる「独立候補」の当選の可能性がわずかに残されている。上述したように、「討論・協商（醸成・討論）」の過程で、中国政府・共産党にとって不都合な候補は確実に排除されるのだが、選挙法40条は、賛成・反対・棄権のほか、「その他の選挙民に投票してもよい」と規定している。過去、ある地域で、選挙民が大挙して正式代表候補者以外の特定の候補者の名前を書いたことにより「独立候補」が当選し話題となった。

中国の選挙において、代表候補者の多くにとって重要なのは、投票での「選出」の段階よりも、その前の「選抜」の段階なのである、という指摘があるが的を射ている。

IV 共産党による選挙のコントロール
―― 最近の動向にかえて

　人民代表大会は、憲法理念上は、人民主権を体現する「民意」機関であるが、実際には、共産党の統治の正当性（あるいは正統性）を法的に調達・確保するための権力装置にすぎない。そして、選挙制度および実際の選挙の実施は、「共産党の指導」を貫徹するために重要な意味をもつのである。

　選挙の実施における「共産党の指導」も簡単にみておきたい。直接選挙については、近年、いくつかの研究やルポルタージュ・告発本で、その実施の実際を垣間見ることができる。

　ある行政区域での人民代表大会代表の直接選挙の場合、当該区域の選挙委員会のトップは、当該区域の党委員会書記が務めることがほとんどである。首長、副首長、人民法院院長、人民検察院検察長といった政治部門幹部や共産党・民主党派の幹部は、「落選が許されない代表候補者」である。そのため、上級の党委員会の指揮の下で、選挙委員会は慎重に（恣意的に？）選挙区の区割りと定数の配分を行う。そして、落選が許されない代表候補者たちを適切な選挙区に振り分ける。その結果、少なからず、代表候補者は、選挙区の選挙民にとって落下傘型の候補となる。ただし、地域によっては、政党による単独推薦に一定の枠が設けられていることがある。例えば、北京市が定めている選挙実施細則（1984 年 2 月採択、以降数次の部分改正）によれば、区・県クラスにおいて、各政党・人民団体推薦による代表候補者は総定数の 20% を超えてはならない（細則 38 条 1 項 1 号）。こうした規定がある場合には、当局は選挙民を動員して、「選挙民 10 名以上の連名による推薦」という外観を作り上げて代表候補者を送り込む。上述したように、選挙法で差額選挙を実施することが規定されているため、「選挙民 10 名以上の連名による推薦」は、代表候補者総数の帳尻合わせや「当て馬候補」としてもしばしば利用される。

　選挙の結果、当選した代表の構成比率、すなわち、共産党員、少数民族、女性等の比率や投票率、競争倍率等が、法律・法規の規定、公開または非公開で事前に設定されている指標の枠内に収まっていれば、また、当局が予定した代表候補者が漏れることなく全員当選していれば、共産党にとって選挙は「成

功」したことになる。

　このような共産党がコントロールする選挙制度が、近い将来、大きく転換される可能性はきわめて低い。これまでも、郷・鎮の人民代表大会代表の任期を3年から5年にしたり（2004年3月）、都市・農村の法的な一票の較差を解消したり（2010年3月）、微調整を繰り返してきたが、今後も、社会の反応を慎重に見極めながら、現行の制度に手を加えていくのだろう。2000年頃、広東省の一部の鎮では鎮長直接選挙が試されている。これらは、すべて、執政党である共産党の生き残りの模索でもある。

【参考文献】
①高見澤磨・鈴木賢・宇田川幸則『現代中国法入門（第7版）』（有斐閣、2016年）
②毛里和子『現代中国政治―グローバル・パワーの肖像―（第3版）』（名古屋大学出版会、2012年）
③深町英夫編『中国議会100年史―誰が誰を代表してきたのか―』（東京大学出版会、2015年）第10章〔中岡まり〕、第11章〔加茂具樹〕、第12章〔石塚迅〕
④林来梵『中国における主権・代表と選挙』（晃洋書房、1996年）
⑤蔡定剣『中国人民代表大会制度（第4版）』（法律出版社、2003年）

コラム　台湾（中華民国）の選挙制度

　第二次世界大戦後、中国共産党との内戦に敗れた蔣介石率いる中国国民党は、台湾に退去し、それ以降、台湾は、中国（中華人民共和国）とは異なる政治実体＝中華民国がこれを実効支配している。

　1980年代後半から始まった政治的民主化の中で、台湾（中華民国）の統治システムと選挙制度も大きく変動した。現在、台湾の統治システムは大統領制と議院内閣制との混合形態となっている（「双首長制」と呼ばれる）。国民は、国政レベルにおいて、総統選挙と立法院の立法委員選挙（中央公職人員選挙）の二つの選挙に参加する。立法院は一院制である。

　総統選挙：かつては国民大会が選出していたが、1994年の憲法部分改正で正副総統を直接選挙で選出する制度（民選）に改められた。「得票最多の一組」が当選する（相対多数制）。選挙権は満20歳で、被選挙権は

満 40 歳である。総統の任期は 4 年で再選は 1 回まで可能である（三選禁止）。

立法委員選挙：小選挙区比例代表並立制を採用する。定数は 113 議席で、このうち、小選挙区選出が 73 議席で、比例代表選出が 34 議席である。また、原住民枠として 6 議席が別に設けられている。有権者は選挙区の候補者および全国一区の政党にそれぞれ投票する（二票制）。選挙権は満 20 歳で、被選挙権は満 23 歳である。立法委員の任期は 4 年で、総統は立法院の解散権を有している。比例代表については、5% の阻止条項、女性へのクオータ制（2 分の 1 を下回ってはならない）を憲法で明記しているのが特徴的である。

なお、「ねじれ」防止と経費節減を理由に、2012 年から総統と立法委員の同日選挙を実施している。2016 年 1 月の選挙では、民主進歩党の蔡英文が総統に当選、立法院も民主進歩党が 68 議席を獲得し、8 年ぶりの政権交代が実現した。

韓国

はじめに

　隣国である大韓民国は、1948年の建国以降、長いあいだ権威主義体制がとられてきたが、1980年代になって民主化が実現した。朝鮮半島はかつて日本による植民地統治を受けていたこともあり、日本と韓国はしばしば過去の歴史等をめぐって現在でも衝突がみられるものの、東アジア諸国のなかでは人権や民主主義など、韓国は本来、日本と多くの価値を共有できる点の多い国家である。

　だが韓国の統治形態をみると、大統領制が採用されていることや、単院制の国会であること、法律の違憲審査は**憲法裁判所**が行っていることなど、日本とは大きく異なる点もみられる。近年では、朴槿恵前大統領の弾劾罷免について日本でも報道されるなど、韓国における大統領制と統治システムについては注目を集めているように思われる。そこで本章では、まず韓国における統治システムについて簡潔に紹介し、韓国における選挙制度についてみていくことにしたい。

I 概要

1　統治システム

　大韓民国は、共和制の国家である。1960年代の第二共和国時代で議員内閣制であったわずかな時期を除き、1948年の建国以降これまで大統領制がとられてきた。建国以降、時の政権によって統治システムの変遷があったが、1987年の民主化以降の統治システムをみると、行政権は大統領が、立法権は国会が、司法権は大法院（日本でいう最高裁判所）が、法律の違憲審査は憲法裁判所がそれぞれ担っている（図1）。

　大統領制というとアメリカの制度が一般的には思い浮かぶが、現在の韓国の

大統領制では副大統領がおらず**国務総理**を置いているという点、五年単任制である点、大統領にも法律案の提出権が認められるといった点などでアメリカとは異なっている。また、大統領が欠けたときは国務総理がその権限を代行する（憲法71条）。国務総理が大統領の権限を代行した最近の例では、2016年12月に朴槿恵大統領が弾劾訴追された際に、黄教安国務総理が大統領の権限を代行している。

韓国の国会は日本やアメリカとは異なり単院制をとっている。第一共和国時代および第二共和国時代には両院制だった時期があるが、そのわずかな時期を除いて単院制となっている。議席数はこれまでにしばしば変更が加えられ、現在は300である。

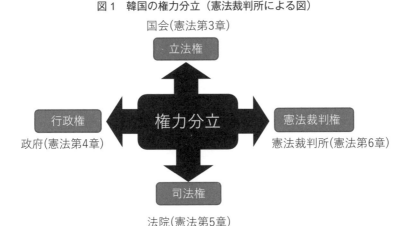

図1　韓国の権力分立（憲法裁判所による図）

出典：憲法裁判所、https://kids.ccourt.go.kr/mobile/info/trialInfo.do の図を和訳および再入力（2017. 4. 25. アクセス）

地方自治については、韓国の地方自治体は**広域自治体**と**基礎自治体**の二重の構造になっており、広域自治体には、特別市・広域市・特別自治市・道・特別自治道が含まれる（地方自治法2条1項1号）。具体的には、1特別市（ソウル特別市）、6広域市（釜山広域市、大邱広域市、仁川広域市、光州広域市、大田広域市、蔚山広域市）、1特別自治市（世宗特別自治市）、8道（京畿道、江原道、忠清北道、忠清南道、全羅北道、全羅南道、慶尚北道、慶尚南道）、1特別自治道（済州特別自治道）の、合計17の自治体が挙げられる（図2参照）。なお、

韓国では基礎自治体の行政区画においても「市」という単位が使用されているが、広域自治体を指す「市・道」(日本における「都道府県」という呼称に相当)という用語が使われている場合は、特別市・広域市・特別自治市を指しているため注意する必要がある。

広域自治体の下には、自治区・市・郡とよばれる基礎自治体が存在する(地方自治法2条1項2号)。なお、済州特別自治道については「済州特別自治道設置および国際自由都市助成の為の特別法」10条1項の規定により、基礎自治体を置いていない。その代わり自治体ではない「**行政市**」を置き(同条2項)、行政市長は道知事によって任命される(同法11条2項)。また世宗特別自治市についても「世宗特別自治市設置等に関する特別法」6条2項の規定により、基礎自治体が置かれていない。

なお韓国では、地方自治体の改革についてしばしば議論されており、基礎自治体については、特別市と広域市の基礎自治体の議会を廃止し、基礎自治体の長は任命制とすることが検討されたりもしている。

図2　韓国の広域自治体

特別市（1）
1 ソウル特別市
広域市（6）
2 釜山広域市
3 大邱広域市
4 仁川広域市
5 光州広域市
6 大田広域市
7 蔚山広域市
特別自治市（1）
8 世宗特別自治市
道（8）
9 京畿道
10 江原道
11 忠清北道
12 忠清南道
13 全羅北道
14 全羅南道
15 慶尚北道
16 慶尚南道
特別自治道（1）
17 済州特別自治道

出典：韓国国土交通部国土地理情報院、http://dokdo.ngii.go.kr/child/contents/contentsView.do?rbsIdx=33 の白地図をもとに作成（番号は筆者）(2016. 12. 8. アクセス)。なお、本図は韓国で作られた白地図ゆえ、竹島が韓国領となってしまっているが、本稿では特に政治的な意図はない。

2　選挙権と被選挙権

(1)　選挙権の要件

　現在の大韓民国憲法では、24条において「すべての国民は法律の定めるところにより選挙権を有する」として選挙権を保障しており、25条において「すべての国民は法律の定めるところにより公務担任権」を有するとして、被選挙権を保障している。

　韓国における選挙は、国政選挙と地方選挙に分けられる。国政選挙は大統領選挙と国会議員選挙があり、大統領選挙は5年に1度、国会議員選挙は4年に1度行われる。地方選挙は広域自治体と基礎自治体でそれぞれ自治体の長と議員の選挙が行われる。すべての地方選挙は同時に行われ、各広域自治体の教育監選挙も行われる。

　投票用紙は日本のように候補者の名前を有権者が直接記入するのではなく、あらかじめ候補者の名前が書かれた用紙に、記票台に備え付けられた筆記用具を使って有権者が押印するという形式をとっている（図3）。記票用具は、日本でいういわゆる「シャチハタ」のようなインク浸透印であり、インクは朱色で、円のなかに「卜」の字が入ったデザインとなっている（写真1）。こうしたデザインとなったのは、中に何もない円だと、投票用紙を折り畳んだ際にイ

図3　韓国の国会議員選挙の投票用紙のイメージ

＊左は〈変更前〉で右は〈変更後〉のもの。押印欄からのはみ出しによる無効票を防止するため、現在では各候補者の間に余白が設けられている。用紙の上部には「国会議員選挙投票」と書かれており、欄内には政党名と候補者名（ここでは架空のもの）が入っている。
出典：全羅南道選挙管理委員会
　　　http://jn.nec.go.kr/prg/synap/attachView.jsp?fileIdx=31850（2017.1.6.アクセス）

写真1　投票の際の記票用具のイメージ（実際に使用される起票用具のメーカーは選挙の度に異なる。筆者撮影）

ンクが色移りしてしまい判読できずに無効となってしまうということが理由に挙げられている。

　選挙権については2005年の公職選挙法改正により、それまでの20歳から19歳以上の国民へと、年齢が引き下げられている（公職選挙法15条1項）。19歳という数字は世界でも珍しいが、これは18歳まで引き下げると高校生も含まれるため、高校生の政治参加に反対する者が多かったからといわれている。なお、韓国では民法の改正により2013年7月から成人年齢がそれまでの20歳から19歳へと引き下げられたため、現在では選挙権の年齢と成人年齢がそれぞれ19歳で一致している。

　公職選挙法18条1項では、次の者に対しては選挙権を認めていない。禁治産宣告を受けた者（同項1号）、1年以上の懲役または禁錮刑の宣告を受け、その執行が終了していない者と執行を受けないことが確定していない者（執行猶予中の者は除く）（2号）、政治資金や選挙費用に対する違反の罪を犯した者または在任中に収賄等の罪を犯した者で、100万ウォン以上の罰金刑の確定後5年または執行猶予判決後10年、もしくは懲役刑の宣告を受けたが不執行が確定したり執行の終了あるいは免除後10年が経過していない者（3号）、法院の判決または他の法律によって選挙権が停止または喪失された者（4号）が挙げられている。

　また、被選挙権がない者としては、前述の公職選挙法18条1項の1号、3号、4号に該当する者（同法19条1号）、禁錮以上の刑の宣告を受けその刑が

失効していない者（2号）、裁判所の判決または他の法律によって被選挙権が停止または喪失された者（3号）、国会会議妨害罪を犯した者で500万ウォン以上の罰金刑の確定後5年が経過していない者、刑の執行猶予が確定後10年が経過していない者、懲役刑の宣告を受け執行されないことが確定または執行の終了もしくは免除後10年が経過していない者（4号）、投票の見返りに金品の提供等の罪を犯し罰金刑が確定後10年が経過していない者（5号）が挙げられている。

(2) 選挙権の拡大

1 在外国民

　韓国ではかつて、選挙権を行使するにあたり、国内に住民登録していることを要していたため、生活の拠点が海外にある在外僑胞のみならず、留学生や駐在員といった滞在期間が比較的短い在外国民に対しても長い間選挙権が認められてこなかった。

　とりわけ韓国憲法では第3条において、「大韓民国の領土は、韓半島およびその付属島嶼とする」としており、北朝鮮の領域も自国領に含まれるとしている。そのため在外国民に選挙権を認めてしまうと、その対象が北朝鮮の人民にも及ぶことになってしまうとして、在外国民の選挙権については長い間消極的な立場をとってきた。

　実際、1999年の憲法裁判所の判例では、韓国が分断国家であり在外国民に選挙権を付与した場合は北朝鮮住民や朝鮮総連系の在日朝鮮人も選挙権の行使が可能となってしまうこと、選挙の公正性を確保するのが困難であること、選挙運動期間内に海外で投票の手続を行うことが不可能であること、在外国民は納税や兵役などの義務が課されていないことを理由に在外国民に選挙権が与えられないことは合憲とされた。

　また憲法裁判所は同年、不在者投票制度が国内居住者のみに認めていたことを不服とした海外の駐在員や留学生たちによる「公職選挙および選挙不正防止法」第38条第1項について争われた事件において、不在者投票制度が選挙権自体の問題ではなく、海外に居住する者が帰国して投票する手間を省くための便宜を提供しているに過ぎないとして、その対象をどこまでとするかは立法裁量の問題であり国民の選挙権を制限するものではないとした。

　だが2007年に憲法裁判所は、選挙を行うにあたり国内での住民登録を要するとした公職選挙法15条2項等について憲法不合致決定を下し、従来の判例

に変更を行った。また憲法裁判所は、韓国の領海の外を航海する船員を不在者投票の対象者から除外していた公職選挙法38条3項および158条4項についても憲法不合致決定を下している。

これにより、2012年の国会議員選挙と大統領選挙から、在外国民も選挙をすることが可能となっている。

２　外国人

韓国では2005年に公職選挙法が改正され、永住資格を取得して3年以上韓国国内に居住した外国人に対して、地方選挙の選挙権を付与している（公職選挙法15条2項3号）。在外国民に選挙権を認めてこなかったことに対する憲法裁判所の憲法不合致決定が2007年に下されたため、韓国では在外国民の選挙権よりも先に、外国人の選挙権が認められたことになる。

2006年の第4回同時地方選挙で初めて選挙権を行使して以来有権者は増加傾向にあり、2014年の第6回同時地方選挙では約4万8428名となっている（中央選挙管理委員会『第6回全国同時地方選挙投票率分析』（中央選挙管理委員会、2014年）57頁）。

なお、地方選挙の選挙権を有する永住外国人には選挙運動をすることも認められるが、公職選挙法はそれ以外の外国人に対しては選挙運動を禁止している（同法60条1項1号）。

３　受刑者および執行猶予者

かつて韓国の公職選挙法と刑法では、受刑者や執行猶予者の選挙権を制限していた。だが憲法裁判所は2014年に、2年の執行猶予者は1年6ヶ月の受刑者よりも長く選挙権が制限されてしまうこと、重大犯罪者への制裁という公益と比べると執行猶予者や受刑者が受ける不利益の方が大きいとして、執行猶予中の者に選挙権を制限していた公職選挙法18条1項2号については違憲とし、受刑者に対して選挙権を停止していた刑法43条2項について憲法不合致決定を下している。

そこで現在では公職選挙法と刑法がそれぞれ改正され、執行猶予者は選挙権の制限対象から除外され、受刑者についても1年未満の懲役または禁錮刑であれば、制限の対象に含まれないことになっている。

❸　選挙運動期間について

韓国の公職選挙法では、選挙運動期間を選挙期間開始日から選挙の前日まで

と定めている（公職選挙法59条）。これでは、大統領選挙の場合は22日間、国会議員および地方選挙の場合は13日間のみしか選挙運動ができなくなってしまうため、現職以外の候補者は十分な活動を行うことができないとして問題とされた。そこで公職選挙法では「**予備候補者登録**」という制度をもうけ、予備候補者登録をした者については、選挙期間よりも前から一定の範囲内で選挙運動を行うことができるよう定めている（同条第1号）。

　予備候補者登録を行える期間は、大統領選挙の場合は選挙日の240日前から、選挙区の国会議員選挙と広域自治体の長選挙の場合は選挙日の120日前から、広域自治体の議員選挙と基礎自治体のうち自治区と市の議会および長の選挙の場合は選挙日の90日前から、基礎自治体のうち郡の議会議員および長の選挙の場合は選挙日の60日前からとなっている（同法60条の2第1項1〜4号）。予備候補者に登録するにあたっては、当該選挙の供託金の100分の20をあらかじめ納める必要がある（同法60条の2第2項）。

II 特徴

1 民主化以前の選挙制度の変遷

　韓国では1987年6月に民主化宣言が行われたことから、民主化してまだ30年ほどしか経っていない。民主化以前の韓国においては、時の政権によって都合の良いように選挙制度も変更されてきた。

　李承晩政権時代（第一共和国）は当初、国会で無記名投票において大統領と副統領（副大統領のこと）を選出するとしていた（1948年憲法53条1項）。その後1952年の憲法改正により、国民の選挙によって選出されるよう変更された（1952年憲法53条1項）。任期については、建国当初は4年で1回に限り重任を認めていたが（1948年憲法55条）、1954年の憲法改正により設けられた附則3項において、憲法公布当時の大統領に対しては適用しないという規定が加えられ、李承晩大統領による永久的な統治が可能となった。

　李承晩政権時代における国会議員の選出方法については、1948年の建国憲

法より、国民の選挙によって選出するよう規定されていた（1948年憲法32条1項）。建国当初は任期4年の単院制であったが、1952年の憲法改正により任期4年の民議院と任期6年の参議院で構成され、参議院議員は2年ごとに3分の1を改選するとしていた（1952年憲法33条）。参議院議員はその後1954年の憲法改正により、3年ごとに2分の1を改選するように変更された（1954年憲法33条2項）。

李承晩は権力の長期化を目指したが、1960年3月に行われた第四代大統領選挙において選挙の不正が行われたため、国民の怒りが爆発し、大学生を中心として「4.19革命」と呼ばれる民衆デモが起き、李承晩政権は終焉を迎えた。

第二共和国時代は韓国の歴史において唯一の議院内閣制が採られた。この体制下では大統領が存在しており、大統領は両院合同会議で選挙が行われた（1960年6月憲法53条1項）。大統領の任期は5年であり、1回に限って重任が認められた（同法55条）。一方、国務総理は大統領が指名し、民議員の同意を得ることとしていた（同法69条1項）。また国会議員は国民の選挙によって選出された（同法32条1項）。

朴正熙が政権を掌握した第三共和国時代には、大統領は国民の選挙によって選出された（64条1項）。大統領の任期は4年であり（1962年憲法69条1項）、当初は1回のみ重任することができたが、1969年の改憲で3期まで可能となった（同条3項）。国会は単院となり、議員の任期は4年で（同法37条）、国民の選挙によって選出された（同法36条）。

朴正熙政権が権力を強化した第四共和国時代には、「統一主体国民会議」なる機関が作られ、大統領は統一主体国民会議において無記名投票で選挙された（1972年憲法39条1項）。大統領の任期は6年であり、重任を制限する規定はなかった（同法47条）。統一主体国民会議は国会議員の3分の1についても選出する権限をもっており（同法40条1項）、統一主体国民会議が選挙した国会議員の任期は3年、国民の選挙によって選出された国会議員の任期は6年と区別された（同法77条）。

全斗煥政権時代の第五共和国時代は、大統領の選出方法については、国民の選挙によって選出された大統領選挙人によって行われるという間接選挙の形がとられた（1980年憲法40条1項）。大統領の任期は7年であり重任は認められなかった（同法45条）。国会議員は国民の選挙によって選出され任期は4年であった（同法77・78条）。

現在の 1987 年憲法では、国民の直接選挙によって大統領と国会議員が選出されるようになった。

以上のように、韓国では民主化が達成されるまでに、頻繁に憲法が改定され、大統領や国会議員の選出方法について何度も変更が行われてきたことがわかる。現在でも韓国では投票率がとりわけ大統領選挙については高いが、こうした長い権威主義体制から民主化を勝ち取った経験があるからこそ、国民ひとりひとりが選挙の重要性を強く認識しているのかもしれない。

2　地域対立

韓国の選挙の特徴のうち顕著なものとして、地域対立が挙げられる。韓国では南東部に位置する嶺南地方（慶尚道・釜山・蔚山・大邱）と、南西部に位置する湖南地方（全羅道）という二つの地域の対立がしばしばみられる。韓国の歴代大統領の多くが慶尚道出身であったこともあり、経済発展の恩恵を受けることができた嶺南地方と比べて湖南地方は発展から取り残されたといわれている。そのため嶺南地方と湖南地方において地域対立がみられ、韓国では選挙が行われる際、これらの両地域では支持する政党や候補者が大きく異なる傾向がみられている。

3　大統領選挙の得票率の低さ

韓国の大統領選挙における問題点として得票率の低さが挙げられる。韓国の選挙では投票率は非常に高いものの、有力な候補が何人もいる場合、票が割れてしまい、当選者は低い得票率で勝利してしまうことになる。民主化以降の大統領選挙の当選者の得票率をみると、1987 年の盧泰愚が 36.6％、1992 年の金泳三が 42.0％、1997 年の金大中が 40.3％、2002 年の盧武鉉が 48.9％、2007 年の李明博が 48.67％、2012 年の朴槿恵が 51.55％（中央選挙管理委員会『第 18 代大統領選挙総覧』（中央選挙管理委員会・2013 年）764 頁）、そして 2017 年の文在寅が 41.08％（ハンギョレ新聞、2017 年 5 月 11 日、12 面）となっており、50％ 以上の得票率で当選したのは、朴槿恵ただ一人となっている。近年、大統領に対する大規模な退陣デモが行われたのをみると、今後は国民によって選ばれた大統領の民主的な正当性をより高められるような制度の構築が必要といえるだろう。

III 具体的制度

1 国政選挙

(1) 大統領選挙

　現在の韓国の大統領は、韓国憲法 70 条の規定により、任期が 5 年の単任制となっている。また重任することはできない旨、明文で規定されている。

　大統領の被選挙権については、韓国国内に 5 年以上居住する 40 歳以上の国民に認められている（公職選挙法 16 条 1 項）。政党に所属する者が大統領選挙に出るには、政党内部で選出される 1 名になる必要がある。無所属の者が大統領選挙に出るには、管轄選挙区の選挙管理委員会から推薦状を交付してもらい、5 個以上の広域自治体でそれぞれ 700 人以上の推薦、合計 3500 人以上 6000 人以下の推薦が必要となる（同法 48 条 2 項）。

　大統領選挙の候補者は選挙の 24 日前から 2 日間のあいだに登録をしなければならず（同法 49 条 1 項）、候補者は 3 億ウォンの供託金を中央選挙管理委員会に納める（同法 56 条 1 項）。なお大統領選挙の期間は候補者登録最終日の翌日から選挙当日までの 23 日とされている（同法 33 条 1 項 1 号）。選挙日は任期満了前日の 70 日前以降の第一水曜日に行うとしており（同法 34 条 1 項 1 号、同条 3 項 1 号）、これまでは、12 月中旬に実施されてきたが、2017 年は朴槿恵前大統領の弾劾罷免により、5 月上旬に行われた。

　大統領選挙の投票率は非常に高く、1952 年は 88.1%、1956 年は 94.4%、1960 年は 97%、1963 年は 85%、1967 年は 83.6%、1971 年は 79.8%、1987 年は 89.2%、1992 年は 81.9%、1997 年は 80.7%、2002 年は 70.8%、2007 年は 63%、2012 年は 75.8% であった（中央選挙管理委員会『第 18 代大統領選挙投票分析』（中央選挙管理委員会、2013 年）57 頁）。なお、2017 年 5 月の選挙では 77.2% となっている（ハンギョレ新聞、2017 年 5 月 10 日、1 面）。

写真2　2017年大統領選挙のポスター。1番が文在寅、2番が洪準杓、3番が安哲秀。（筆者撮影）

図4　韓国の大統領選挙のプロセス

(2) 国会議員選挙

　韓国の国会は、単院制が採用されている。任期は4年であり解散はない。国会議員の被選挙権は25歳以上の国民となっている（公職選挙法16条2項）。

候補者は政党推薦候補者の場合と、いわゆる無所属の候補者の場合が挙げられるが、前者の場合は政党内での民主的な手続を経て推薦候補者となる（同法47条1〜2項）。政党は国会・地方議会議員選挙のいずれにおいても全国の選挙区での推薦候補者を選ぶ際、全体の30％以上は女性を選出するよう努力しなければならない（同条4項）。また比例代表においては、各政党は候補者の半数は女性を推薦しなければならず、女性を候補者名簿の奇数の順位にするよう規定し（同条3項）、違反した場合は候補者の登録を無効とするなど（同法52条1項2号）、女性の政界進出を奨励するような規定が明文化されている。

　無所属で立候補するには、300人以上500人以下の選挙人の推薦を得なければならない（同法48条2項2号）。かつては政党推薦候補者と無所属候補者では供託金の額に違いがみられ、前者は1千万ウォン後者は2千万ウォンとされたが、1989年に憲法裁判所で憲法不合致決定が下され、現在では政党推薦候補者・無所属候補者ともに1500万ウォンの供託金が必要とされている（同法56条1項2号、3項2号）。なお、国会議員選挙の期間は候補者登録最終日の6日後から選挙の当日までの14日間となっている（同法33条1項2号）。選挙日は任期満了日の50日前以降の第一水曜日としており（同法34条1項2号）、4月の上旬ないし中旬頃に実施されている。

　国会議員の定数は300議席である（同法21条1項）。小選挙区と比例の割合は選挙の度に若干の変動がみられており、比例は減少傾向にある。2016年の総選挙では、小選挙区253議席、比例47議席となっている。

　国会議員選挙の投票率は、李承晩政権時代は90％台と高い数字を記録していたが、朴正煕政権時代や全斗煥・盧泰愚政権時代は70％台を推移した。民主化以降は投票率が下降し、2008年の第18代総選挙では過去最低の46.1％であったが、その後は徐々に上昇し、2016年の第20代総選挙では58.0％となっている（中央選挙管理委員会『2016. 4. 13. 実施第20代国会議員選挙投票率分析』（中央選挙管理委員会、2016年）22頁参照）。

　大統領の任期（5年）と国会議員の任期（4年）にズレがあるため、韓国ではこれまで、国会では野党が多数を占める、いわゆる「与小野大」といった現象がしばしばみられた。2016年4月に行われた第20代国会議員総選挙では、当時の与党のセヌリ党（現、自由韓国党）が122議席にとどまり、最大野党の「共に民主党」が123議席に躍進したため、前述の「与小野大」現象が起きた。その後、「崔順實ゲート」と呼ばれる朴槿恵大統領（当時）の友人による国政

介入疑惑により朴大統領は弾劾罷免された。2017年5月に大統領選挙が行われ、「共に民主党」の文在寅大統領が就任したことから、現在では「共に民主党」が与党となっている。

2017年8月21日現在、韓国の国会の議席数を政党ごとにみると次のとおりとなっている（表1）。与党の「共に民主党」が120議席（地域区107、比例13）となっているのに対して、野党の自由韓国党（2017年2月にセヌリ党より改称）が107議席（地域区90、比例17）、国民の党が40議席（地域区27、比例13）、「崔順實ゲート」により当時のセヌリ党を離党した議員たちで結成された「正しい政党」が20議席（地域区20、比例0）と続く。

なお、韓国の国会法第33条では、20以上の議席を有する政党が交渉団体と認められるため、それより少ない政党として、正義党6議席（地域区2、比例4）、セヌリ党（以前存在した政党とは異なる）1議席（地域区1、比例0）無所属5議席が非交渉団体として存在している。安哲秀氏が大統領選挙への出馬にあたり議員を辞職したので、2017年8月21日現在、300議席のうち299人の議員が在籍している。

表1　現在の国会の政党別議席数（2017年8月21日現在）

交渉団体		地域区	比例代表	計	備考（%）
共に民主党		107	13	120	40.13
自由韓国党		90	17	107	35.79
国民の党		27	13	40	13.38
正しい政党		20	0	20	6.69
非交渉団体	正義党	2	4	6	2.01
	セヌリ党	1	0	1	0.33
	無所属	5	0	5	1.67
計		252	47	299	100

出典：大韓民国国会、http://www.assembly.go.kr/views/cms/assm/assembly/assorgani/assorgani04.jsp（2017.8.21.アクセス）

図 5　国会議員選挙のプロセス（2016 年の場合）

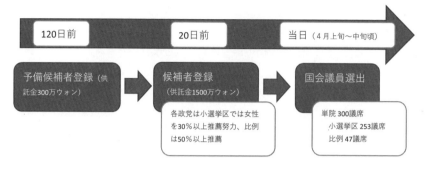

2　地方選挙

　韓国では長い間にわたり権威主義体制であった。そのため地方自治の歴史は浅く、李承晩政権の第一共和国時代と、短命に終わった第二共和国時代には地方選挙が行われたものの、朴正煕政権の第三共和国時代から民主化されるまで地方自治が機能しなかった。

　民主化後の地方自治の開始当初は、大統領選挙や国会議員選挙に比べると地方選挙の投票率は低かったとされるが、1995 年から広域自治体の長と議員、基礎自治体の長と議員の選挙を同時に行うことで有権者の関心を高めようとする取り組みが行われている。1995 年の第 1 回同時地方選挙以来、2016 年 7 月現在、これまでに 6 回の同時地方選挙が行われている。投票率をみると、1995 年（第 1 回）は 68.4％、1998 年（第 2 回）は 52.7％、2002 年（第 3 回）は 48.9％、2006 年（第 4 回）は 51.6％、2010 年（第 5 回）は 54.5％、2014 年（第 6 回）は 56.8％ となっている（中央選挙管理委員会『第 6 回全国同時地方選挙投票率分析』（中央選挙管理委員会、2014 年）22 頁）。

　地方選挙の選挙権については、19 歳以上の国民であることに加え、公職選挙法 15 条 2 項の規定により、該当地方自治体の管轄区域に住民登録がされている者（1 号）、住民登録票に 3 か月以上継続して載っており該当地方自治体の管轄区域に住民登録がされている者（2 項）、また、永住資格を取得し 3 年以上経過した外国人で該当地方自治体の外国人登録台帳に載っている者（3 項）にも選挙権が付与される。

　被選挙権については、選挙日現在、60 日以上該当地方自治体の管轄区域に住民登録がされている住民で、25 歳以上の国民は地方議会議員および地方自

治体の長の被選挙権を有する（同法 16 条 3 項）。地方議会議員および長の選挙の期間は候補者登録最終日の 6 日後から選挙当日までの 14 日とされている（同法 33 条 1 項 2 号・3 項 2 号）。選挙日は任期満了日の 30 日前以降の第一水曜日に行うとされており（同法 34 条 1 項 3 号）、6 月上旬頃に実施されている。

コラム　地方自治と「以北五道」

　分断国家である韓国では、憲法 3 条において「大韓民国の領土は、韓半島及びその附属島嶼とする」としており、現在の北朝鮮の地域についても自国の領土であるという立場をとっている。だが当然のことながら現実には韓国の主権は及ばず、韓国がこれらの地域において選挙を実施することはおろか、韓国の人々が北朝鮮に渡航することも認められていない。

　そこで現在の韓国では、北朝鮮の地域（黄海道、平安南道、平安北道、咸鏡南道、咸鏡北道）については「以北五道」と呼び、ソウルに臨時事務所を置いている（以北五道等に関する特別措置法 3 条）。これらの地域についても知事を置く旨定められている（同法 5 条 1 項）が選挙で選ばれるのではなく、韓国の行政自治部長官の招請で国務総理を経て大統領が任命する（同条 2 項）としており、現在の北朝鮮の地域の出身者がそれぞれ就任している。だが実際に北朝鮮に赴いて統治を行うわけではないため、実際には「名目的な」役職といえるだろう。

写真 3　ソウルにある以北五道庁（筆者撮影）

(1) 広域自治体
1 広域自治体の長
　広域自治体の長になるには、政党推薦候補者として立候補する場合と、無所属で立候補する場合がある。無所属で立候補する場合には、当該市・道のなかの3分の1以上の自治区・市・郡で50人以上の選挙権者、合計1千人以上2千人以下の推薦が必要となる（公職選挙法48条2項4号）。
　広域自治体の長の選挙に登録するにあたり、5千万ウォンの供託金が必要である。広域自治体の長の任期は4年であり、3期まで連任することが可能である。

2 広域自治体の議員
　広域市および道の議員定数は最小で19名となっている（公職選挙法22条3項）。比例代表としては、議員全体の100分の10が選出されるが、上記の方法では3名に満たない場合は、3名が選出される（同条4項）。ただし世宗特別自治市については、「世宗特別自治市設置等に関する特別法」19条2項の規定により、選挙区選挙の議員定数は13名となっており、また比例代表についても3名以上を要していないため、2014年の第6回全国同時地方選挙では2名が比例代表で選出されている。
　広域自治体の議員は2014年現在、ソウル特別市106名、釜山広域市47名、大邱広域市30名、仁川広域市35名、光州広域市22名、大田広域市22名、蔚山広域市22名、世宗特別市15名、京畿道128名、江原道44名、忠清北道31名、忠清南道40名、全羅北道38名、全羅南道58名、慶尚北道60名、慶尚南道55名、済州特別自治道36名の計789名となっている（中央選挙管理委員会『第6回全国同時地方選挙総覧』（中央選挙管理委員会、2014年）352頁参照）。

(2) 基礎自治体
1 基礎自治体の長
　基礎自治体の長になるにあたっては、政党推薦候補者として立候補する場合と、無所属で立候補する方法がある。無所属で立候補する場合は、300人以上500人以下の推薦が必要となる（公職選挙法48条2項2号）。基礎自治体の長は、候補者登録をするにあたり、1千万ウォンの供託金が必要となる。広域自治体の長と同様に基礎自治体の長の任期も4年であり、3期まで連任が可能である。2014年の第6回同時地方選挙では226人が当選している（中央選挙管理委員会『第6回全国同時地方選挙総覧』352頁）。

2 基礎自治体の議員

　基礎自治体の議員になるには、政党推薦候補者として立候補する場合と、無所属で立候補する場合がある。前者の場合、公職選挙法第 47 条第 1 項の但書において、比例代表については、政党は定数の範囲を超えて候補者を推薦できるとしている。無所属で立候補する場合は、50 人以上 100 人以下の推薦が必要であるが、人口が 1000 人未満の選挙区の場合は 30 人以上 50 人以下としている（公職選挙法 48 条 2 項 5 号）。

　また国会議員選挙や広域自治体の議員の選挙区選挙では小選挙区制が採られているが、基礎自治体議員の選挙では、ひとつの選挙区で 2〜4 人が選出される中選挙区選挙がとられている。候補者登録にあたり、200 万ウォンの供託金が必要となる。基礎自治体の議員定数は最小で 7 名となっており（同法 23 条 2 項）、そのうち比例代表は定数の 100 分の 10 であるが、端数は切り上げられるため、最小 1 名となる（同条 3 項）。

　基礎自治体（自治区・市・郡）の議員定数について広域自治体別にみると、公職選挙法別表 3 によれば、ソウル特別市 419 名、釜山広域市 182 名、大邱広域市 116 名、仁川広域市 116 名、光州広域市 68 名、大田広域市 63 名、蔚山広域市 50 名、京畿道 431 名、江原道 169 名、清忠北道 131 名、清忠南道 169 名、全羅北道 197 名、全羅南道 243 名、慶尚北道 284 名、慶尚南道 260 名の合計 2,898 名となっている。なお済州特別自治道と世宗特別自治市は前述のように基礎自治体を置いていないため議員は存在しない。

図 6　地方自治体の長の選挙のプロセス

図7　地方議員選挙のプロセス

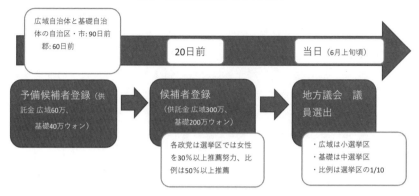

(3) **教育監選挙**

　韓国では同時地方選挙を行う際に、教育監選挙も行われている。教育監とは、広域自治体である市・道の教育・学芸に関する事務の執行機関である（地方教育自治に関する法律18条1項）。任期は4年であり、3期まで再任が可能である（同法21条）。教育監はかつては学校運営委員会の委員によって選出されたが、現在では公選制となっている。

　教育監の被選挙権の要件は、当該市・道（広域自治体）の被選挙権を有し、候補者登録申請開始日から1年間政党に所属していないことが求められる（同法24条1項）ほか、教育機関での教員経歴が3年以上あるいは、国ないし地方自治体の教育機関の公務員もしくは教育公務員の経歴が3年以上、またはこれらの経歴を合算して3年以上あることが要求される（同条2項）。

　教育監選挙では他の選挙とは異なり、政党推薦候補者を立てることが禁止されている（同法46条1項）。また立候補するにあたり、前職が公務員等である場合は選挙が行われる90日前までに退職しなくてはならない（同法47条1項、公職選挙法53条1項）。教育監は市・道の単位で選出される（地方教育自治に関する法律45条）ため、全国では広域自治体の数である17名の教育監が選出されている。

IV　最近の動向

1　議員定数不均衡の問題について

　韓国でも議員定数不均衡の問題がしばしば議論されている。1995年当時の人口最小選挙区であった全羅南道長興郡と比べ、全国260の選挙区の5分の1の選挙区が3対1以上の格差が生じているとして、一票の較差をめぐって憲法裁判所で争われたが、1995年の憲法裁判所の判例では一票の較差が4対1を超えたら違憲になるとした。この決定により、人口の少ない選挙区は統合され、人口の多い選挙区は選挙区が分割されるなど、選挙区の再調整が行われた。

　その後2001年には憲法裁判所は一票の較差が3対1を超えたら違憲なるとして従来の解釈を変更し、2014年には2対1を超えたら違憲になるとさらに変更が加えられている。

2　朴槿恵前大統領の弾劾罷免について

　2016年には、朴槿恵大統領（当時）の友人である崔順實氏による国政介入の疑惑が高まり、国民が退陣を求めて連日デモを行うなど大きな問題が生じた。こうした事態を受け、同年12月には国会で大統領弾劾訴追の決議が行われた（弾劾訴追にあたっては国会在籍議員の3分の1以上の発議を経て、在籍議員3分の2以上の賛成を要する）。

　当初は13の憲法および法律違反が挙げられたが、その後争点は崔順實氏の国政関与に伴う国民主権主義の違反、大統領としての権限濫用、収賄などの刑事法違反、セウォル号事件における国民の生命権の保護義務違反、言論の自由の侵害の5点に集約された。

　憲法裁判所は、このうち崔順實氏の国政介入において崔氏の利益のために権限濫用があったと認定し、2017年3月10日、朴大統領に対して全員一致で弾劾罷免の決定を下している。同年5月には第19代大統領選挙が行われ、文在寅氏が当選・就任した（写真4）。

写真4　2017年大統領選挙に当選した文在寅氏（筆者撮影）

【参考文献】

　本章を執筆するにあたり、多くの韓国語文献およびウェブサイトも参照したが、編集方針により、日本語文献で主要なものを数点のみ挙げることとなった。すべての文献を紹介できなかった点を御詫び申し上げたい。

①林承彬「韓国における地方自治の現状と課題」小林良彰編『地方自治の実証分析』（慶應義塾大学出版会、1998）

②倉田秀也「分断以降の韓国政治史」国分良成編『現代東アジア』（慶應義塾大学出版会、2009）

③自治体国際化協会「韓国の教育自治」『Clair Report』、No. 254（2004）

④自治体国際化協会「大韓民国の2006年統一地方選挙」『Clair Report』、No. 311（2007）

⑤自治体国際化協会「新しい地方自治体「済州特別自治道」の出帆」『Clair Report』、No. 337（2009）

⑥山本健太郎「韓国における女性の政治参加—選挙法の改正によるクオータ制度の強化と女性議員数の増加を中心に—」『レファレンス』、平成21年7月号（2009）

日本

はじめに

　日本では、1868 年に樹立された明治新政府が、西欧列強国の一画に加わるべく近代的諸制度の研究や導入を積極的に進めていくのであるが、議会開設や選挙制度導入については慎重であった。これに対し、藩閥政治に不満を持っていた板垣退助らが「民撰議院設立建白書」(1874 年) を政府に提出し、その後の自由民権運動の端緒となった。その際、板垣らは、明治天皇が示した「五箇条の御誓文」(1868 年) 第 1 条の「広ク会議ヲ興シ万機公論ニ決スベシ」について、起草者意思に反し、民選議院の設立を公約したものと解釈し、運動を推し進めたのである。これにより近代的な選挙制度が日本にも導入されるに至るが、その後の選挙制度の進展も漸進的で妥協的、あるいは偶然の産物であったと評しうる。

　戦後、日本国憲法が制定され、国会が「国権の最高機関」となると、ますます選挙の意義は大きくなったが、具体的な選挙制度は、選挙の公正を確保する要請を基礎にしつつ、政治的事情を反映し、非常に複雑なものになっている。以下では、全体的な統治システムや歴史的背景などにも触れながら、日本の選挙制度の特徴について概観していきたい。

I 概要

1 統治システム

(1) 間接民主制の原則

　日本国憲法は前文において、「日本国民は正当に選挙された国会における代表者を通じて行動し」と規定し、**間接民主制**（代表民主制）を統治の基本原則としている。主権者である国民が直接的に国家の意思決定に関与する機会は、憲法上、最高裁判所裁判官の国民審査（79 条）、地方自治特別法に対する住民

投票（95条）、そして憲法改正国民投票（96条）に限られ、その他は選挙で選出した代表を通じて民意を反映すべきものとされている。

(2) 国の統治機構――三権分立・議院内閣制・二院制

国の統治機構は権力分立原理に基づき構成され、立法権は国会に（41条）、行政権は内閣に（65条）、司法権は裁判所に（76条）それぞれ与えるという三権分立の構造になっている。もっとも、三権分立とはいっても、民主主義的要請から**議院内閣制**があわせて採用されており、国会からの信任がないと内閣が存立できないので、両者が協働して統治にあたるようになっている。そこで、内閣総理大臣は国会議員の中から国会の指名に基づいて選出され（67条）、内閣は国会に対して連帯して責任を負い（66条3項）、衆議院から内閣不信任決議を受けた場合に内閣は総辞職をするか衆議院を解散するかの選択を迫られる（69条）などの仕組みが設けられている。解散は、任期満了前にすべての衆議院議員の身分を失わせる行為で、総選挙を通じて民意を議会に反映させるという民主主義的意義とともに、国会と内閣の対立による国政の停滞を防ぐという自由主義的意義がある。そこで、実例上は、不信任決議を受けた場合に限らず、内閣の自由な判断で解散を決定できるものとなっている。これに対して、参議院には解散制度がない。

衆議院も参議院もともに「全国民の代表」（43条）ではあるが、衆議院議員は任期4年で解散制度があるので（45条）、短期的な国民の意思を反映し、参議院議員は任期6年で半数改選制をとっているので（46条）、中長期的な国民の意思をそれぞれ反映するものと理解されている。ただ、**衆議院の優越**（59条・60条・61条・67条）の場合を除き、基本的に両院対等である。衆議院と参議院はそれぞれ独立した組織と権限を有しており、内部の運営に関しては他の国家機関からの干渉を許さない独自の権限（**議院自律権**）が認められている。こうした二院制（両院制）をとることにより、国会内部での権力分立を機能させつつ、多様な民意を国会に反映させるという仕組みが働くことになる。

(3) 選挙と統治の正統性

国民には公務員の選定・罷免権が保障されているが（憲法15条1項）、国の統治機構のうち、国民が直接選挙できるのは、衆議院と参議院のみである。ただ、そうした国政選挙を経て構成された国会が内閣総理大臣を指名し（6条1項・67条）、内閣総理大臣が国務大臣を任命して内閣を組織し（68条）、内閣が最高裁判所の裁判官を指名または任命し（6条2項・79条1項）、最高裁判

所の指名に基づき下級裁判所の裁判官が任命される（80条1項）。究極的にはすべての公務員が国民とのつながりを持っており、その意味で、選挙は国の統治が国民との結びつき（**民主的正統性**）を保つための機会ということになる。

(4) 地方自治の特徴—直接民主制的制度

憲法は特に地方自治についての規定を置く（第8章）が、これも中央政府と独立した地方政府の活動を保障し、相互の抑制と均衡を図る権力分立の一態様である。憲法上、知事や市長など「地方公共団体の長」（首長）と議会の議員は住民による直接選挙で選出することになっている（93条2項）。

このように間接民主制を基礎とする点は国政と共通するが、地方自治については、「**民主主義の学校**」と呼ばれるように、身近な政治課題に住民が直接関与することを通じて、住民意思の反映した政治を実現すべく、国政と比較して直接民主制的な制度を置くことが許容されている。具体的には、地方自治法（昭和22年法律67号）で制度化されている（12・13条など）。

2 選挙制度の概要

現行の**公職選挙法**（昭和25年法律100号）は、それまでの公職選挙に関する諸法律を統合して制定された。この法律の対象となるのは、衆参両院議員の選挙及び地方公共団体の首長と議会の議員の選挙である（2・3条）。ちなみに、衆議院については「総選挙」、参議院は「通常選挙」、地方議会は「一般選挙」の語がそれぞれ充てられる（31〜33条）。

衆議院議員の定数は465人であり、そのうち289人が**小選挙区**選出議員、176人が**比例代表**選出議員である（2017年6月16日現在）。各小選挙区からは1名の当選者が選出され、その区割りは国勢調査に基づく有権者数を基準として定められることになる（13条1項・別表第一）。この区割りに関しては、1994年に総務省に設置された**衆議院議員選挙区画定審議会**が、中立的な第三者の立場から改定案を策定し、内閣総理大臣に勧告を行うことができるようになっている。衆議院の比例代表については、全国を11のブロックに分けて選挙が行われる（13条）。小選挙区で立候補した者が、当該ブロックの比例代表の候補者としても重複立候補できる**小選挙区比例代表並立制**を採用しているのも衆議院議員選挙の特徴である。

参議院議員の定数は242人であり、そのうち96人を比例代表選出議員、146人を選挙区選出議員とするが、改選は3年ごとに半数ずつ行われる。比例代表

は全国を一つの選挙区としているが、選挙区は都道府県を単位としている。このため、東京などと比べて人口較差が著しい県においては、他県と合わせて 1 議席とする「**合区**」措置がとられ（鳥取県と島根県、徳島県と高知県）、2016 年の通常選挙において初めて実施された。

なお、地方議会の議員の定数は条例で定められる（公選法 4 条、地方自治法 90・91 条）。

3 （被）選挙権／選挙制度の歴史

大日本帝国憲法における**帝国議会**は、非公選議員からなる貴族院と公選議員からなる衆議院から構成されていた。1889 年の衆議院議員選挙法（明治 22 年法律 3 号）によれば、日本臣民で 25 歳以上の男子のうち、1 年以上の居住要件と直接国税 15 円以上を納税している者に選挙権が認められていた。被選挙権は 30 歳以上の男子で、居住要件と納税要件は同じであった。ただし、裁判官や警察官などの官職のほか神官、僧侶、教師も被選挙権がないものとされた。さらに、現役の軍人や華族の当主は選挙権も認められていなかった。この時の選挙は、議員定数 300 議席、原則小選挙区で例外的に 2 人区を置く制度であり、投票用紙に投票者の氏名と住所を記載して捺印をする方式（**公開投票**）で行われた。

1900 年の衆議院議員選挙法（明治 33 年法律 73 号）では、納税要件を直接国税 10 円以上に引き下げるなどの改正が行われた。その際の選挙区は、原則、道府県を一選挙区とし、人口 3 万人以上の市部がある場合、それと郡部とを分けてそれぞれを一選挙区とした。議員定数は 376 議席で、一選挙区あたり最大で 13 人、最小で 1 人の**大選挙区制**が採用されている。その際、従来、公開投票であった投票方式を、**秘密投票**へと改めている。

その後、**普通選挙**を求める運動の高まりを受けて、1925 年の衆議院議員選挙法（大正 14 年法律 47 号）で納税要件が撤廃され、25 歳以上の男子には選挙権が認められるようになる。議員定数は 466 議席で、定数は 3 人から 5 人の**中選挙区制**であった。

1945 年の改正衆議院議員選挙法（昭和 20 年法律 42 号）では、女性の選挙権を認め、選挙権年齢を 20 歳に、被選挙権年齢を 25 歳にそれぞれ改めた。議員定数は 468 議席（ただし、米軍施政下の沖縄選挙区 2 議席は選挙せず。）で、最大 14 人、最小 2 人の大選挙区制で、複数の候補者に投票できる**制限連記式投**

票が導入された。その際、朝鮮戸籍令・台湾戸籍令の対象者の選挙権が停止された。続く1947年の改正（昭和22年法律43号）では、**単記式**（1人の候補者にのみ投票する方式）の中選挙区制に改められ、1947年4月25日に日本国憲法成立に伴う初の総選挙が実施される。参議院については、参議院議員選挙法（昭和22年法律11号）が制定され、1947年4月20日に第1回通常選挙が実施された。議員定数250議席で、全国区は100議席、地方区は150議席であった。全国区は大選挙区制、地方区は2～8人の中選挙区制である。なお、参議院は半数改選制であるが、憲法102条により、第1回通常選挙では全ての議席について選挙が行われ、当選者の上位者が任期6年、下位者が3年としている。現行の公職選挙法は1950年に施行された。

4　選挙運動規制

映画『選挙』（2006年）より
出典：http://www.laboratoryx.us/campaignjp/

(1)　選挙運動と政治活動

　公職選挙法は、候補者間の公平と選挙の公正を実現するため、選挙運動について厳しい規制を設けているが、数々の禁止事項が置かれ、細部にわたり選挙運動の方法が規定されているため、**べからず選挙法**などと揶揄されている。また、憲法21条1項で政治活動の自由が保障されており、選挙運動も政治活動に含まれることから、法律で過剰に規制がなされているとの批判も多い。ここで選挙運動とは、特定の選挙について、特定の候補者を当選させるため又は当選させないために投票行為を勧めることをいう。そして、選挙運動を除いた、政治上の目的をもって行われるいっさいの活動が、政治活動とされるのであるが、実際に両者を区別するのは困難な場合が多く、その行為のなされる時期、方法、態様、発言内容などにより総合的に判断しなければならない。

　選挙運動は「公職の候補者の届出のあつた日から当該選挙の期日の前日まででなければ、することができない」（公選法129条）とされているが、政治活動は制限なく行えるので、例えば、自らの政策を宣伝したり、現職国会議員が支持者を集めて国政報告会を開催したり、街頭演説で党勢拡張の活動をしたり

することは政治活動として許容される。また、記者会見で「立候補を決意しました」と発言して選挙人の意向を探る行為（**瀬踏み行為**）も事前の選挙運動にあたらない。ただ、いずれもその場で「今度の選挙では投票よろしくお願いします」などと発言すれば事前運動となり違法行為となる。

このほか、名簿作成をしたり、供託金を供託したり、政党の公認や推薦を求めたり、候補者を選考したりして、立候補に向けた準備をすることも事前の選挙運動には該当しない。選挙運動費用の調達、ポスターの印刷等など選挙運動に向けた準備行為も許容される。

(2) 選挙運動が規制される者

選挙の公正な執行のため、選挙管理委員会の委員や職員、裁判官、検察官、警察官などの公務員は、選挙運動が一切禁止される（公選法136条）。選挙長などの選挙事務関係者については、職務に関係する区域内での選挙運動が禁止される（135条1項）。公務員や学校の教員、不在者投票ができる施設に指定された病院・老人ホーム等の施設長は、その地位を利用しての選挙運動が禁止される（136条の2、137条、135条1項）。また、18歳未満の者は選挙運動ができないし、それらの者を使用して選挙運動を行うことも、選挙事務所における文書の発送、湯茶の接待等の「選挙運動のための労務」を除いて、禁止されている（137条の2）。さらに、選挙犯罪や政治資金規正法違反により選挙権及び被選挙権を有しない者は選挙運動が禁止されている（137条の3）。

(3) 禁止される選挙運動

選挙の公正を確保する観点から、まず、特定の候補者を当選させ又は当選させない目的で、金銭物品を贈ったり、供応接待したりする行為のほか、これらを要求した者も処罰される（公選法221条）。こうした買収などの違反行為については、候補者が直接に関わっていなくても、親族や秘書などを特定の関係にある者が違反行為で有罪になった場合、裁判により当選が無効になる**連座制**の規定が置かれている（251条の2〜251条の4）。

湯茶のほか日常用いられている菓子以外の飲食物を提供する行為も、運動員・労務者に弁当を提供することを除いては、禁止されている（139条）。自動車を連ねるなどして気勢を張る行為（140条）、当選祝賀会その他の集会を開催するなど選挙期日後のあいさつ行為（178条）、選挙運動の自由を妨害する行為（225条）も禁止されている。これらの違反行為には刑罰が科せられる。

政治活動の自由との関係で特に問題となるのが、戸別訪問の禁止である

(138条1項)。戸別訪問は、買収等の不正行為の温床になりやすいこと、選挙人の生活の平穏を害するおそれが大きいことなどの弊害があげられることから、最高裁は、一律に戸別訪問を禁止しても憲法違反にならないとしている。また、戸別訪問の脱法行為を防止する観点から、選挙に関する署名運動も禁止されている（138条の2）。

選挙結果を予想する人気投票の結果公表も禁止されている（138条の3）。ただし、マスメディアが世論調査などで独自の調査や取材に基づき、投票の形式を取らずに行う選挙情勢に関する報道は、これにあたらないと解されている。

(4) **選挙公営制度**

公職選挙法により認められた候補者の選挙運動は、主にポスターなどの文書図画によるものと演説会などの言論によるものに区分される。これらは、各候補者間で公平に、かつ、公正を確保して、金のかからないものにしなければならないので、各種の規制を置く一方、選挙運動の費用を公費で負担する**選挙公営制度**を採用している。

(5) **文書図画による選挙運動に対する規制**

文書図画による選挙運動は、頒布による方法と掲示による方法とに区分され、規格、数量、使用方法などに制限がある。ここでいう文書図画には、コンピュータ上に表示される文字や図形も含まれる。選挙運動として頒布できる文書図画は、インターネット等を利用する方法を除き、選挙運動用葉書・ビラに限られる（公選法142条）。選挙運動用葉書・ビラは公費で印刷されるが枚数制限や規格の制限があり、ビラには選挙管理委員会が交付する証紙を貼らなければ頒布できない。したがって、インターネット上に掲載され、又は電子メールにより送信された文書図画を紙に印刷して頒布することは禁止されている。

この他、いわゆる**マニフェスト選挙**に対応し、政党本部が直接発行するパンフレット又は書籍で、総務大臣に届け出たものが頒布できる（142条の2）。

なお、定期的に有償で頒布される新聞や雑誌は、選挙期間中も報道や論評ができるが、「虚偽の事項を記載し又は事実を歪曲して記載する等表現の自由を濫用して選挙の公正を害してはならない」（148条1項）とされる。なお、選挙運動を目的とした新聞（泡沫新聞）などは上記の新聞や雑誌に該当せず（同条3項参照）、発行・頒布することができない（146条）が、1955年の最高裁判決はこの制限を合憲であるとしている。

掲示による方法としては、ポスター、立札、ちょうちん、看板、たすき、腕

章、胸章があり、選挙の種類ごとに規格、数量、使用方法の制限がある。

(6) **言論による選挙運動に対する規制**

言論による選挙運動としては、国政選挙と知事選挙でのみ行われる政見放送・経歴放送がある。**政見放送**は、録画又は録音をそのまま放送し、放送回数等は届出候補者や名簿登載者の数に応じて決められる（公選法150条）。ただし、差別的表現などが盛り込まれている政見放送について、テレビ局が音声を削除した上で放送しても違法性はないとの判断が1990年の最高裁判決で示されている。また、政見放送に関して「品位を損なう言動をしてはならない」旨の規定も設けられている（150条の2）。**経歴放送**は、候補者から提出された50字以内の経歴書を読み上げて放送するものである（151条）。

個人演説会は、候補者が自己の政見発表・投票の依頼等の選挙運動として自ら開催するもので、候補者以外の者が主催することはできない（164条の3）。

街頭演説は、街頭等で多数の者に向かってする選挙運動のための演説であり、その際、演説者はその場にとどまり、交付された標旗を掲げなければならない（164条の5）。また、時間は、午前8時から午後8時までとされている（164条の6）。候補者の氏名や政党名などを繰り返し言う行為（**連呼行為**）は、個人演説会場や街頭演説の場所で行う場合のほか、一定の条件のもと、午前8時から午後8時までの間で許容される（140条の2）。ただし、国や地方公共団体が所有・管理している建物や施設、電車や駅の構内、病院などでの街頭演説及び連呼行為は禁止されている（166条）。

II 特徴

1 選挙制度の特徴

(1) **選挙制度を構築するための制度**

選挙制度については、憲法が「選挙区、投票の方法その他両議院の議員の選挙に関する事項は、法律でこれを定める」（47条）としており、国会の裁量により制度構築することができる。これを受けて公職選挙法が制定されている。

選挙区は、人口を基礎として策定されるが、行政区分や地理的条件、歴史的経緯なども加味するため、人口に応じた議席数が配分されない事態が生じる（議員定数不均衡）。これは、憲法の要請する平等選挙の原則（14条・44条）との関係で問題となるが、選挙区のあり方は国会議員自身の身分に関わるため、国会の自助努力に期待するだけでは状況の改善は困難である。そこで、衆議院議員の小選挙区に関しては、衆議院議員選挙区画定審議会設置法（平成6年法律3号）に基づく第三者機関が設置され、専門的中立的立場から改定案を策定して内閣総理大臣に勧告する権限が与えられている。具体的には、統計法に基づく10年に1度の国勢調査（全数調査）をもとに、各選挙区の人口「のうち、その最も多いものを最も少ないもので除して得た数が二以上とならないようにすることを基本とし、行政区画、地勢、交通等の事情を総合的に考慮して合理的に」改定案の策定をしなければならないとされる。ただし、ここで策定された改定案は国会を拘束するものではないので、公職選挙法の改正はあくまでも国会の判断で行われることになる。

　地方公共団体の議会の議員の選挙区及び定数は、条例で定めることとなっている（公選法15条、地方自治法90条・91条）。

(2) 選挙期日の設定

　選挙の投票日を期日と呼び、それに先立ち選挙期日の公示（地方選挙は告示）が行われる。法令上の定めはないが、日曜日を期日に設定するのが一般的である。期日の公示又は告示は、選挙の種類ごとに、少なくとも以下に示す日数前に行われる必要があるが、これが選挙運動の期間に該当する（公選法31条4項・32条3項・33条5項）。公示日又は告示日に立候補の届出が行われ、定員を超える届出があった場合に選挙が行われる。

　選挙が行われる要因の一つが任期満了であり、この場合の選挙期日はいずれも任期が終わる日の前30日以内に行うこととなっている（31条1項・32条1項・33条1項）。ただし、国会議員の選挙の場合、選挙を行うべき期間が国会開会中か閉会後23日以内にかかる場合の特例として、閉会の日から24日以

衆議院議員選挙	12日間
参議院議員選挙	17日間
知事選挙	17日間
政令指定都市の市長選挙	14日間
都道府県及び政令指定都市の議会議員選挙	9日間
政令指定都市以外の市長及び市議会議員選挙	7日間
町村長及び町村議会議員選挙	5日間

後 30 日以内に行うこととしている（31 条 2 項・32 条 2 項）。これは、国会開会中に議員が選挙運動を行う事態を避けて、議員としての職責を果たす趣旨で設けられているとされる。なお、衆議院が解散されたことに伴う総選挙は、解散の日から 40 日以内に行う（憲法 54 条、公選法 31 条 3 項）。また、地方議会が解散された場合も同じである（公選法 33 条 2 項）。ちなみに、国会議員の選挙の期日は、天皇が国事行為として公示するが（憲法 7 条 4 号）、実質的な決定は内閣が行う。参議院の通常選挙の期日に合わせて、衆議院の解散を行えば、衆参同日選挙を行うことも可能となるが実際に行われたのは、1980 年と 1986 年の 2 例のみである。

　地方選挙の期日の決定と告示は、地方公共団体の選挙管理委員会が行う。ただし、多くの地方公共団体では、選挙時期が重なっていることから、国がその都度特例法を制定し、4 月の上旬に都道府県知事や政令指定都市の市長、地方議会議員の選挙を、下旬にそれ以外の選挙を行うようになっている（**統一地方選挙**）。もっとも、知事の辞職や死亡などで選挙時期がずれることもあり、統一対象とならない選挙も増えている。

(3)　**選挙管理機関**

　選挙事務は、国の中央選挙管理会と、各地方公共団体の選挙管理委員会が担当する。いずれも政治的中立性を保つために、委員の独立性や身分が一定程度保障されている。

　国の**中央選挙管理会**は、総務省に置かれる特別の機関（国家行政組織法 8 条の 3）であり、衆議院と参議院の比例代表選挙に関する事務などを管理し、これらの事務について各地方公共団体の選挙管理委員会に技術的な助言・指導を行う。5 人の委員で構成され、任期は 3 年である。委員は、国会議員以外の者で、参議院議員の被選挙権を持つ者の中から国会が指名し、内閣総理大臣によって任命される。委員のうち、同一の政党その他の政治団体に属する者が 3 人以上となった場合、内閣総理大臣は、くじで定める 2 人以外の委員を罷免することになっている。委員長は委員の中から互選される。

　都道府県に置かれる**選挙管理委員会**は、衆議院小選挙区選挙、参議院選挙区選挙、都道府県の議会の議員および知事の選挙に関する事務などを管理し、市区町村の選挙管理委員会に技術的な助言を行う。市区町村に置かれる選挙管理委員会は、市区町村の議会の議員および首長の選挙に関する事務を管理する。また、すべての選挙について投開票を行い、選挙人名簿の作成・管理を担当す

る。いずれも4人の委員で構成され、任期は4年である。

これらの常設の選挙管理機関とは別に、選挙ごとに開票の結果を開票管理者からの報告によって確認し、当選人を決定する**選挙会**及びその事務を行う**選挙長**が置かれる。選挙長は、当該選挙の有権者の中から、その選挙を管理する選挙管理委員会によって選任される。また、市区町村選挙管理委員会は、投票用紙の交付、代理投票の許容、選挙人の確認、投票箱の開票管理者への送致、投票所の秩序維持などを行う**投票管理者**、及び、投票の点検、投票の効力の決定、開票の結果の報告、開票録の作成、開票所の秩序維持などを行う**開票管理者**を、その選挙の有権者の中から選任する。

制度上は、選挙管理委員会自らが選挙を執行するのではなく、選挙長などの人選をし、その執行の監督を行うという体制をつくり、選挙の公正を確保するようになっている。ただし、実際は、選挙管理委員長が選挙長を兼務するといった対応がなされている。

この他、投票所ごとに2人～5人置かれ、投票事務の執行に立ち会い、公正に行われるよう監視する投票立会人、開票所ごとに3人～10人置かれ、開票事務の執行に立ち会い、公正に行われるよう監視する開票立会人、選挙会に立ち会い、当選人決定手続きに参与する選挙立会人がある。

(4) 選挙人名簿の作成

すべての成年の日本国民には憲法上、選挙権が保障されているが、実際に選挙で投票するためには、市区町村の選挙管理委員会が作成する**選挙人名簿**に登録されていなければならない。1966年以来、日本における選挙人名簿は、期間や選挙ごとに作成されるのではなく、永久に据え置かれる選挙人名簿(**永久選挙人名簿**)方式になっている。

選挙人名簿には、選挙権を有する者の氏名・住所・性別・生年月日などが記載されているが、その基となるデータは、市区町村の管理する**住民基本台帳**から引用している。住民票作成後又は転入届後3ヶ月以上住民基本台帳に記録されている者につき、市町村選挙管理委員会が職権で選挙人名簿に登録する。更新作業は、毎年3、6、9、12月と、選挙公示日・告示日の前日に行うことになっている。したがって、有権者は、住民登録を適切に行っていれば、別途、選挙人としての登録手続きを行う必要がない。なお、日本国外に3ヶ月以上在住している者は、住民基本台帳に登録されないため、別途、市区町村選挙管理委員会が作成する**在外選挙人名簿**に登録されることで、国外での選挙権行使が可

能となる。

過去5年内に選挙犯罪を行った者や受刑者については、選挙権及び被選挙権が与えられないので（公選法11条）、選挙人名簿又は在外選挙人名簿には登録されない。

日本に在住する外国人も住民基本台帳に登録されているが、選挙権、被選挙権とも認められていない。この点について、最高裁は1995年の判決で、公務員を選定・罷免する権利の保障は「我が国に在留する外国人には及ばない」としつつも、地方公共団体の首長・議員の選挙権を法律で付与することは必ずしも憲法に違反しないとしている。

コラム① 在外選挙制度

かつて海外にいる日本国民は投票することができなかったが、1998年の公職選挙法改正で在外選挙人名簿の制度が創設され、在外投票ができるようになる。ただ、その投票は比例代表選挙に限られていたため、2005年の最高裁判決で違憲判断が示された。その当時の福田博最高裁判事が外交官出身であったことから、諸外国と比較して遅れた日本の在外選挙制度を違憲とする判断に導いたと言われている。

(5) 供託金制度

公職選挙に立候補するためには、町村議会議員選挙を除き、供託金を候補者一人につき、下記の金額を供託しなければならない（公選法92条）。供託金制度は、売名目的や選挙妨害目的での立候補の乱立を抑止する目的で設けられている。これに対しては、供託金額が極めて高額であるため、立候補の自由に対

選挙の種類	供託金額	没収点
衆議院（小選挙区）議員	300万円	有効投票数の10分の1
参議院（選挙区）議員	300万円	有効投票数÷その選挙区の議員定数×8分の1
都道府県知事	300万円	有効投票数の10分の1
政令市長	240万円	
政令市以外の市長	100万円	
町村長	50万円	
都道府県議会議員	60万円	有効投票数÷その選挙区の議員定数×10分の1
政令市議会議員	50万円	
政令市以外の市議会議員	30万円	

する違法な制限であるなどとして違憲訴訟が提起されているが、1997年の大阪高裁の判決で違憲ではないとの判断が示されている。

供託金は**没収点**（公選法93条）を下回ると没収される。衆参両院の比例代表選出議員の場合は、政党が供託金を供託し、選挙の結果に応じて返還金を受けとる仕組みである。

選挙の種類	供託金額	返還金額
衆議院（比例代表）議員	名簿単独登載者数×600万円＋重複立候補者数×300万円	小選挙区で当選した重複立候補者数×300万円＋比例での獲得議席数×2×600万円
参議院（比例代表）議員	名簿登載者数×600万円	比例での獲得議席数×2×600万円

2 選挙方法の特徴

(1) 方式

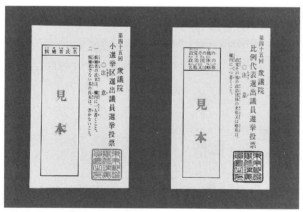

出典：時事通信（http://www.jiji.com/news/handmade/special/feature/v2/photos/20090721_dai45kaisosenkyo/8366311.jpg）

一般的に投票は自書式で行われ、投票者自らが候補者氏名や政党名などを直接記入する。ただし、手や腕の障害により字が書けない者については、他人に記入を行わせる代理投票が認められることがある。また、視覚障害者については、申立てにより点字投票が認められる。

(2) 無効票・按分票

公職選挙法は、次のような投票を無効としている（68条）。①所定の用紙を

用いない場合、②候補者の氏名又は政党名以外を記入した場合、③他事記載をした場合、④一枚の用紙に所定数を超えて候補者の氏名又は政党名を記入した場合、⑤候補者の氏名又は政党名を自書しない場合、⑥候補者の氏名又は政党名を確認し難い場合である。選挙期間中に候補者が死亡した場合の不在者投票や期日前投票は、②に該当するとして**無効票**と扱われる。なお、何も書いていない場合は、「**白票**」であり、「**無効票**」とは区別される。

同一の氏名、氏または名の候補者が2人以上いる場合で、投票用紙にその氏名、氏または名のみを記載した投票があったとき、これをそれぞれの候補者の得票数の割合に応じて分ける「**按分**」が行われる。このため、得票数に小数点以下の端数がつくことがある。

コラム②　同一氏名候補者の扱い

同姓同名の候補者が同じ選挙に立候補することは、ごくまれに起こる。2017年の佐賀県唐津市議選挙では、現職と新人2人の「青木茂」氏が立候補したため、市選挙管理委員会は、両者を区別できるように、現職・新人の別や年齢などを記入して投票するよう異例の呼びかけをした。通常、投票用紙に候補者氏名以外の事項を記入すると無効票として扱われるからである。ちなみに、選挙結果は二人とも当選であった。

(3) 期日前投票・不在者投票

期日前投票は、選挙人名簿登録地において期日前に投票することができる制度であり、仕事や旅行、冠婚葬祭などの私的な事由であっても投票が可能になっている。仮に選挙人が選挙期日前に死亡しても有効投票として扱われる。

不在者投票は、仕事などで選挙人名簿登録地を離れている場合、滞在先の市区町村の選挙管理委員会などで投票することができる制度である。病院や老人ホームなどでの入院・入居者を対象とした不在者投票、身体障害者や要介護者を対象とした郵便による不在者投票、法律による「特定国外派遣組織」での不在者投票、洋上投票、南極投票といった、各種の不在者投票制度がある。なお、選挙期日に選挙権年齢を迎える者は、例外的に名簿登録地の市区町村の選挙管理委員会において不在者投票ができることになっている。

(4) 再選挙／補欠選挙／補充立候補

　選挙の結果、当選者がいないか死亡人の場合、得票数が足りない場合、選挙無効の判決により当選が無効となった場合などで、繰り上げ当選等の方法では補充できないために再度選挙を行うことを**再選挙**という。選挙以外の事情で一定数の議員の欠員が生じた場合は、**補欠選挙**が行われる。この場合、任期は前任者の残任期間となる。原則として、国政の補欠選挙は年2回の期日に統一して行われる（公選法33条の2第2項）。選挙期間中に候補者が死亡又は辞退した場合、期日の3日ないし2日前までの間、追加での立候補（**補充立候補**）をすることができる（86条8項・86条の2第9項・86条の3第2項・86条の4第5項・第6項）。また、地方公共団体の長の選挙に関しては、選挙期日の延長が認められている（86条の4第5項）。

コラム③　シルバー民主主義と若年層の無関心

　少子高齢化の影響で有権者に占める高齢者の割合が高くなり、高齢者層の政治的発言力が増す現象を「シルバー民主主義」という。これにより高齢者層向けの政策が重視されるようになる分、若年層にしわ寄せがいくことになり、世代間格差が広がるおそれがある。にもかかわらず、若年層の選挙への関心が低いことが問題を大きくしている。

　もちろん、いつの時代も20歳代の投票率は相対的に他の世代よりも低い傾向にあり、1967年の総選挙では50歳代の82.68％に対し、20歳代は66.69％であった。とはいえ、平成に入ってからの20歳代の投票率の低下は著しく、1990年の57.76％をピークに、30～40％台で推移している。

　2014年の衆議院議員総選挙での投票率が全体で52.66％であったのに対し、20歳代が32.58％、30歳代が42.09％、40歳代が49.98％となっている。これに対して、50歳代が60.07％、60歳代が68.28％、70歳代以上が59.46％なっている。また、2016年の参議院議員通常選挙は、選挙権年齢が18歳以上へ引き下げられた初の国政選挙で注目されたが、10歳代が46.78％と、全体の54.70％を下回る結果となった。少子高齢化が進行する中で、若年層の投票率低下が進めば、ますます高齢者の政治的発言力が増すことになる。

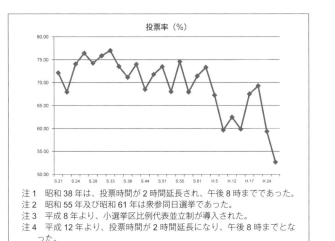

注1　昭和38年は、投票時間が2時間延長され、午後8時までであった。
注2　昭和55年及び昭和61年は衆参同日選挙であった。
注3　平成8年より、小選挙区比例代表並立制が導入された。
注4　平成12年より、投票時間が2時間延長になり、午後8時までとなった。
注5　平成17年より、期日前投票制度が導入された。
出典：総務省HP（http://www.soumu.go.jp/senkyo/senkyo_s/news/sonota/ritu/）

III 具体的制度

1 衆議院議員総選挙

　衆議院は、小選挙区選出議員（289人）と比例代表選出議員（176人）という2種類の選挙方法により選出された議員で構成される。従って、衆議院議員の総選挙の際には、2枚の投票用紙をそれぞれ記入し、投票することになる。被選挙権は25歳以上の日本国民に与えられる。

　衆議院議員総選挙では289の小選挙区を設けている。選挙人は、各選挙区で立候補した者のなかから、投票用紙に候補者氏名を記入して投票箱に投函する。その結果、最も多い得票をした者が当該選挙区の当選人となる。

　比例代表は全国を11のブロックに分けた選挙区ごとに各政党等の得票数に比例して当選者数が配分される。配分された当選者数に応じて、予め政党等が届け出た名簿の順位に従い、当選者が確定する。なお、候補者は、小選挙区と

比例代表の両方に立候補することができ（**重複立候補制**）、小選挙区で落選しても、その小選挙区での当選者との得票差（**惜敗率**）により、比例代表選出議員として当選することができるようになっている（小選挙区比例代表並立制）。

このため、衆議院比例代表の選挙は複雑になっている。まず、政党等の団体が予め名簿を作成して中央選挙管理会に提出する。その名簿には、候補者氏名とともに政党が定めた順位が記されており、名簿順位の上位から当選者を充てるようになっている。また、同時に行われる衆議院小選挙区選挙の候補者も比例名簿に登載することができる。この重複立候補者については、同一の順位を付けることができる。

選挙人は、比例代表選挙の名簿を届け出た政党名を投票用紙に記入して投票する。そして、政党ごとに各ブロックの得票数を集計し、各ブロックの定数を**ドント式**で分配する。

分配の結果配分された当選者数に応じて、各政党が提出した名簿順位の上位から当選者を決定していく。その際、重複立候補者で小選挙区で当選している者は、名簿に登載されていなかったものとして扱われる。また、小選挙区で落選した重複立候補者の名簿順位が同位の場合は、それぞれの小選挙区の当選者の得票数に対する当該候補者の得票数の割合（惜敗率）の高い順に議席を割り振る。要するに、小選挙区で惜しくも敗れた候補者が、どれだけ当選者の各得票数に近いかという点に着目するのである。ちなみに、最後の1議席を決定する際に、惜敗率が同率になった場合は、選挙会における選挙長のくじ引きで当選者が決定することになる（公選法95条の2第3項）。

なお、衆議院議員総選挙の際に、最高裁判所裁判官の国民審査が行われる場合は、小選挙区、比例代表とあわせて3回の投票を行うことになる。

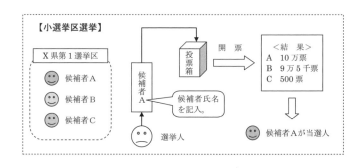

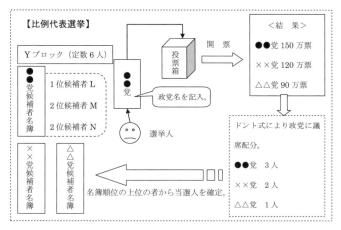

ドント式による当選者数の配分

政党名	●●党	××党	△△党
得票数	150万	120万	90万
÷1	150万	120万	90万
÷2	75万	60万	45万
÷3	50万	40万	30万
÷4	37.5万	30万	22.5万
当選者数	3	2	1

上記の表のように、各政党の得票数を1から順に正の整数で割り、その商の大きい順に議席数を割り振る。

2　参議院議員通常選挙

　参議院は、選挙区選出議員（45選挙区、146人）と全国を一つの選挙区とする比例代表選出議員（96人）という2種類の選挙方法により選出された議員で構成される。従って、参議院議員の通常選挙の際にも、2枚の投票用紙にそれぞれ記入し、2回投票することになる。被選挙権年齢は、30歳である。選挙区選挙は、原則として都道府県の区域を単位とする選挙区で行われ、得票数の多い順に当選者が選ばれる。なお、議員定数不均衡の是正のため、2016年の通常選挙から人口の少ない鳥取県と島根県、徳島県と高知県がそれぞれ一つの選挙区となった。

　参議院比例代表選挙は、政党等が名簿を提出するが、衆議院とは異なり、政党等により順位は付けられておらず、個人名で獲得した票数が上位の者から政党等の獲得した議席を充てられることになる（非拘束名簿式比例代表制）。ま

た、選挙区選挙と比例代表選挙はそれぞれ独立しており、衆議院のような選挙制度間の連動はない。

3　地方選挙

(1)　首長選挙

首長選挙は、都道府県ないし市区町村を一つの選挙区として最も多く得票した候補者が当選人となる。任期は4年で再任の制限はない。住民の直接請求により、解職請求（リコール）をすることができる（地方自治法81条）。

首長は、議会から不信任の議決を受けたときは、通知の日から10日以内に議会を解散しなければ失職する。また、解散後初めて招集された議会において再び不信任の議決がなされた場合もまた同様である（178条）。

(2)　地方議会議員選挙

地方議会議員選挙の選挙区や定数は条例で定められる。都道府県議会の場合は、市町村を基本とした選挙区が複数設けられ、各選挙区で得票数の多い順に当選者が決まる。市町村議会の場合は、一つの選挙区で得票数の多い順に当選者が決まるが、政令指定都市など複数の選挙区が設けられる場合もある。

地方議会議員の被選挙権に関連して、当該地方公共団体の住民として3ヶ月以上居住していることが立候補の要件となっているのが特徴である。また、住民の直接請求により、議会の解散請求（地方自治法76条）や議員の解職請求（80条）をすることができる。

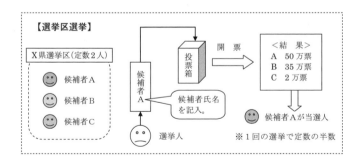

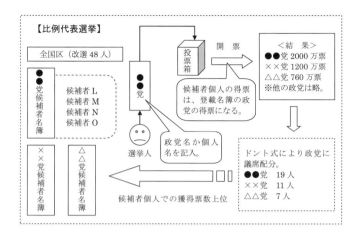

IV 最近の動向

1 政党本位の選挙制度改革

1994年の公職選挙法改正により、衆議院議員総選挙に小選挙区比例代表並立制が導入されることになるが、この選挙制度では、「政党本位・政策本位」の理念の下で、政党に有利な選挙の仕組みが取り入れられることになる。例えば、重複立候補制度やマニフェストの配布ができるのは政党を選挙に不可欠の構成要素としているからである。

なお、ここでいう公職選挙法上の「政党」は、国会議員5人以上が所属する政治団体や直近の国政選挙における得票率2%以上の政治団体など一定の要件を満たす政党その他の政治団体で、候補者名簿を選挙長に届け出たものが該当する（86条〜86条の3）。

ちなみに、比例代表選挙で当選した議員が他の政党に移籍することが問題視され、2000年の法改正（平成12年法律63号）により、そうした議員は自動的に退職者として身分を失うこととなっている（国会法109条の2）。ただし、政党に所属しない場合や政党同士の合併などにより結成された新しい政党に移籍する場合は適用されない。また、選挙区選出議員は対象外である。

2 政権選択と一票の較差

　小選挙区制は、イギリス議会下院（庶民院）の選挙制度を念頭において導入されたものである。そのため、従来の地元の代表を選ぶ選挙という意味合いだけでなく、日本国の総理大臣を選ぶ選挙ともなり、衆議院議員の総選挙が国全体での政権選択をする機会ともなる。

　そうなると、「1票の較差」（議員定数不均衡）の是正がますます強く要請されるので、近時の最高裁判例はこの問題に対して厳しい態度で臨むようになっており、選挙区間の較差2倍を超える選挙区割りについて、違憲状態の判断を示している。参議院の選挙区選挙における較差に対しても、同様に厳しい判断を示しており、選挙区を「合区」せざるを得なくなったのは、そうした事情による。ちなみに、2017年の最高裁判決は、最大3.08倍の較差で行われた参議院選挙の区割りについて、合区による較差縮小を行った国会の取組みを踏まえ、合憲との判断を示した。ただ、参議院の選挙の場合は、必ずしも政権選択に結びつく訳ではないので、衆議院と同じ理屈で判断をしてよいのか疑問も呈されている。

　なお、2016年の公職選挙法改正（平成28年法律49号）により、衆議院の定数は小選挙区289、比例代表176の合計465人に減少した。これをもとに、較差の是正を盛り込んだ新たな選挙区割りが法律（平成29年法律58号）で定められた（2017年7月16日施行）。

【参考文献】
①岩崎美紀子『選挙と議会の比較政治学』（岩波書店、2016年）
②選挙制度実務研究会『改正公職選挙法の手引』（国政情報センター、2016年）
③読売新聞政治部『基礎からわかる選挙制度改革』（信山社、2014年）

資料　主要国の選挙制度

＊以下は、本書収録国の選挙制度をまとめたものである。

1　アメリカ

大統領制	定数	任期	年齢	選挙方式
大統領	1	4年	選挙権については18歳、被選挙権は35歳	勝者独占方式または選挙区方式
上院	100	6年	選挙権については18歳、被選挙権については30歳	小選挙区制
下院	435	2年	選挙権については18歳、被選挙権については25歳	小選挙区制

2　イギリス

議院内閣制	定数	任期	年齢	選挙方式
上院（貴族院）	n/a	n/a	n/a	n/a
下院（庶民院）	650（600）※2020年総選挙から	5年 ただし自律解散の可能性あり	18歳（選挙権・被選挙権）	単純小選挙区制

3　ドイツ

議院内閣制	定数	任期	年齢	選挙方式
大統領	1	5年（1回のみ再任可）	被選挙権は40歳以上のドイツ人	連邦会議による選挙
連邦首相	1			連邦議会議員から選出
連邦参議院（上院）	69			各ラント政府による任免
連邦議会（下院）	598＋α	4年	選挙権・被選挙権ともに18歳以上のドイツ人	国民による直接選挙（小選挙区比例代表併用制）

4　フランス

半大統領制	定数	任期	被選挙権	選挙権	選挙方式
大統領	1人	5年	18歳	18歳	直接
上院	348人	6年	24歳	（18歳）	間接
下院	577人	5年	18歳	18歳	直接

＊上院（元老院）議員は、下院（国民議会）議員などによる間接選挙によって選出されるため、被選挙権は括弧書きの上、さしあたり、下院議員の被選挙権と同年齢の18歳とした。

5 イタリア

議院内閣制	定数	任期	年齢	選挙方式
大統領	1	7年	被選挙権については50歳	州代表を加えた国会の両院合同会議で選出
首相	1	—	—	大統領が任命、上下院が信任
上院	315＋終身上院議員	5年	選挙権については25歳、被選挙権については40歳	大部分の州において、非拘束名簿式比例代表制
下院	630	5年	選挙権については18歳、被選挙権については25歳	大部分の州において、多数派プレミアム付非拘束名簿式（一部例外あり）比例代表制

6 カナダ

議院内閣制	定数	任期	年齢	選挙方式
上院	105名（ただし、上限は113名）	なし（ただし、定年は75歳）	30歳以上	首相の助言により、総督が任命
下院	338名	憲法上：5年を超えてはならない 法律上：4年	選挙権、被選挙権共に18歳以上	小選挙区制

7 オーストラリア

議院内閣制	定数	任期	年齢	選挙方法
連邦首相	1			下院の第1党もしくは政党連合のリーダー
連邦上院	76	6年	選挙権・被選挙権ともに18歳以上	州民の直接選挙（単記移譲式比例代表制）
連邦下院	150	3年	選挙権・被選挙権ともに18歳以上	国民による直接選挙（選択投票）

8 中　国

会議政（議会統治制）	定数	任期	年齢	選挙方式
全国人民代表大会	3000を超えない	5年	選挙権・被選挙権ともに満18歳	省クラス人民代表大会による間接選挙
地方各クラス人民代表大会	350〜1000（省クラス）	いずれのクラスも5年	選挙権・被選挙権ともに満18歳	間接選挙
	240〜650（地区クラス）			間接選挙
	120〜450（県クラス）			直接選挙
	40〜160（郷・鎮クラス）			直接選挙

国家主席、国務院総理は全国人民代表大会が、地方の行政機関の長（省長、市長、県長、区長、郷長、鎮長等）は同じクラスの人民代表大会が、それぞれ選出。

9 韓　　国

大統領制	定数	任期	年齢	選挙方式
大統領	1	5年（重任不可）	選挙権19歳～ 被選挙権40歳～	
国会議員（単院）	300 小選挙区246 比例54	4年	選挙権19歳～ 被選挙権25歳～	小選挙区＋比例
地方 　広域自治体の長 　広域自治体議員 　基礎自治体の長 　基礎自治体議員 　教育監	 17 789 226 2898 17	 4年（3期まで可） 4年 4年（3期まで可） 4年 4年（3期まで可）	長および議員： 選挙権19歳～ 被選挙権25歳～ 教育監： 年齢の規定なし	広域自治体議員： 小選挙区＋比例 基礎自治体議員： 中選挙区＋比例

10 日　　本
（選挙制度のまとめ）

議院内閣制		選挙区数	定数	被選挙権	任期	解散	特徴
衆議院	小選挙区選出	295	295人	満25歳以上	4年	あり	小選挙区比例代表並立制
	比例代表選出	11	180人				
参議院	選挙区選出	45	146人	満30歳以上	6年	なし	半数改選制
	比例代表選出	1	96人				
首長	都道府県知事	1	1人	満30歳以上	4年	—	リコール制あり
	市区町村長			満25歳以上			
地方議会	都道府県議会	条例で規定		満30歳以上	4年	あり	居住要件、リコール制あり
	市区町村議会			満25歳以上			

事項索引

あ行

アダムズ方式 ················ 96
違憲立法審査権 ············· 168
一票の較差
　　　········ 22, 74, 93, 95, 110, 180, 186, 209
イブゴド →いほくごどう（以北五道）
以北五道 ····················· 205
EU議会 ······················· 75
イングランド地方政府境界委員会 ····· 44
インディアン法 ·············· 131
ヴァイマル共和制 ············ 59
ヴァイマル憲法 ············· 59
STV制 ···················· 43, 45
欧州議会 ······················· 75
　　──議員 ··················· 75
　　──選挙法 ················ 100
オーストラリア選挙委員会
　　························ 148, 157, 158

か行

解散 ························· 213
街頭演説 ····················· 219
下位配分 ······················ 69
開発独裁 ····················· 166
下院選挙 ····················· 110
間接選挙 ······· 78, 176, 177, 178, 179, 184
　　──制 ··················· 117
間接民主制 ··················· 212
議員歳費 ····················· 106
議員定数不均衡 ·············· 220
議院内閣制 ··················· 213

議員年金 ····················· 107
期日 ························· 220
　　──前投票 ················ 225
記票用具 ················ 193, 194
基本法 ························ 62
義務投票 ····················· 116
　　──制度 ·········· 147, 149, 150
共産党 →中国共産党
供託金 ···················· 63, 223
クオータ制 ·············· 112, 121
区画委員会 ···················· 39
決選投票 ················ 115, 120
ゲリマンダー ·················· 22
権限移譲 ······················ 30
憲法裁判所 ·············· 108, 121
コアビタシオン ······· 79, 82, 85, 89, 90
公安委員 ······················ 46
合区 ························· 215
公職選挙法 ··················· 214
拘束名簿 ····················· 112
候補者選定の手続 ·············· 64
国体 ························· 168
国民戦線 ······················ 82
国民投票 ····················· 102
国務院 ················ 170, 171, 177
国家主席 ············· 170, 171, 177
戸別訪問の禁止 ·············· 217

さ行

在外選挙 ······················ 67
　　──区 ··················· 111

238

――人名簿･･････････････････222
差額選挙･･･････････183, 184, 185
三権分立･･･････････････････168
自書式･･････････････････････224
社会主義（国家）･･････166, 168, 173
衆議院議員選挙区確定審議会･･････214
州議会選挙･････････････････119
終身上院議員･････････････････100
自由選挙････････････････････175
受刑者の選挙権･････････････146
上位配分･･･････････････････69
上院下限ルール･････････････130
上院選挙･･･････････････････117
少数派プレミアム･･･････････120
少数民族･･･････････････････180
小選挙区･･･････････････････214
　　――二回投票制･･･････････78
　　――制（度）･･･････4, 70, 126
　　――選挙･････････････････65
　　――比例代表混合制･････････102
　　――比例代表併用制･･････57, 62, 65
　　――比例代表並立制･･･････228
　　――優先順位付き投票制度･････151
女性参政権･････････････････59
シルバー民主主義･･･････････226
人民解放軍･････････････････178
人民検察院･･････････････168, 170, 185
人民主権･････････････････168, 178, 185
人民代表大会
　･･････････168, 169, 170, 171, 172, 173, 177,
　　　178, 179, 180, 181, 184, 185
　　――常務委員会･････････173, 184
人民法院･･･････････168, 170, 173, 185
人民民主主義独裁････････････168, 173
スコットランド自治体境界委員会

････････････････････････41, 45
政見放送･･･････････････････219
政治資金規制･･･････････････106
政治的表現の自由･･････････147, 158
政党･････････････････････63, 231
　　――条項･･･････････････62, 64
　　――助成･････････････････64
　　――名簿･･･････････････65, 71
惜敗率････････････････････228
瀬踏み行為･････････････････217
選挙委員会･････････････････181
選挙運動･･･････････････63, 196, 216
　　――規制････････････････104
選挙会････････････････････222
選挙管理委員会･････････････221
選挙区割り･････････････････21
選挙権････････････････････66
選挙公営制度･･･････････････218
選挙長････････････････････222
選挙人名簿･････････････････222
選挙の諸原則･･･････････････66
全国人民代表大会
　･･････168, 169, 170, 171, 176, 177, 179, 180
　　――常務委員会･･･････171, 172
選択投票制････････････････37, 151
双頭制････････････････････79
阻止条項･････････62, 65, 69, 75, 76, 109
ソビエト連邦･･･････････････168

た　行

第1票･･････････････････57, 65, 68
第2票･･････････････････57, 65, 68
大選挙区制･････････････････215
対等な二院制･･･････････････98
多数派プレミアム付比例代表制･･････107

他党合作	174
単記移譲式投票制	43
単記移譲式比例代表制	151
単記式	216
単純小選挙区制	37, 44
地域代表	117
地区選挙地域委員	45
地方自治	168
地方民主境界委員会	45
中央軍事委員会	170
中央選挙管理会	221
中国共産党	173, 174, 179, 184, 186
中選挙区制	215
超過議席	71, 73
調整議席	73, 74
重複立候補	70, 112
——制	228
直接選挙	78, 176, 178, 179, 181, 184, 186
追加議席制	40, 42
ド・ゴール	78, 82
ドイツ帝国	58
ドイツ民主共和国	61
ドイツ連邦共和国	61
——基本法	56, 62
等額選挙	183
鄧小平	173
投票権法	9, 25
投票率	199
得票率	199
独立候補	184
共に民主党	202, 203
ドント式	228

な行

二院制	213
二極化したカドリーユ	86
西ドイツ	61
2002年投票支援法	24
2011年議会期固定法	30
二大政党制	82
日中戦争	170
日本の併用制	41
任期	66

は行

発展途上国	166
パリッシュ	33, 48
パリテ	93
——法	94
バロット・アクセス規制	6
ハング・パーラメント	38
半大統領制	78
東ドイツ	61, 63
非拘束名簿	112
——式比例代表制	229
被選挙権	66
秘密選挙	175
平等選挙	175
比例代表（制）	59, 60, 62, 65, 75, 80, 214
比例代表選挙	57, 65
不在者投票	195, 225
普通選挙	174
ブッシュ対ゴア事件	24
プロイセン	58
文在寅	209, 210
ヘアー式最大剰余法	114
併用制	65, 68
ベルファスト合意	32
偏差	74
報道管制期間	158

泡沫新聞 …………………………… 218
補欠選挙 …………………………… 226
補充投票制 ………………………… 46
香港 ………………………………… 178

ま 行

マカオ ……………………………… 178
マニフェスト選挙 ………………… 218
三つの代表 ………………………… 173
民主集中制 …………………… 168, 178
民主党派 …………………………… 174
民撰議院設立建白書 ……………… 212
ムン・ジェイン　→ぶんざいいん（文在寅）
命令委任 ……………………… 168, 178
毛沢東 ………………………… 170, 173
模範議会 …………………………… 35

や 行

有権者登録制 ……………………… 5
優先順位付き投票制度 …………… 147
優先順位付き比例代表制度 … 151, 154
優先投票 …………………………… 113
郵便投票 …………………………… 148
四つの基本原則 …………………… 173
予備選挙 ………………… 6, 121, 184
世論調査 …………………………… 81

ら・わ行

ライヒ選挙法 ……………………… 60
ラント …………………………… 56, 74
立憲主義 …………………………… 173
両院同時解散 ………………… 142, 163
レファレンダム …………………… 47
連呼行為 …………………………… 219

連座制 ……………………………… 217
連邦議会 …………………………… 56
　　──議員 …………………… 57
連邦憲法裁判所 …………………… 56
連邦国家 …………………………… 56
連邦宰相　→連邦首相
連邦参議院 …………………… 56, 67
連邦首相 ……………………… 56, 67
連邦政府 …………………………… 56
連邦選挙法 ………………………… 62
連邦大統領 …………………… 56, 67
ロンドン市長 ……………………… 46

編著者・執筆者紹介

〈編著者〉

大林　啓吾（おおばやし・けいご）　アメリカ担当
　千葉大学大学院専門法務研究科准教授
白水　隆（しろうず・たかし）　カナダ担当
　帝京大学法学部講師

〈執筆者〉（執筆順）

吉川　智志（よしかわ・ともし）　アメリカ担当
　慶應義塾大学法学研究科助教（有期・研究奨励）
岩切　大地（いわきり・だいち）　イギリス担当
　立正大学法学部教授
山本　真敬（やまもと・まさひろ）　ドイツ担当
　下関市立大学経済学部講師
岩垣　真人（いわがき・まさと）　フランス担当
　沖縄大学法経学部講師
芦田　淳（あしだ・じゅん）　イタリア担当
　国立国会図書館調査及び立法考査局主査
山本　健人（やまもと・けんと）　オーストラリア担当
　日本学術振興会特別研究員
石塚　迅（いしづか・じん）　中国担当
　山梨大学生命環境学部准教授
水島　玲央（みずしま・れお）　韓国担当
　早稲田大学比較法研究所助手
岡田　順太（おかだ・じゅんた）　日本担当
　白鷗大学法学部教授

世界の選挙制度
2018年3月10日　第1刷発行

編著者	大　林　啓　吾
	白　水　　　隆
発行者	株式会社　三　省　堂
	代表者　北口克彦
印刷者	三省堂印刷株式会社
発行所	株式会社　三　省　堂

〒101-8371　東京都千代田区神田三崎町二丁目22番14号
電話　編集 (03) 3230-9411
　　　営業 (03) 3230-9412
http://www.sanseido.co.jp/

© K. Obayashi, T. Shirouzu 2018　　　　　　Printed in Japan

落丁本・乱丁本はお取り替えいたします。〈世界の選挙制度・256pp.〉
ISBN978-4-385-32110-3

本書を無断で複写複製することは、著作権法上の例外を除き、禁じられています。また、本書を請負業者等の第三者に依頼してスキャン等によってデジタル化することは、たとえ個人や家庭内での利用であっても一切認められておりません。